集人文社科之思　刊专业学术之声

刊　　名：清华社会学评论
主办单位：清华大学社会学系
主　　编：王天夫
执行主编：严　飞

(No.10) TSINGHUA SOCIOLOGICAL REVIEW

第十辑

集刊序列号：PIJ-2012-057
中国集刊网：http://www.jikan.com.cn/
集刊投约稿平台：http://iedol.ssap.com.cn/

清华社会学评论

TSINGHUA
SOCIOLOGICAL
REVIEW

No.10

清华大学社会学系 主办

第十辑

主　编
王　天　夫

执行主编
严　飞

社会科学文献出版社
SOCIAL SCIENCES ACADEMIC PRESS (CHINA)

《清华社会学评论》第十辑
第 i ～ ii 页
© SSAP，2018

卷首语

社会学本土化的困境与发展长期以来都是一个被屡屡提及的重要论题。一方面，我们需要锚定属于中国社会特有的历史经验和场域架构，以及中国人特有的关系网络和互动情境，在本土化的文化自觉与理论自觉这两个层次上进行突破；另一方面，我们也面临如何和西方理论进行对话，如何将中国的本土经验融入西方的知识谱系，相互借鉴与共进，从而建立起一种学科范式的普遍性共识。

为此，本期特设"西方理论与本土化前沿"专题，对这一问题进行多角度的讨论。曹立群、杜少臣的文章指出，社会学本土化的本质应该是一个祛魅的过程，只有将中国社会学研究纳入国际视野，将社会学研究拉回到学科本身的内在规律性，才可以回到学术无国界的国际化轨道上。张春满的文章分析了西方理论与中国案例在解释中国社会发展中的关系，并提出了西方理论与中国本土理论如何进行融合的三种可行路径。钱霖亮的文章则探讨了中国学术走向世界的困境。西方学界等级化、精英化的学术竞争机制给中国学术作品进入西方学界设置了门槛，但正因为如此，中国的社会学界更应该在理论自觉的基础上，生产出兼具世界眼光和中国气派的学术产品。

本期依旧延续我们对"历史社会学"这一专题的关注和探讨。我们认为，社会学的历史观照和取向，可以在时间维度上帮助我们更好地理解社会变迁和制度延续的逻辑动因。无论是在历史的浪潮上，还是在历史的纵深处，都可以映射出社会学家对社会秩序与人性这一永恒主题的探索。在本期中，我们有孙砚菲对天主教与基督新教在近现代中国发展轨迹的比较研究，也有李钧鹏与比较历史分析权威詹姆斯·马奥尼（James Mahoney）对路径依赖与制度理论等议题的深度对话，同时也有陈云松、句国栋对"国家不幸诗家幸"这一传统观点的定量分析，展现了如何利用大数据技术手段，进行量化历史社会学的研究。

　　本期其他学术论文还包括陈纯菁从社会嵌入性这一独特视角出发，研究中国人寿保险交易中的经济互动行为，易军对乡村权力网络如何影响地方自治的分析，以及徐立成对农村地区居民的差别化食品消费所进行的一项经济社会学研究。

　　同时本期还收录了两篇学术长书评，分别对布朗大学普鲁纳·辛格（Prerna Singh）的著作《团结如何促进福利？印度的地方主义与社会发展》、宾夕法尼亚大学兰德尔·柯林斯（Randall Collins）的经典作品《文凭社会：教育与分层的历史社会学》进行了解读。

《清华社会学评论》执行主编　严飞

清华社会学评论

第十辑 2018 年 12 月出版

学术书评

《清华社会学评论》第十辑
第 1~12 页
© SSAP，2018

以国际化视野做中国研究：社会学研究的
祛魅与回归

曹立群　杜少臣[*]

摘　要："社会学本土化"的议题不是一个纯粹的学术议题，而是一个掺杂各种立场和误解的复杂的综合性议题。社会学的发展不应停留在概念、理论是否引进的外围的学术争吵上，而是要在实实在在的社会学研究中，回到经典社会学研究所树立的品格，在对现实不断的反思和批判中，不断发掘和反复咀嚼内在于社会学本身的价值和追求。如果本土化一定要成为一个议题，我们认为，社会学本土化的本质应该是一个祛魅的过程，祛除狭隘、偏执的民族主义和肤浅、短视的功利主义，祛除预设各种立场的主义，祛除所有不符合现代精神的依恋和后现代的迷思。我们主张以开放的心态、科学的态度、无问西东的精神，将中国社会学研究纳入国际视野，将社会学研究拉回学科本身的内在规律性和诉求，进而回到学术无国界的国际化轨道上来。

关键词：本土化　国际研究　情境知识　现代化

"社会学本土化"的议题是一个掺杂各种立场和误解的复杂的综合性议题。担心中国社会学不够本土化的思维从根源上看，很大程度上来自事无巨

---

* 曹立群，加拿大安大略省科技大学社会人文学院终身教授；杜少臣，西北师范大学社会发展与公共管理学院讲师。

细、事必躬亲的"大政府"及其追随者,而不是学术界。这种担心,在学术界有人响应,而响应的学者要么对包括美国在内的西方世界不甚了解,要么有其他目的。比如,担心量化研究的壮大,担心质化研究的衰微。本文尝试从另一个角度,论述中国社会学所面临的问题以及如何提高中国社会学研究的国际地位。

一　问题的提出

社会学本土化的提出始于社会学的刚刚传入,而最近开始的相关争论则是社会学恢复重建之后的事。社会学在中国的发轫之初,学界前辈在大量引入社会学经典巨著的同时,还做了大量的实际工作:注重实地调查并积累大量数据;注重本土实证和历史经验材料的分析与引证;引入并提出新的学说;重视社会学作为实学的发展方向,参与社会行政与社会建设,并初步形成中国特色的社会学理论和方法体系(孙本文,2011)。

早期的社会学家并没有对"社会学本土化"这一概念进行太多的讨论。吴文藻最早提出了"社会学中国化"的概念。这一概念是在其对中国社会实实在在的研究之中提出的。他担忧"促进中国欧美化和现代化,其结果是使我们与本国的传统精神愈离愈远。事实上我们对于固有的文化,已缺乏正当认识,我们的意识中,已铸下了历史的中断"(吴文藻,2010:438)。其目的之一在于要对当时中国社会的极端倾向,如"砸烂孔家店"的提法在历史文化纵深和世界文化图景之中寻求坐标,并在既有社会学理论和方法的知识宝库里寻找更适合做中国社会研究的一套理论和方法体系。作为其得意门生的费孝通晚年提出的"文化自觉",仍然是"希望大家能致力于我们中国社会和文化的科学反思,用实证主义的态度,实事求是的精神来认识我们有悠久历史的中国社会和文化"(费孝通,1997)。

二人同作为中国社会学的奠基者,在对待中国社会学本土化的态度上,一方面体现了对社会学作为一门科学学科的坚定信仰,另一方面也体现了对中国社会情境特殊性的观照。在具体的学术实践中,二者都沿用社会学经典的研究范式，在中西文化社会的比较当中，以期提出与西方传统社会学研究并行的中国概念。

港台社会学家虽然更加强调科学方法的条件性和社会学研究对象的理解脉络与取向上的不同，也有试图跳出社会学科学属性的"桎梏"来创建一门所谓的"中国的社会学"的呼吁（叶启政，2006），但是作为在学缘上与西方更为亲近，较早、较系统地接受西方社会学科学训练的一支科研队伍，其呼吁持续数十年却并未在范式上有任何实质性的超越。在实证方面，杨国枢（2004）脚踏实地，发展出更符合国人心理的量具，促进了世界对国人的了解。

作为在海外接受社会学训练的海外学派，谢宇（2018）秉持科学的立场，通过对本土化和实践中三个主要方向（议题本土化、应用本土化和范式本土化的批判性回顾）的讨论得出，今天的中国社会学已经完成了本土化，社会学本土化是一个伪命题。他指出中国的社会学研究应该在科学的意义上为社会学学术积累做出贡献，才能真正体现社会学研究的学术价值和意义。无独有偶，边燕杰（2017）提出本土社会学知识的国际概念化，同样强调地方性知识对学术共同体的贡献。

一方面我们不能背离基于科学方法的学科传统，另一方面更不能漠视文化展开的丰富的人性。社会学知识的获取和研究对象的确立从来都是以某一文化和某一特定时空的社会形态为起点和依据的，但是社会学知识的形成与传播却不应预设任何文化的立场，这是由社会学作为一门科学的本质属性决定的。社会学本土化的讨论不应演化成和蜕化为不同流派和思想传统自说自话盲人摸象似的毫无意义的辩争，更不应成为偏安于一隅，在各自的文化场域中只满足于为一部分人所理解和认同的自娱自乐的本土化。社会学本土化的提出以对社会学知识普适性的认同为前提，其结果当然要以回报性的知识积累为目的，这一点毋庸置疑。因此，如果本土化是一个有意义的议题，社会学本土化的讨论就不应停留在概念或理论是否引进的外围学术争吵上，而是要在实实在在的社会学研究中，回到经典社会学研究所树立的品格，在对中国现实的不断反思和批判中，不断发掘和反复咀嚼内在于社会学本身的价值和追求。从这个意义上讲，社会学本土化本质上应该是一个祛魅的过程，祛除狭隘、偏执的民族主义和肤浅、短视的功利主义，祛除预设各种立场的主义，祛除对所有不符合现代精神的依恋和后现代的迷思。我们主张，社会学研究以开放的心态和科学精神，将"社会学中国化"的议题拉回学科本身的内在规律性和诉求，进而回到学术无国界的国际化轨道上来。

社会学研究是现代化的一部分，而现代化是一个未竟的事业（Habermas，1987）。它如同变动不居的流水，尽管形态各异、流速不定，有时甚至方向莫测，但它是一个整体的、全方位的东西（Giddens，1990），千万不要把变化都当作进步。中国现代化从一开始就先天不足，偏重物质的现代化而忽视文化、制度的现代化，重视富国强兵而忽视以人为本。在制度与科技不匹配的路上，中国和南非一样创造出经济奇迹（秦晖，2008），社会分层与犯罪率同步增长（Cao and Dai，2001），让"官二代"先富起来（边燕杰、芦强，2014），让体制内的国企先富起来（谢宇，2015）。然而，中国现代化如何持续下去成了一个迫切需要解决的问题（曹立群，2016；He，2012；张千帆，2011）——我们如何应对转型？（文军、王谦，2017）我们不知道转型何方，是融入世界潮流与世界接轨（Cao and Zhao，2009），还是故步自封？又该如何重建社会信任？（张善根，2018；郑也夫，2002）

二　正视中国社会学面临的问题

其实，对中国学术思想史稍有了解的学者就知道，源自西方的各种科技和思想在中国如何实现本土化的问题是一个老问题。从洋务运动的"中学为体、西学为用"开始，到清华大学校歌的自白反击"无问西东"，到白话文运动，到 20 世纪 80 年代初的"第二次解放"（Fung，2010），这样的话题在不同的政治气候下不断出现在学术界，尽管社会学先贤们的所作所为都是根植于本土化的研究（孙本文，2011；吴文藻，2010；费孝通，1997）。

美国社会学并没有任何"统一"的范式或理论，表面看上去甚至有些杂乱无章，而实际上在表面花样翻新的多样性背后，一直凝聚着或者沉淀着两个主要议题：不平等、不公正（Abbott，2018）。主流社会学运用科学的方法论验证理论界提出的种种议题，而公共社会学家、后现代派学人、激进学生把社会学当作朝圣的麦加。只提"美国的范式"而忽视理论下的重大核心议题，是对美国社会学的一个严重误解。反观中国，我们认为社会学的发展如今面临三大问题：大政府（谢宇，2018）、历史包袱和抵赖性文化（a culture of denials）。

大政府带来的问题是复杂的，造成的后果是深远的。比如，在政府掌握大量公权而公权又未受到有效监督的时候，政治关联企业容易获取暴利。政治关联的泛滥以及对利润的追逐不仅仅影响企业对核心竞争力的培育，而且会导致收入分配的严重不平等，诱生庞大而失控的政经联盟。在学术界，大政府的后果是，政治浸淫学术，学术与政治勾连，学术研究起起伏伏（Liu and Wang，2015），导致学术不纯粹，偏离学术本应努力的方向。许多明显的学术问题不可碰，很多问题只能研究到某种众所周知的境地，再无法深入下去，即学术有禁区。

除了大政府带来的现实困境，还有"五千年悠久文明"带给我们的沉重的历史包袱。费孝通（1997）晚年提出"文化自觉"，要我们在社会学的比较文化研究中，不仅要重视中西之间的比较，也不要忽视古今的比较。实际上是要我们从历史社会学视角和采用"知识考古"的方法来发现当下中国现实的历史文化依据，以更好的理解当下中国社会的来龙去脉。其再三强调，"文化自觉……不带任何文化回归的意思，不是要'复旧'"（费孝通，1997），其目的是"在多元文化的世界里确立自己的位置"（费孝通，1997），最终实现"各美其美，美人之美，美美与共，天下大同"（费孝通，1997）。"整理故旧"意味着要扬弃糟粕，发掘中国文化中的某些闪光之点，但是决不能以偏概全，全盘接受中国传统文化，甚至对人性的扼杀、思维的桎梏（文字狱）、民风民情祸乱的传统有所姑息、重新美化。我们决不应该为了保护"悠久文明"的虚荣而全盘接收鱼龙混杂的传统，从而背上沉重的历史包袱。我们的时代呼唤与时俱进、"包容开放"的新思维，而不是心灵鸡汤。

抵赖性文化（a culture of denials）也是长期以来束缚学术研究的一股极其顽固的价值流：其中最显著的一个表现就是不能有一说一，而是说一套，做一套。资中筠（2015）洞若观火地感叹："说真话为什么这么难？费孝通倡导我们要'文化自觉'，我们对'西学'也要有'自觉'的态度：从历史、文化的源头上，从西方思想史的脉络里，乃至从跌宕起伏、波澜壮阔的社会变迁中，对西方现存的制度文化进行深层次的理解和再阐释。相反，面对'西风'，我们只注重学习其皮毛，而无视其更深层次的精神内涵和本质的东西。"

三　跨国社会学研究

本土化议题是与所谓的"西方化"相对立而产生的概念。何谓"西方"？我们认为，西方不是拿罗盘就能够找到的，因为西方不是由地理意义上的边界确定的位置，而是一个再造的人文概念（曹立群，2016）。同时它的内涵非常丰富，是具有强烈时间性的文化方面的词，指的是历史的结构和结构化的历史两个方面。历史上，佛教中的西方对欧美人来说是东方。我们如今所说的西方概念，大都起源于地处东欧的希腊。日本位于中国的东部，却是世界上公认的"西方"的一部分。

不可否认，空间、地理、气候会对人的认知产生影响。哈维（Harvey，2000：539）说，空间对大一统的普适性理论有干扰，特定地理和空间中的理解会对理性的认知产生巨大影响。因此，我们不仅要有大理论思路，也必须聆听来自各地，特别是来自底层的微弱声音。厄司（Aas，2012）提出，我们必须质疑是谁在出产理论，谁捷足先登普适，全球化理解的后果是什么。女权学者哈拉韦（Haraway，1988）提出了"情境知识"（situated knowledge）这一概念，认为我们必须潜入社会情境当中，才能够懂得问题的症结所在。情境知识这一概念是客观性的一个方面，既可用于知识的载体，也适用研究的对象。

理论就是一个显微镜片，让我们把现实中的某个特征看得更清楚（曹立群、周愫娴，2004）。我们的味觉不完全是天生的，后天对我们味觉形成的影响常常大于先天。比如酒文化，有人喜欢龙舌兰酒，有人喜欢威士忌，有人喜欢茅台，有人喜欢伏特加。这种多元化的喜欢，其实是地域决定的，而不是先天的。因此，我们不能忽视地域的特质以及这一特质所产生的特殊效果。我们主张用国际视野看待中国研究，把中国的特质与国际视野相结合，"通过'视界融合'再造有关中国的新的认知模式"（周晓虹，2010）。爱德华·萨义德在他1978年发表的《东方主义》一书中指出，东方并不是真实存在的，而是由西方人创造出来的非西方世界，是一个他者的世界。具有讽刺意味的是，1995年，卡里尔编辑了一卷《西方主义》（Carrier，1995），书中的作者注意到，在如何看待对方的问题上，"东方人"比"西方人"更带有偏见，对于西方的看法也更为笼统。

对世界精神文明做出巨大贡献的希腊，在近代迷失在过往的辉煌中沾沾自喜而无法自拔。虽然希腊创造了我们今天所用的几乎所有的政治词汇，但它并没有因为有先进的理念而引领世界。其他欧美国家在希腊的启迪下，丰富了这些理念，完善了对理念的实践，进而引领了工业革命的全球现代化进程。而希腊却一不小心拖了后腿，成为"西方"最不发达的国家之一。希腊的教训是，仅仅有先进的理念是不够的，先进的理念必须在实践中完善，才能创造出现代文明。因此，实践往往与理念一样重要，要知行合一。中国奇迹，摸着石头过河，是从实践开始的，而不是理论。然而，理论的滞后必然要影响实践。我们今天面临的问题实际上是20世纪80年代初没有解决的理论问题的延续。

在所谓的"西方"知识界，比较研究可以追溯到古希腊的哲学家和科学家亚里士多德。在近代，自英国的哲学家、政治家、科学家培根以来，比较研究也不再是问题。然而，大卫·培黎（Bayley，1996）争辩道，比较研究名不副实，因为所有的科学研究都必须运用比较的方法。"比较"不应该被称为任何学科的下属领域。区分各个下属领域比较研究的，不是比较，而是政治地理，即我们要分析的个案是在一个国家内，还是跨越了两个以上的国家。使用"比较"就会把比较的概念边缘化，也混淆了对科学研究的理解。

当然，我们不是讲"比较研究"这个名词完全不对，而是说"国际研究"这个概念是我们想要提倡的名词。在实践中，国际研究、比较研究、跨国研究是可以互换使用的。我们提出这个问题是希望这里的讨论能提高我们准确用词的意识，让大家知道，至少在英文里有这方面的争议。

国际社会学研究最广义的定义是指任何跨越两个国家边界的研究。这个定义也有模糊之处，因为许多研究注重某一个国家，却隐含着与另一个国家，或一类国家的比较。韦伯的《中国的宗教》就是这样一本书，把中国的故事讲给德国人和欧洲人听，他必须使用欧洲听众熟悉的概念和事情来把故事讲得更生动。同样，黄仁宇的《万历十五年》也是这种非直接的比较，给美国和欧洲的受众讲述中国故事。

我们讲的国际研究，排除以上的间接比较，指两个以上（包括两个国家之间）国家的直接比较。这种研究有三个类型（Kohn，1989）：国家作为对象、国家作为环境、国家作为单位。

国家作为对象。研究者主要对某两个国家的某一个现象感兴趣，这种研究可以较深入且具体，既可有质化研究也可有量化研究，美国的"中国研究"中许多研究都属于这一类型（周晓虹，2010）。国家作为环境。学者主要对某一现象感兴趣，想知道这个现象是否在另一类国家里也有相同或者不同的反应。研究的主要目的是了解理论和解释在不同的环境里是否有普遍意义。其所选择的国家是某一类国家的一员，具有一定的代表性。最后，国家作为单位主要关心的是某一社会现象是否和国家特质有相关性。这种类型的研究大都属于量化研究，比如张焰和曹立群（Zhang and Cao，2012）有关腐败的研究，赵若辉和曹立群（Zhao and Cao，2010）关于社会变化和迷乱的研究，都是以国家为单位。当然，在区分不同的研究类型时，各个类型的特点并不总是一目了然，一般情况下，都会有一定程度的重叠。

在国际研究中，我们必须依赖科学。科学属于一种经验主义的认识论，是人们追求实用的工具（曹立群、周愫娴，2007）。科学本身不能提供价值，但是科学解决物理方面问题的能力比解决与人类相关问题的能力，更有优越性。在对待人的问题上，科学有经验主义所有的优点、缺点。社会学中的质化研究和量化研究都是实证研究的组成部分，它们相互依存，各有千秋，而不是相互对立、非此即彼的关系。社会学是社会科学的一个分支，因此，离不开社会科学的优势与局限。在不同程度上，所有社会学科都必须面临韦伯提出的两个挑战：价值中立与解释性理论。国际研究也不例外，都必须面对这两个挑战（Cao，Sun，and Hebenton，2014）。

四　小结

中国社会学已经初具规模。除了许多能够直接读懂外文原著的学者外，各国社会学经典理论的中文版本如今大都可以得到。中国社会学家也已经人才济济，其中不乏独立思考且思维缜密之人。他们散落在各个高校和科研院所，传播社会学的种子，并时常发出各种不同的声音。"本土化"议题有其存在的合理因素，但不是目前中国社会学家最应该关注的议题。作为一个想象的政治共同体，中国问题不仅要从本土经验看，更要从周边的国家看，用国际的视野看，而不是满足于闭门造车、弹冠相庆。只有通过反思，社会学才有能力直面大议题。本文响应边燕杰（2017）、周晓虹（2010）提出的本土社会学知识需要国际化的主张，做既扎根中国又能与国际接轨的跨国研究。来自中国的国际社会学必然是内容具体、根植于特定环境中的社会学与全球化社会学的对话。比如，韦伯（2010）在一百多年前声称，对终极困境，西方文化着力于改变现实，印度文化意在逃避现实，而中国文化则强调适应现实。经过一百多年的风风雨雨，这个声称能否仍然站住脚跟，有待今天的社会学家来检验。作为一门科学，普遍化的概括、可传播的声称、普适的知识都是社会学理论思维的精髓。跨国研究是确认从一个国家得出的结论是否可以适用于异地的不可或缺的研究。比较/国际社会学研究，无论是质化的还是量化的，都不比做其他种类的研究更困难、更复杂，也不比做其他种类的研究更科学。

最后，社会学家要研究自己感兴趣、对社会有益的议题，表达自己的"恐惧与期待"；要克尽厥职，担当起社会启蒙的责任（Foucault，1984；资中筠，2015）。现代化的生活是变化的，变化是永恒的，不变是暂时的。现代化为我们提供了更多的生活选择（贝克和贝克－格恩斯海姆，2011；沃勒斯坦，2006），而每一次选择都面临着不确定，面临着使用有限的理性。因此，我们对生活必须具备更深邃的认知。不要混淆变化与进步的本质区别。社会学理论与研究必须有前瞻性和先验性——我们既要建立一个伟大社会，也要向美好社会（Bellah et al.，1992）迈进。我们应该重视各个学者发出的不同声音，许多社会学家已经走出本土丛林的包围，摆脱了抵赖性文化的束缚，张开臂膀拥抱世界文明，并主动融入世界文明的潮流。做研究，无论是跨国研究还是其他研究都不轻松，以有生之涯面对学术的无涯，最终一定能够获得刘禹锡所描绘的"千淘万漉虽辛苦，吹尽黄沙始到金"的喜悦与满足。

参考文献

边燕杰，2017，《论社会学本土知识的国际概念化》，《社会学研究》第 5 期，第 1~14 页。

边燕杰、芦强，2014，《阶层再产生与代际资源传递》，《人民论坛》第 2 期，第 20~23 页。

曹立群，2016，《重置秩序：法理情——走向法治的中国犯罪学》，《光华法学》第 1 期，第 12~30 页。

曹立群、周愫娴，2007，《犯罪学理论与实证》，群众出版社。

费孝通，1997，《反思·对话与文化自觉》，《北京大学学报》（哲学社会科学版）第 3 期，第 15~22 页。

黄仁宇，1997，《万历十五年》，生活·读书·新知三联书店。

韦伯，马克斯，2010，《中国的宗教：儒教与道教》，康乐、简惠美译，广西师范大学出版社。

秦晖，2008，《从南非看中国——"低人权优势下"的"经济奇迹"》，爱思想，http：//www. aisixiang. com/data/33585. html。

孙本文，2011，《当代中国社会学》（下编），商务印书馆。

文军、王谦，2017，《从发展社会学到转型社会学》，《江海学刊》第1期，第96～104页。

贝克，乌尔里希、伊丽莎白·贝克 - 格恩斯海姆，2011，《个体化》，李荣山、范譞、张惠强译，北京大学出版社。

吴文藻，2010，《论社会学中国化》，商务印书馆。

谢宇，2015，《中国的不平等到底有多严重?》，在浙江大学的演讲，杭州。

谢宇，2018，《走出社会学本土化讨论的误区》，《社会学研究》第2期，第1～13页。

杨国枢，2004，《中国人的心理与行为》，中国人民大学出版社。

叶启政，2006，《社会理论的本土化建构》，北京大学出版社。

沃勒斯坦，伊曼纽尔，2006，《知识的不确定性》，王昺等译，山东大学出版社。

张千帆，2011，《宪政转型与人格再造的中国使命》，《领导者》第42期。

张善根，2018，《法律信任论》，中国法制出版社。

张焰、曹立群，2012，《社会支持理论与腐败：影响腐败的结构性决定因素的再检验》，《青少年犯罪问题》第2期，第20～30页。

郑也夫，2002，《中国的信任危机》，《新闻周刊》第20期，第68～69页。

周晓虹，2010，《"中国研究"的国际视野与本土意义》，《学术月刊》第9期，第5～13页。

资中筠，2015，《为什么我们需要再启蒙》，《党政视野》第3期，第68～68页。

Aas，Katja F. 2012. "'The Earth is One but the World is not'：Criminological Theory and its Geographical Divisions. " *Theoretical Criminology* 16（1）：5－20.

Abbott，Andrew. 2018. "Varieties of Normative Inquiry：Moral Alternatives to Politicization in Sociology. " *American Sociologist* 49（2）：158－180.

Bayley，David H. 1996. "Policing：The World Stage. " *Journal of Criminal Justice Education* 7（2）：241－251.

Bellah，Robert et al. 1992. *The Good Society*. NY：Vintage Books.

Cao，Liqun and Shanyang Zhao. 2009. "The Great Convergence? China and the United States in the New century. " *Sociological Focus* 42（3）：222－227.

Cao，Liqun and Yisheng Dai. 2001. "Inequality and Crime in China. " In *Crime and Social Control in a Changing China*，edited by Jianhong Liu，Lening Zhang，and Steven E. Messner，pp. 73－85. Westport，CT：Greenwood Press.

Cao，Liqun，Ivan Y. Sun and Bill Hebenton. 2014. "Introduction：Discovering and Making Criminology in China. " *In The Routledge Handbook of Chinese Criminology*，edited by Liqun Cao，Ivan Y. Sun，and Bill Hebenton，pp. xvi－xxvii. London：Routledge.

Carrier，James G. ，ed. 1995. *Occidentalism：Images of the West*. Oxford，UK：Oxford University Press.

Foucault, Michel. 1984. "What is Enlightenment?" pp. 32 – 50 *In The Foucault Reader*, edited by Paul Rabinow, pp. 32 – 50. New York: Pantheon Books.

Fung, S. K. Fung. 2010. *The Intellectual Foundations of Chinese Modernity*. New York: Cambridge University Press.

Giddens, Anthony. 1990. *The Consequences of Modernity*. Cambridge, UK: Polity Press.

Habermas, Jürgen. 1987. *The Philosophical Discourse of Modernity: Twelve Lectures*. Translated by Frederick Lawrence. Cambridge UK: Polity Press.

Haraway, Donna. 1988. "Situated Knowledges: The Science Question in Feminism and the Privilege of Partial Perspective. " *Feminist Studies* 14 (3): 575 – 599.

Harvey, David. 2000. "Cosmopolitanism and the Banality of Geographical Evils. " *Public Culture* 21 (2): 529 – 564.

He, Weifang. 2012. *In the Name of Justice: Striving for the Rule of Law in China*. New York: Brookings Institution.

Kohn, Melvin, ed. 1989. *Cross-national Research in Sociology*. Newbury Park, CA: Sage.

Liu, Sida and Zhizhou Wang. 2015. "The Fall and Rise of Law and Social Science in China. " *Annual Review of Law and Social Science* 11: 373 – 394.

Said, Edward. 1978. *Orientalism*. New York: Vintage Books.

Zhao, Ruohui and Liqun Cao. 2010. "Social Change and Anomie—A Cross-national Study. " *Social Forces* 88 (3): 1209 – 1229.

《清华社会学评论》第十辑
第 13~28 页
© SSAP，2018

如何通过融合西方理论与中国本土理论来研究中国政治？*

张春满**

摘　要：非西方理论，或者说"本土理论"的兴起是政治科学最近的一波趋势。这一理论发展使得西方理论与中国案例的关系更为复杂化。总的来说，在现有文献里，中国政治学者已经展示了政治科学可以为解释中国做什么，以及中国的案例可以对政治科学做出什么贡献。然而，随着中国本土理论的兴起，探索如何通过融合西方理论与中国本土理论来研究中国政治成为当务之急。这篇文章将指出三条可以完成此任务的路径：（1）本土理论为核心，西方理论为外表；（2）西方理论为核心，本土理论为外表；（3）以西方理论与本土理论为双重核心。融合西方理论与中国本土理论为更细致地分析中国政治创造了前所未有的机遇。

关键词：本土理论　西方理论　中国政治　理论发展

引　言

作为西方语境下发展出的理论补充或替代，非西方理论或者说本土理论

---

* 感谢 Kellee Tsai、Erin Chung、Lianjiang Li 对于本研究项目以及其他中国政治与理论发展相关研究项目的启发。同时感谢 *Journal of Chinese Political Science* 的匿名评审与编辑，以及 Jessica Teets 对于草稿的有益评论与建议。对于本文中的观点，作者自负全部责任。
** 张春满，复旦大学社会科学高等研究院青年副研究员，美国约翰·霍普金斯大学政治学博士。

再次引起了政治科学界的兴趣。然而，学界还没有完全弄清这一理论发展的可能性影响。西方理论倾向于生产普适性知识，或者关于世界的一般观点，而非西方理论则可能更注意"本土语境"，生产不那么普适、更加地方性的知识。西方理论与非西方理论是否可能，以及应该得到多大程度的调和？普适理论跟本土理论的关系是什么？这篇文章将通过中国政治研究的案例来讨论这些理论发展问题。

本文中的"中国政治研究"指的是对于当代中国国内政治以及国际关系的研究。起初，中国政治研究起源于区域研究，而研究成果多是描述性的："他们基本是描述性研究，其中大多数研究避免构建宏大理论，也不进行中国与其他共产主义制度的对比。"（Harding，1984：287）随着中国研究逐渐从区域研究转变为学科研究，理论发展的重要性日益凸显："中国研究者通过分析性研究而非仅仅描述性研究才能赢得学科内同行们的尊重"。（Tsai，2013：860）在中国政治研究的理论发展之前，我们必须思考西方理论与中国案例的关系（He，2011；Jing and Wang，2009；Wang，2011；Wu，2011；Yang and Li，2009）。总的来说，学者们发展出了两条调和西方理论与中国独特案例的路径：（1）把西方普适性理论直接应用到中国案例之中；（2）用中国的案例丰富西方理论。在批判性回顾这两种路径之后，本文将提出一种新的发展现有研究的路径，即通过融合西方理论与中国本土理论来研究中国政治。如下文所示，这种路径将为关于中国政治更细致的研究提供前所未有的机遇。

一　西方理论与中国案例的关系

当第一代现代中国政治研究者在 20 世纪 60 年代开始他们的研究时，中国案例仍被孤立于比较政治领域之外。他们主要"考察中国这一独特案例，而并未将更一般的比较政治领域的概念与模型应用到这一案例之上"（Harding，1984：290）。这一"理论匮乏"问题（Wilson，1971）被活跃在 20 世纪 70 年代的第二代中国政治研究者所指出，他们开始尝试使用社会科学的各种概念与方法研究中国政治。自此之后，西方理论与中国案例的关系可以被描述为"政治科学可以为中国研究做什么"（Tsai，2013：860）。这一学术潮流中出现了许多大幅促进我们对中国理解的研究（Perry，1994）。

　　"联邦制"的概念就是一个例子。作为一个经典的制度理论，"市场维护型联邦主义"常被用来解释发达国家的经济发展。Barry Weingast（1995）认为"联邦制是英国18世纪的迅速经济崛起，以及美国在19世纪及20世纪初的经济崛起的基础"。Weingast与中国学者合作，将这一概念应用在了解释中国经济奇迹上。在1979年改革之前，中国中央与省级政府的财政关系被描述为"统筹统支"。这种集中型财政制度就是"吃大锅饭"，它在改革后被地方自主性更强的财政安排所取代，这种安排称为"财政包干制"，用通俗的话讲叫"分灶吃饭"。从乡镇企业受雇人数以及城市、农村地区的非公、非农企业雇佣人数变化可以看出，这一制度变化促进了非公产业经济发展，推动了公有部门的改革进程（Jin，Qian，and Weingast，2005：1736）。这一制度分析的应用在解释为什么中国比其他之前追寻共产主义国家发展更快时有很强的解释力。

　　以上这个例子展示了如何通过西方理论解释中国现象。然而，"政治科学能为中国做什么"的研究路径存在几点缺陷，其中最严重的一点是概念拉伸的问题（Sartori，1970）。联邦制概念的运用也能说明这一点。一方面，"市场维护型联邦主义"的概念为理解中国经济发展提供了新的思路，但在另一方面，中国制度并不完全符合Weingast所描述的市场维护型联邦主义的三点条件。根据Weingast的说法，市场维护型联邦主义有三个特点：（1）经济调控主要由下级政府负责；（2）统一市场得到保障，以防下级政府利用调控权力建立贸易壁垒，抵制其他行政区的商品与服务；（3）下级政府受严格的预算约束（Weingast，1995：4）。回到中国的案例上，中国地方政府完全符合第一个条件，但是不符合第二个与第三个条件，因此很难被划定为市场维护型联邦制。比如，由于地方保护主义的存在，中国并未成功建立起一个国内统一市场，资本、服务、商品与人员的自由流动仍然面临很多阻碍。严格意义上讲，中国并不符合市场维护型联邦制的条件。因此，哪怕对这样一个被认为是运用西方理论解释中国的成功案例，如何避免概念拉伸仍然是一个待解决的问题。

除了运用西方概念解释中国外，中国政治研究者也积极运用西方社会科学的方法。起初，大多数中国政治研究者缺乏方法论意识，只使用描述方法而非分析方法，以案例分析为代表的定性方法是领域内的主导研究方法。有赖于年轻学者良好的方法论训练，今天的中国政治研究在方法论上已经与其他比较政治研究分支一样多元化了。在《当代中国政治研究：新的资料来源、新的方法、新的田野策略》一书中，几位学者深入讨论了包括民族志、访谈、调查以及其他定量方法在内的多种常见研究方法的优点与局限（Carlson et al.，2010）。除去上述提到的几种方法，社会网络分析、混合方法、实验法以及基于计算机的文本分析在近年的研究中越来越常见。例如，King 等人利用自动文本分析来探索中国审查制度的运行机制，自动文本分析是一种计算机辅助从无结构文本中提取、组织、吸收知识的方法（King，Pan，and Roberts，2013）。社会网络分析最近被用于研究共产党政治精英，例如，Franziska Keller（2016）的社会网络研究表明非正式政治在概念上更像是网络而非派系，而研究同事关系是获得政治精英之间非正式联络结构最好的途径。这些新奇的方法与工具使得研究者得以对以前无法触及的中国政治进行研究。因此，方法上的多元促进了中国政治研究的蓬勃发展。

作为回应，学界对于如何用中国案例丰富政治科学与西方理论的兴趣同样在增长。在 2016 年的夏天，哈佛燕京学社与中国中山大学共同举办了题为"从实证研究到理论化：中国研究对政治科学与政治理论的贡献"的工作坊。这表明中国与美国的学者对于将中国案例整合进政治科学的兴趣与日俱增。例如，抗争政治或许是政治科学最发达的领域之一，它的理论主要是在 20 世纪 90 年代与 21 世纪早期被 Charles Tilly、Sidney Tarrow、Doug McAdam 等杰出的美国学者发展起来的（McAdam，Tarrow，and Tilly，2003；Tarrow，Tilly，and McAdam，2001），而随着中国社会环境恶化、国有企业改革、贪污腐败等问题引发的抗争运动与社会抗议的困扰，学界开始越来越关注中国的抗争政治（Cai，2008；Chen，2012；O'Brien，1996；O'Brien and Li，2006）。学者尝试套用西方抗争政治的概念工具与理论框架解释中国的抗议活动，但是收效甚微，之后他们才意识到中国的抗争活动与西方十分不同。比如，中国农村村民采取集体行动反抗当地官员不正当行为的实践很难在西方概念里得到很好的描述。首先，村民的集体上访并不是西方理论中的政治参与行为；其次，村民的行为与抵抗的传统形式——比如"日常抵抗"——不同（Scott，1987），尽管中国农民势力如同这些理论指出的一样羸弱，但农民的请愿也不应被理解为"弱者的武器"，因为它与Scott所说的日常的抵抗形式不同。

　　既然西方理论难以充分解释中国的抗争政治，那么学者应该怎么分析它呢？Kevin O'Brien与Lianjiang Li的解决策略是将中国农民的抗争活动概念化为"依法抗争"（O'Brien and Li，2006）。中国农村的集体行动关键在于找准政府部门，运用中央政府的话语与规定驱使当地政府处理当地官员的不端行为。"依法抗争"这一概念说明了中国案例可以卓有成效地促进西方现有理论的发展。关于这个理论创新的重要性，蔡欣怡（Kellee Tsai）评价道："尽管O'Brien和Li是根据中国农村的田野观察提出的依法抗争的概念，但他们对抗争政治整体的概念形成都有所贡献；他们的著作《中国农村的依法抗争》已经上了许多比较政治课程的教学大纲。"（Tsai，2013：868）

　　中国政治研究做出的另一重大概念创新是"威权韧性"的提出，这一概念已对比较政治领域产生了重大影响。从制度主义观点看，黎安友（Andrew Nathan）认为包括领导人惯例继承、贤能主义政治、信息输入制度在内的政治制度巩固了中国共产党在中国的治理。他关于威权韧性的分析启发了很多学者，这些学者沿着他的思路进行了许多关于中国威权统治适应性来源的研究（Cai，2008；Chen，2012；Gilley，2016；Perry，2015；Stockmann and Gallagher，2011；Tsai，2005；Tsai，2006；Tsai，2007；Tsai，2013）。或许更重要的是，尽管威权韧性研究起源于中国政治研究领域，但是其得出的研究发现与研究影响有更广泛的价值，丰富了我们对其他威权主义政体的理解。

因此，中国政治研究的现存理论文献可以被分为两组：政治科学可以为中国做什么，以及中国案例可以为政治科学做什么。然而，正如本文要说明的，中国本土理论在这组西方理论与中国案例的关系中是缺位的。本文所说的本土理论是指中国学者发展出的关于中国与世界的系统性知识与理解，例如"天下""孝道""差序格局""中庸""关系""天时地利人和""朝贡体系""法制""道义""仁政"等。中国本土理论有三个突出特点，在将其与西方"普适"理论对比前，应先说明这三个特点。其一，它们深深扎根于中国历史与中国文化，就像西方理论扎根于欧洲及北美的历史与文化一样。其二，它们或明或暗地影响中国人的思维与行动。比如，"关系"在中国无处不在，哪怕是在中国的外国人也能生动感受到"关系"的威力，而"天下"概念就没那么好理解，更别提拿它来直接解释中国了。其三，中国本土理论经常是系统性的，而并非普遍性的。"系统性"的意思是中国本土理论往往通过回应以"结构""偶变""能动性"等为代表的系统理论框架而建立，然而它们在其他环境下缺乏解释力，容易因为"中国中心"导致偏差。在下一部分中，我将讨论中国本土理论的兴起。

二　中国本土理论的兴起

政治科学家通过使用非西方理论或者本土理论发展他们学科的兴趣越来越大。例如，在国际关系领域，越来越多的文献开始探索非西方国际关系理论的发展（Acharya，2011；Acharya and Buzan，2010；Chen，2010；Puchala，1997；Shilliam，2010；Zhang and Chang，2016）。国际关系理论的西方中心色彩导致其经常用西方的传统、历史与文献解读世界历史，而造成诸多歪曲误读，这些误读颇受学者指控，近来越来越多的对非西方理论的关注是对这些指控的一个回应。这里必须指出，我并不想误导读者使他们认为非西方理论的出现是一个晚近现象。事实上，非西方理论已经在主流政治科学期刊上出现很长时间了，比如，Jack Donnelly（1982）在20

世纪80年代就比较了西方与第三世界关于人权与人性尊严的不同概念。然而，较早的运用非西方理论的文献存在两点问题。第一，这些研究计划较为零散且缺乏持续性，缺少发展出一整套思想观点的集体努力；第二，西方学界往往难以充分理解非西方理论，在这个意义上，非西方理论被用来强化了社会科学领域事实上的"欧洲中心偏见"，而非削弱了它。今天非西方理论的崛起或许还不足以对西方理论形成挑战，但至少可以对它们进行重要补充。

　　鉴于这种学术进程，近期中国本土理论的涌现十分值得关注。从21世纪早期开始，中国大陆学者就开始有意识地建设社会科学的中国学派。例如，20世纪90年代在美国取得政治科学博士学位，现任外交学院院长兼教授的秦亚青就号召建设国际关系的中国学派（Qin，2005）。他雄心勃勃的号召得到了响应，在中国与西方学者之间引发了激烈讨论。其他积极建设社会科学的中国学派的知名学者包括邓正来、任晓、杨光斌、苏长和等等（Callahan，2008；Carlson，2011；Dreyer，2015；Paltiel，2010；Zhang，2013）。不光是政治科学家具有充满建设中国本土社会科学理论的兴趣，来自其他学科的学者同样在响应这一潮流（Barney and Zhang，2009；Jack et al.，2013；Tsui，2007；Whetten，2009）。是什么引领了中国本土社科理论的发展潮流？

　　为了理解这一理论发展，我认为我们应该考虑世界范围内的三点重大变化。其一是经济中心的变化，亚太地区正在取代西欧成为世界最重要的经济区，而中国已经成为世界第二大经济体，学者们想知道中国做"对"了什么以取得今天的成绩。其二是随经济中心变动而来的学术注意力的变动。在过去很长一段时间里，非西方地区只是西方理论应用的场地，而随着西方的衰落与世界其他区域的崛起，非西方地区，尤其是中国，开始生产与传播自己的理论。其三是文化与意识形态因素正在发生变化。例如，宗教激进主义的发展成了中东的不稳定因素，而与此同时，一些西方政治领袖正在走向极端主义、民族主义与孤立主义。另外，中国正在尝试通过弘扬传统文化与价值观来抵抗西方的观念与意识形态，这些变化一起为中国学界本土理论的复兴与发展提供了条件。中国学者努力发展中国本土理论不代表要完全忽视西方理论，相反，中国本土理论期待通过与西方理论的互动来更好地讲述"中国故事"。

中国本土理论整体上在崛起，但发展并不均衡，中国理论在对外关系方面成果颇丰，但是对中国国内政治的研究还相对落后。

由于西方比较政治与中国国内政治学术交流的缺乏，中国学者保持着"中国例外主义"观念。在其他非民主国家经历民主转型的同时，中国展现了独特的威权韧性，这一现象更是加强了中国学者的例外主义信念。在本文中，我对"中国例外主义"表示怀疑，因为仍存在通过融合西方理论与中国本土理论来解释中国政治的空间。通过融合西方理论与中国本土理论，我们可以既注意到中国的特殊性，又生产出一般性的解释，而这种理论生产最终会强化中国研究的有效性。

三　融合西方理论与中国本土理论

在这篇综述文章里，我提出了三种融合西方理论与本土理论的方式：（1）以西方理论为核心，本土理论为外表；（2）以本土理论为核心，西方理论为外表；（3）以西方理论与本土理论为双重核心。在下文中我将举例具体说明这三种方式。

（一）本土理论为核心，西方理论为外表

尽管几乎所有中国本土理论都带有浓厚的地方色彩，存在某种"中国偏差"，但其中的一些仍然有普遍性意义。在西方语境下，网络或联系是重要的研究话题。然而，这些理论与中国的"关系"概念并不相同，"关系"是中国古代发展出的一种有多重意涵的概念（或理论），这种概念在今天仍很有影响。大多数学者承认"关系"在社会科学中的理论意义，但是其内在的模糊性很难使人将其概念化。

从西方的理论工具中可以找到概念化"关系"的新方式。秦亚青的

"世界政治的关系理论"就是一个范例。为了建构一个国际关系理论，我们需要回答下列问题：这一理论的前提是什么？核心概念是什么？认识论基础是什么？这些问题是引导构建社会科学理论的有效工具，尤其是需要吸收其他传统时。根据秦亚青的说法，关系理论有赖于三个重要假设：第一，国际关系世界是相互关联的；第二，行动者必然在"关系之中"；第三，作为关系理论中的关键概念，"过程"被定义为运行中的关系（Qin，2016）。需要指出的是，这些理论预设与西方主流国际关系理论有根本上的不同。例如，结构现实主义、自由制度主义与建构主义均以"理性"作为核心理论预设（Wæver，1996；Waltz，1979；Wendt，1999）。关系理论在西方学界被主流所忽视，只有一小部分人关注（Jackson and Nexon，1999）。

除去关系，秦亚青理论中的另一个核心概念是"中庸辩证法"，这也是其理论的认识论基础（Qin，2010，2016）。秦亚青指出中国哲学中最重要的关系或者称为"元关系"，是阴阳关系。阴与阳组成一个有机整体，指示阴阳关系的图式被称为"宇宙图式"（Qin，2016）。尽管阴阳对立暗示着中国人以二元对立的方式概念化宇宙，但秦亚青指出中国人不应该用西方哲学传统理解阴阳关系，西方哲学会将阴阳视为二元框架下的独立范畴。理解阴阳关系的正确方式是"中庸"，它是中国人理解关系性宇宙的总体认识论图景。本文没有以大量篇幅来完整介绍秦亚青关于国际关系的宏大理论，但上文的简单介绍应该足以说明学者如何以中国本土理论为核心，以西方理论为外表来尝试融合它们。

（二）西方理论为核心，本土理论为外表

融合西方与中国本土理论的另一条途径是把前者放在核心位置，而以后者为外表。学者不应将这一途径与应用西方理论弄混，因为后者的实践中根本没有出现中国本土理论。这种途径尽管只以本土理论为表面，但仍认为其是有意义的。乡村政治研究中的一些研究即遵循了此条路径。

中国的乡村选举开始于20世纪80年代，而自从其开始之时，学界就对

其给予了充分关注，因为威权政体一面支持乡村地区的直接选举，一面在国家层面保持一党政治这一现象实在是令人困惑又令人震惊。有些人认为这是中国顺应 20 世纪七八十年代世界其他地区的第三波民主化浪潮，而开启民主化进程的迹象（Huntington，1991）。在这一背景下，众多学者开始研究中国的乡村选举（Li and O'Brien，1999；Manion，1996；Manion，2006；O'Brien，1994；Shi，1999）。有趣的是，大多数研究没有注意到中国乡村独特的选举动员，比如，中国农村精英拉选票的方式与其他国家拉票的方式并不一样，中国农民的政治行为深受费孝通所谓"差序格局"影响。尽管费孝通没有定义过差序格局，但他对这一概念进行过形象的解释：

> 我们的社会结构本身和西洋的格局不相同，我们的格局不是一捆一捆扎清楚的柴，而是好像把一块石头丢在水面上所发生的一圈圈推出去的波纹。每个人都是他社会影响所推出去的圈子的中心。（Fei，1947）

差序格局或许是最具创新性、最有影响力的中国社会科学的本土理论，直到今天还在被使用、被讨论。从某种意义上，差序格局是关于中国社会互动的一种复杂逻辑，中国个体在这种逻辑下从出生起就生活在社会（或地理）联系结成的网络之中，这一网络随着人的年岁增长逐渐扩展。网络首先包括家人，然后逐步扩展到朋友、校友、同事，然后最终延伸到那些一开始是陌生人，但将来可能帮得上忙的人。费孝通把这些关系形容为以个人为中心向外蔓延的同心圆，而人与人之间的联系可能有重叠。这一概念背后的重要理念是西方实用主义理论。美国实用主义哲学家约翰·杜威曾说："我们应该认为制度、社会习俗、集体习性等是由个体习惯累积而来。"（Dewey，1922：58）差序格局的存在是中国乡村地区社会习惯的反映。从这个意义上说，农村精英的投票动员可以被形容为"差序动员"，这一术语可以更好地表现在竞选中不同候选人如何利用他们各自的社交技能、人缘与地缘来竞争职位。在这个例子中，西方哲学与社会学理论是揭示差序格局如何影响乡村中国动员机制的关键。

（三）西方理论与本土理论作为双重核心

本文介绍的第三种途径是双重核心模型。不像前两种途径把一种特定理论放在更高的位置，这种途径在尝试融合中西理论时不对二者予以区别对待。例如，在清华大学阎学通的领导下，一批学者提出了"道义现实主义理论"（Zhang，2011）。作为西方国际关系领域的主流理论，现实主义强调权力、利益及其他现实物质因素（Mearsheimer，2001）。阎学通与他的同事在现有的现实主义框架中添加了"道德"与"正义"。结构现实主义学者并不把道德或正义纳入考量范围，因为他们觉得在现实主义框架内，它们远没有物质因素重要。然而，阎学通认为道德与正义的重要性在 20 世纪 40 年代现实主义产生时就有所体现。例如，在国际关系领域的奠基性著作《国家间政治》中，摩根索指出道德与正义在国际体系里起到了正面作用（Morgenthau，1948）。事实上，国际关系中新古典现实主义的兴起也是在反思古典现实主义，重新发现、重新解释古典现实主义对物质与非物质变量的理解中实现的（Lobell，Ripsman，and Taliaferro，2009；Rathbun，2008；Rose，1998）。张锋指出道义现实主义不仅没有抛弃现实主义的"内核"，而且指出了一个在规范意义上更牢靠的现实主义理论化方向。所以，道义现实主义是一套逻辑自洽的现实主义理论。

道义现实主义试图解答的核心问题是新兴大国如何取代现存的霸权国地位。道义现实主义的核心变量或者说核心概念是政治领导人。阎学通区分了四种不同形式的领导人："无为"、"守成"、"进取"以及"争斗"。这种关于政治领导人的分类学深受他长期进行的关于古代中国内部的国际关系研究的影响（Yan，Bell，and Sun，2011）。对于解释中国的对外政策转型，以及中国近期的魄力，道义现实主义有更强的解释力（Johnston，2013）。中国对于联合国决议与活动的长期支持可以被看作对国际道义的支持（因为中国领导人认为联合国是"正当"的）。道义现实主义是双核路径的一个范例，因为中国关于道义的理解以及西方关于现实主义的理解这两种理论构成在理论发展中起到了几乎相同的作用。

结　论

在数十年学术探索之后的今天，中国政治研究正在经历专业化的过程。根据 O'Brien 的说法，这种专业化的发展让中国政治研究领域出现了空心化的隐患，因为这一领域中存在很多高度独立、彼此之间甚少交流的专业化研究，而且越来越多的中国政治学者开始与来自本学科的学者而非其他中国研究者展开了频繁交流（O'Brien，2011）。在这篇文章中，我展示了很多中国研究者试图展开交流对话的成果。中国本土理论对于中国政治研究者而言是宝贵的理论资源，研究者应该充分利用，以阐发关于中国政治的新洞见，更好地理解中国本土理论有利于增进西方政治学者做出关于中国政治论断时的信心。融合西方与中国本土理论为更细致地分析中国政治创造了充满前景的机遇。

参考文献

Acharya, Amitav. 2011. "Dialogue and Discovery: In Search of International Relations Theories Beyond the West." *Millennium-Journal of International Studies* 39 (3): 619 – 637.

Acharya, Amitav, and Barry Buzan, eds. 2010. *Non-western International Relations Theory: Perspectives on and Beyond Asia*. Abingdon and New York: Routledge.

Barney, Jay B., and Shujun Zhang. 2009. "The Future of Chinese Management Research: A Theory of Chinese Management Versus a Chinese Theory of Management." *Management and Organization Review* 5 (1): 15 – 28.

Cai, Yongshun. 2008. "Power Structure and Regime Resilience: Contentious Politics in China." *British Journal of Political Science* 38 (3): 411 – 432.

Callahan, William A. 2008. "Chinese Visions of World Order: Post-hegemonic or a New Hegemony?" *International Studies Review* 10 (4): 749 – 761.

Carlson, Allen. 2011. "Moving Beyond Sovereignty? A Brief Consideration of Recent Changes in China's Approach to International Order and the Emergence of the Tianxia Concept." *Journal of Contemporary China* 20 (68): 89 – 102.

Carlson, Allen et al. , eds. 2010. *Contemporary Chinese Politics: New Sources, Methods, and Field Strategies*. New York: Cambridge University Press.

Chen, Ching-Chang. 2010. "The Absence of Non-western IR Theory in Asia Reconsidered." *International Relations of the Asia-Pacific* 11 (1): 1 – 23.

Chen, Xi. 2012. *Social Protest and Contentious Authoritarianism in China*. Cambridge: Cambridge University Press.

Dewey, John. 1922. *Human Nature and Vonduct: An Introduction to Social Psychology*. Carlton House.

Dimitrov, Martin, eds. 2013. *Why Communism Did Not Collapse: Understanding Authoritarian Regime Resilience in Asia and Europe*. New York: Cambridge University Press.

Donnelly, Jack. 1982. "Human Rights and Human Dignity: An Analytic Critique of Non-western Conceptions of Human Rights." *American Political Science Review* 76 (2): 303 – 316.

Dreyer, June Teufel. 2015. "The 'Tianxia Trope': Will China Change the International System?" *Journal of Contemporary China* 24 (96): 1015 – 1031.

Fei, Xiaotong. 1947. *From the Soil: The Foundations of Chinese Society, A Translation of Fei Xiaotong's Xiangtu Zhongguo*. Berkeley: University of California Press.

Gilley, Bruce. 2016. "Taxation and Authoritarian Resilience." *Journal of Contemporary China*, Online First.

Harding, Harry. 1984. "The Study of Chinese Politics: Toward a Third Generation of Scholarship." *World Politics* 36 (02): 284 – 307.

He, Baogang. 2011. "The Dilemmas of China's Political Science in the Context of the Rise of China." *Journal of Chinese Political Science* 16 (3): 257 – 277.

Huntington, Samuel. 1991. *The Third Wave: Democratization in the Late Twentieth Century*. Norman: University of Oklahoma Press.

Jack, Gavin et al. 2013. "Refining, Reinforcing and Reimagining Universal and Indigenous Theory Development in International Management." *Journal of Management Inquiry* 22 (2): 148 – 164.

Jackson, Patrick, and Daniel Nexon. 1999. "Relations Before States: Substance, Process and the Study of World Politics." *European Journal of International Relations* 5 (3): 291 – 332.

Jin, Hehui, Yingyi Qian, and Barry R. Weingast. 2005. "Regional Decentralization and Fiscal Incentives: Federalism, Chinese Style." *Journal of Public Economics* 89 (9): 1719 – 1742.

Jing, Yuejin, and Guoqin Wang. 2009. "Western Political Research Approaches and the Development of Political Science Methodology in China." *Journal of Chinese Political Science* 14 (3): 299 – 315.

Johnston, AlastairIain. 2013. "How New and Assertive is China's New Assertiveness?" *International Security* 37 (4): 7 – 48.

Keller, Franziska. 2016. "Moving Beyond Factions: Using Social Network Analysis to Uncover Patronage Networks Among Chinese Elites." *Journal of East Asian Studies* 16 (1): 17 –41.

King, Gary, Jennifer Pan, and Margaret E. Roberts. 2013. "How Censorship in China Allows Government Criticism but Silences Collective Expression." *American Political Science Review* 107 (2): 326 – 343.

Li, Lianjiang, and Kevin O'Brien. 1999. "The Struggle Over Village Elections." *In The Paradox of China's Post-Mao Reform*, edited by Merle Goldman and Roderick MacFarquhar, pp. 129 – 144. Cambridge: Harvard University Press.

Lobell, Steven E., Norrin M. Ripsman, and Jeffrey W. Taliaferro. 2009. *Neoclassical Realism, the State, and Foreign Policy*. New York: Cambridge University Press.

Manion, Melanie. 1996. "The Electoral Connection in the Chinese Countryside." *American Political Science Review* 90 (4): 736 –748.

Manion, Malenia. 2006. "Democracy, Community, Trust: The Impact of Elections in Rural China." *Comparative Political Studies* 39 (3): 301 –324.

McAdam, Doug, Sidney Tarrow, and Charles Tilly. 2003. *Dynamics of Contention*. Social Movement Studies 2 (1): 99 –102.

Mearsheimer, John J. 2001. *The Tragedy of Great Power Politics*. New York: WW Norton & Company.

Morgenthau, Hans. 1948. *Politics among Nations: The Struggle for Power and Peace*. Alfred A: Knopf.

Nathan, Andrew. 2003. "Authoritarian resilience." *Journal of Democracy* 14 (1): 6 –17.

O'Brien, Kevin J. 1994. "Implementing Political Reform in China's Villages." *Australian Journal of Chinese Affairs* 32: 33 –59.

O'Brien, Kevin J. 1996. "Rightful Resistance." *World Politics* 49 (1): 31 –55.

O'Brien, Kevin J. 2011. "Studying Chinese Politics in an Age of Specialization." *Journal of Contemporary China* 20 (71): 535 –541.

O'Brien, Kevin, and Lianjiang Li. 2006. *Rightful Resistance in Rural China*. New York: Cambridge University Press.

Paltiel, Jeremy. 2010. "Mencius and World Order Theories." *The Chinese Journal of International Politics* 3 (1): 37 –54.

Perry, Elizabeth J. 1994. "Trends in the Study of Chinese Politics: State-society Relations." *The China Quarterly* 139: 704 –713.

Perry, Elizabeth. 2015. "Higher Education and Authoritarian Resilience: The Case of China, Past and Present." Harvard-Yenching Institute Working Paper Series.

Puchala, Donald J. 1997. "Some Non-western Perspectives on International Relations." *Journal of Peace Research* 34 (2): 129 –134.

Qin, Yaqing. 2005. "The Core Questions in International Relations Theory and the Construction of Chinese School." *Social Sciences in China* 4: 62 –72.

Qin, Yaqing. 2010. "International Society as a Process: Institutions, Identities, and China's

Peaceful Rise. " *The Chinese Journal of International Politics* 3 （2）: 129 – 153.

Qin, Yaqing. 2016. "A Relational Theory of World Politics. " *International Studies Review*18 （1）: 33 – 47.

Rathbun, Brian. 2008. "A Rose by any Other Name: Neoclassical Realism as the Logical and Necessary Extension of Structural Realism. " *Security Studies* 17 （2）: 294 – 321.

Reny, Marie-Eve. 2011. "What Happened to the Study of China in Comparative Politics?" *Journal of East Asian Studies* 11: 105 – 135.

Rose, Gideon. 1998. "Neoclassical Realism and Theories of Foreign Policy. " *World Politics* 51 （01）: 144 – 172.

Sartori, Giovanni. 1970. "Concept Misformation in Comparative Politics. " *American Political Science Review* 64 （4）: 1033 – 1053.

Scott, James C. 1987. *Weapons of the Weak: Everyday Forms of Peasant Resistance.* New Haven and London: Yale University Press.

Shi, Tianjian. 1999. "Economic Development and Village Elections in Rural China. " *Journal of Contemporary China* 8 （22）: 425 – 442.

Shilliam, Robbie, eds. 2010. *International Relations and Non-western Thought: Imperialism, Colonialism and Investigations of Global Modernity.* Abingdon and New York: Routledge.

Stockmann, Daniela, and Mary E. Gallagher. 2011. "Remote Control: How the Media Sustain Authoritarian Rule in China. " *Comparative Political Studies* 44 （4）: 436 – 467.

Tarrow, Sidney, Charles Tilly, and Doug McAdam. 2001. *Dynamics of Contention.* New York: Cambridge University Press.

Tsai, Kellee S. 2005. "Capitalists Without a Class: Political Diversity Among Private Entrepreneurs in China. " *Comparative Political Studies* 38 （9）: 1130 – 1158.

Tsai, Kellee S. 2006. "Adaptive Informal Institutions and Endogenous Institutional Change in China. " *World Politics* 59 （1）: 116 – 141.

Tsai, Kellee S. 2007. *Capitalism Without Democracy: The Private Sector in Contemporary China.* Ithaca: Cornell University Press.

Tsai, Kellee S. 2013. "China's Political Economy and Political Science. " *Perspectives on Politics* 11 （3）: 860 – 871.

Tsui, Anne S. 2007. "From Homogenization to Pluralism: International Management Research in the Academy and Beyond. " *Academy of Management Journal* 50 （6）: 1353 – 1364.

Wæver, Ole. 1996. "The Rise and Fall of the Inter-paradigm Debate. " In *International Theory: Positivism and Beyond*, edited by Steve Smith, Ken Booth, and Marysia Zalewski, pp. 149 – 185. Cambridge: Cambridge University Press.

Waltz, Kenneth. 1979. *Theory of International Politics.* MA: Addison-Wesley.

Wang, Shaoguang. 2011. "To 'Fall in Line' or to 'Grab': Thoughts on the indigenization of political science. " *Journal of Chinese Political Science* 16 （3）: 299 – 322.

Weingast, Barry R. 1995. "The Economic Role of Political Institutions: Market-preserving Federalism and Economic Development. " *Journal of Law, Economics, and Organization*

11 (1): 1 – 31.

Wendt, Alexander. 1999. *Social Theory of International Politics*. Cambridge: Cambridge University Press.

Whetten, David A. 2009. "An Examination of the Interface Between Context and Theory Applied to the Study of Chinese Organizations." *Management and Organization Review* 5 (1): 29 – 55.

Wilson, Richard W. 1971. "Chinese Studies in Crisis." *World Politics* 23 (2): 295 – 317.

Wu, Guoguang. 2011. "Politics Against Science: Reflections on the Study of Chinese Politics in Contemporary China." *Journal of Chinese Political Science* 16 (3): 279 – 297.

Yan, Xiaojun. 2011. "Regime Inclusion and the Resilience of Authoritarianism: The Local People's Political Consultative Conference in Post-Mao Chinese Politics." *China Journal* 66: 53 – 75.

Yan, Xuetong. 2014. "An International Relations Theory of Moral Realism." *China International Studies* 5: 102 – 127.

Yan, Xueton, Daniel Bell, and Zhe Sun, eds. 2011. *Ancient Chinese Thought, Modern Chinese Power*. Princeton: Princeton University Press.

Yang, Guangbin, and Miao Li. 2009. "Western Political Science Theories and the Development of Political Theories in China." *Journal of Chinese Political Science* 14 (3): 275 – 297.

Zhang, Feng. 2011. "The Tsinghua Approach and the Inception of Chinese Theories of International Relations." *The Chinese Journal of International Politics* 5 (1): 73 – 102.

Zhang, Feng. 2013. "The Rise of Chinese Exceptionalism in International Relations." *European Journal of International Relations* 19 (2): 305 – 328.

Zhang, Yongjin, and Teng-Chi Chang, eds. 2016. *Constructing a Chinese School of International Relations: Ongoing Debates and Sociological Realities*. Abingdon and New York: Routledge.

《清华社会学评论》第十辑

第 29~53 页

© SSAP，2018

中国学术走向世界的困境

钱霖亮[*]

摘　要： 近年来让中国学术走向世界成为中国学界新的发展动向，然而走出去的路途并不平坦。利用自我民族志、访谈和第二手文献对西方学术界运作机制进行观察，指出中国学术走向世界过程中可能遇到的三个障碍：中国学界在全球学术体系中所处相对边缘的位置导致其被西方学界忽视；西方学界等级化、精英化的学术竞争机制及其特定的问题意识给中国学术作品进入西方学界设置了门槛，不符合其学术生产标准的作品会被排斥；基于其批判的学术传统和政治立场，中国的学术作品被一部分西方学者视为官方意志的产物而被否认学术价值。要突破这些障碍，中国学者自身在生产高质量学术作品的同时，也需加强和西方学者的交流，使之成为我们通往西方学界的"引路人"。

关键词： 中国学术走出去战略　学术世界体系　学术生产机制　学术话语权　自我民族志

一　问题的提出

近年来让中国学术走向世界成为中国学界新的发展动向。以笔者较为熟

---

* 钱霖亮，澳大利亚国立大学中华全球研究中心。

悉的社会学界为例，中国社会学会前会长郑杭生教授 2011 年就曾在《中国社会科学》上撰文呼吁突破学术话语权长期被西方垄断的局面。他渴望中国的社会学界能够有理论自觉，生产出兼具世界眼光和中国气派的学术产品（郑杭生，2011）。李友梅教授则认为，中国社会学人应当自觉担起构建中国特色社会学学术话语的历史任务。与此同时，她也指出了目前中国社会学学术话语建设面临的一些问题，比如虽然中国学者理应在解读中国实践、构建中国理论上最有发言权，但实际上我们"在国际上的声音还比较小，还处于有理说不出、说了传不出去的境地"（李友梅，2016：29～30）。针对这些问题，她给出的建议是中国的社会学人"要不断地更新知识积累，不断提升学术水平，具备深刻洞察中国经济社会转型实践变化机制的能力，而且要及时把握世界学术前沿的理论与方法发展走势，使自己在高水平的国际交流中具有实际对话能力"（李友梅，2016：30）。

李友梅教授的建议主要集中在提升学者研究内功的方面，另一些学者和学术部门则在对外传播中国学术成果的外功上发力。全国哲学社会科学规划办公室从 2010 年起设置了国家社科基金"中华学术外译项目"，截至 2015 年共计立项 286 项，出版成果 58 种，翻译成 8 个语种，通过 110 多家国际出版机构在境外出版（曲一琳，2015）。中国社会科学院、社会科学文献出版社等机构也积极寻求与包括英国罗德里奇（Routledge）、荷兰博睿（Brill）在内的国外出版社合作出版中国学者的学术著作和论文集（谢寿光，2012）。复旦大学社会科学高等研究院创院院长邓正来教授在其离世之前也曾与新加坡世界科技出版公司（World Scientific）合作出版全部由中国知名学者撰写的英文版《中国发展丛书》（*Series on Developing China*）三卷，为中国农村经济发展、国家与社会关系、全球化与地方化等重要议题提供了中国本土视角（复旦大学社会科学高等研究院，2009）。

这些学者和学术部门在对外推广中国学术成果方面所做的努力有目共睹。从参加国外书展、举办学术交流活动的受关注程度到通过一系列图书馆目录数据库检索到外译作品被世界各地图书馆收录的情况，在相关机构的自我陈述和一些国内媒体的报道中，这些推广工作获得了国外出版界和学界的广泛关注和认可（杨庆存，2014）。笔者在留学海外期间也在几所大学图书馆和公立图书馆中看到过上述跨国合作出版的中国学术作品。然而引起笔者进一步思考中国学术走向世界问题的契机是一次不经意的谈话。

谈话的对象是笔者留学时熟识的一位美国出生的白人学者 X 教授①，他是享誉西方的中国问题专家，曾经主编一本收录于 SSCI 索引的期刊多年。在一次交谈中，笔者提到自己在国内寻找教职时获知中国一些知名大学的教师考核轻著作而重论文，乃至对英文著作也不甚重视。他的观察与笔者完全相反，他说：

> 在中国一位学者如果能够出版英文专著，他将会获得很高的声望。也是因为这个原因，很多有权势的学者，比如学院院长、学会主席、研究所领导等等，经常利用他们机构的经费雇佣他人将自己写的东西翻译成英文书；而在海外，有像 Brill 和 World Scientific 这样的出版社为了能从中国赚钱，不惜发表这些有权势的学者的书，不论它们实际上有多烂。为什么这些有权势的中国学者想要出版英文专著？归根结底还是因为它在中国很重要②。

在后续的交流中，笔者得知 X 教授并没有详细看过他所谓的那些"有权势的"学者的书，尽管他听说过一些学者的名字。除了指摘这些作者是花钱出书以外，他认为这些人的著作不值一看的原因还在于他们任职于官方机构并且是接近权力之人，他们写的书代表中国官方的立场，而代表官方立场的作品在西方学界通常被认为在学术上是不可信的。大约也是这些原因，笔者在 X 教授主编期刊的书评栏目上没有看到过中国本土学术作品的英译版本，而通常英美的学术出版社都会把相关国别的学术著作邮寄给涉及那个国家和区域研究的主流期刊，请主编选择书评人为其撰写书评，以便向更多

---

① 鉴于其知名程度，笔者在此处使用化名。
② 笔者与 X 教授的交流，2016 年 6 月 7 日。

同行学者推介他们的出版物。X 教授对中国本土学术著作价值的否定可能在某种程度上阻断了这些作品通过他的期刊收获更多读者的路径。

笔者认为，X 教授对待中国本土学者外文作品的态度和看法折射出中国学术在走向世界过程中可能会遇到的障碍。之后笔者通过与更多的西方学者和负笈海外的华人学者的交流发现 X 教授的观点具有某种程度的普遍性，除非是他们已经认可的中国本土学者的作品，其他的很多都会被认为是没有经过学术匿名审查、花钱即出的书，因而学术水准低；甚或仅仅是代表中国政府官方立场的文化输出，尤其是社会科学和近现代史的作品。这一发现提醒我们，能够在海外发行出版只是中国学术走向世界的第一步；如何吸引海外读者去阅读甚至某种程度上认可和接受中国本土学者的学术观点，这条路还很漫长而且困难重重。笔者甚至认为怎么向海外学界推介中国学术作品本身就是一门值得研究的学问。如果中国的政府机构、学术部门和学者将其视为提升中国文化软实力的路径，在不少海外学术机构和学者公开拒绝成为中国文化输出对象的情况下（Hubbert，2014；Sahlins，2015），我们又该如何继续？

本文以自我民族志（auto-ethnography）为主要研究方法，辅以正式和非正式访谈，并搜寻相关的二手文献，包括学者通过论文、著作和时下流行的学术微信公众号文章、网络日志等形式记录的对学术界的观察。

自我民族志是一种通过对研究者个人经验进行描述和系统分析来理解文化的研究方法，它在社会学领域发展成专门的方法类别有赖于定性社会学家卡洛琳·艾理斯（Carolyn Ellis）等学者自 20 世纪 90 年代以来在学理上的建构和完善（Adams，Jones，and Ellis，2015）[1]。这些学者用学理化自我感受和观察的方法来探究疾病患者及其亲属的自我体验（Neville-Jan，2004）、灾难后的创伤感受（Ellis，2002）、族群政治关系（Ellis，1995），以及家庭和伴侣的亲密关系（Adams，2006；Silba，2017）等议题。中国社会学界近

---

① 以自我民族志为研究方法的定性社会学家在西方已经形成一个流派，包括 *Qualitative Inquiry*，*Symbolic Interaction*，*Journal of Contemporary Ethnography*，*The Sociological Quarterly*，*Current Sociology* 等在内的 SSCI 社会科学期刊已成为这个流派重要的论文发表园地。

年来也开始引荐这类研究方法，以此来反思科学主义"洋八股"式的学术生产（蒋逸民，2011；卢崴诩，2014）。而在毗邻的人类学界，以自我经历写作民族志有着更久远的历史。克利福德·格尔茨（Clifford Geertz）的学生保罗·拉比诺（Paul Rabinow）在 1978 年出版了人类学反思性民族志代表作之一《摩洛哥田野作业反思》，开启了人类学家以自我意识和体验理解异文化的旅程（拉比诺，2008）。其后西方关注个体情感的人类学家在自我反思的民族志写作形式上越走越远，产生了一批影响巨大的作品（贝哈，2012）。

　　本文采用的自我民族志方法虽然也会谈及笔者对西方学术界的主观感受，但更多的还是援引笔者在境外留学 12 年的个人经历和观察，辅之以其他学者的经历和观察（透过访谈和二手文献获得），在加以分析的基础上考察西方学术界和学院体制的部分运作逻辑可能会对中国学术走向世界造成的影响。以学者局内人的经历和观察来研究学术界和学院体制亦非笔者首创，已有社会学家和教育学家以个人经验（加上田野观察和访谈）作为素材研究他们自身所处的学科建制和机构运作（Goldsmith, Komlos, and Gold, 2012；Lamont, 2009）。在中国，人类学家丹增金巴也曾以局内人的视角研究中国的学院体制和学术界规则（Tenzin, 2017）。值得注意的是，考虑到海内外学术圈复杂的人际和利益关系，上述所有学者都对其研究的学术机构和采访对象进行了学术匿名处理。笔者在本文中也做此处理。通过呈现西方学术界的一些基本运作逻辑以及部分西方学者和华人学者针对中西方不同学术体制的看法与相应的实践，本文希望能够找出一些线索，有益于我们了解中国学术走向世界过程中可能遇到的障碍。

二　学术界的世界体系

　　尽管中国学术走出去的计划已经开启，我们还是应该在行动之余了解一下我们即将进入的海外学术世界的复杂面目。全国哲学社会科学规划办公室"中华学术外译项目"的海外出版译本包括了英文、法文、西班牙文、俄文、德文、日文、韩文、阿拉伯文 8 个语种。从学术交流和文化推广的角度看，这样全面的外译工作是必要的。但如果是从提升自身学术话语权的角度看，这样做铺开的面就有些广了。在社会科学领域，诚如郑杭生教授所指出的，中国学者面临的主要问题是如何打破西方学术界在学术知识生产领域的垄断。而在西方学术界之内占据优势地位的又是英语系（Anglophone）国家，尤其是美国。借用伊曼纽尔·沃勒斯坦（Immanuel Wallerstein）的概念，笔者认为，伴随着二战以来地缘政治经济格局的重组和欧洲知识分子的迁徙，现代学术知识生产的中心也从欧洲部分转移到了美国，形成了迄今为止以美国和英国为中心的学术界的世界体系（the world-system of academe）（Schott，1998；Wallerstein，1976）。

在这个世界体系当中，英语已经成为最重要的学术语言。有数据显示，每年全世界出版的图书中有近四分之一是以英文出版的（新华社，2010）。目前已经成为中国高校人文社会科学教师学术考核重要依据之一的 SSCI 期刊索引，其 2010 年的版本总共收录 2731 种期刊，其中英语期刊 2383 种，占全部收录期刊的 87.3%（李文珍，2012）。

作为英语系国家的代表，美国和英国在整个学术知识生产世界体系中心的地位也反映在数据上。从国际出版市场的图书交易数字来看，按联合国教科文组织 2004~2013 年的统计，美英两国合计的图书出口总值始终占据全球图书出口总值的 1/3 左右（UNESCO，2016）。学术期刊方面，2010 年版 SSCI 收录的所有期刊中，有 1229 种期刊的主办机构所在地为美国，占总数的 45%；其次是英国，有 725 种被收录期刊，占总数的 26.5%，两者合计占总数的 71.5%（李文珍，2012）。

到了学术生产和引用的环节，以 SSCI 索引期刊的文章发表量计算，研究显示北美和欧洲是主要的论文生产区域：在 20 世纪 80 年代、20 世纪 90 年代以及 21 世纪初的 10 年三个时段，北美两个国家所占比重分别为 62.4%、59.4% 和 49%；所有欧洲国家所占比重分别为 27%、30.8% 和 40.1%，两个区域叠加后的比重一直占全球的 89% 左右（Mosbah-Natanson and Gingras，2014）。在引用方面，北美和欧洲同样占有极大的优势，两个区域叠加的全球引用量所占比重在多个年份超过了 80%（Mosbah-Natanson and Gingras，2014：638）。换言之，非北美、非欧洲的作者在发表 SSCI 论文时都会大量引用这两个区域作者的文章。与此相反，这两个区域的作者在发表 SSCI 论文时极少引用欧美区域以外同行的文章，他们引用区域内同行文章的比重一直维持在 97.1%～98.7%（Mosbah-Natanson and Gingras，2014）。中国学者发表在 SSCI 期刊上的英文论文被引用率也远低于他们的欧美同行（胡钦太，2013：10）。有论者由此认为当今全球学术界的学术生产和传播体系存在中心（欧美）—边缘（欧美以外）二元化的模式（Mosbah-Natanson and Gingras，2014），笔者则认为这个体系还可以再细分。

　　通过师资招聘和留学产生的全球学术人才流动可以部分说明这个问题。2017 年 3 月笔者在加拿大多伦多市参加了美国亚洲研究协会（Association for Asian Studies）的年会，遇到了不少与会的学者和留学生，交流学术之余也谈到了求职问题。一位来自多伦多大学的学者提到该校的亚太研究专业与美国东北部多所知名高校相关专业联系甚密，其师资多从后者的毕业生中招聘。但多年来未见有多伦多大学的毕业生前往那些学校任职，其就业选择多是离开北美到世界其他地方任教。如果留在加拿大境内，便只能去一些相对较差的高校。该学者认为美国和加拿大高校之间的人才流动是阶梯化的单向流动，"实际上多大的世界排名大概也有十几二十名，但是美东那些排名没有我们高的大学仍觉得它们在学术上高人一等"[①]。

　　一位加拿大英属哥伦比亚大学的博士生也告诉笔者类似的情况。该校也是世界著名的学术重镇，坐落于加拿大西海岸的温哥华市，这一地理位置也跟大学的学术交流扯上了关系。"美东那些学校很少跟我们一起玩，我们一般跟美西的华盛顿大学、俄勒冈大学一起，因为它们也被美东那些鄙视。被鄙视的人们走到了一起。"[②] 这所知名大学人文社会科学博士毕业生的就业情况也与多伦多大学类似，甚少有人能够前往美国大学任教。与此同时，这

---

① 笔者访谈，2017 年 3 月 18 日。
② 笔者访谈，2017 年 3 月 26 日。

位博士生还揭示了作为学术第一世界的美国，其内部也存在分野，包括美国东北部高校对西部高校的"鄙视"。这一"学术鄙视链"也在与笔者同组开会的一位学者那里得到印证。这位学者毕业于美国加州一所著名高校，毕业之前就在美国东部另一所研究型大学找到了教职，可谓学界翘楚。但在与哈佛、耶鲁等美国东部常春藤院校的学生一起开会时，仍遭到后者的轻视。

这一学术等级化的观念并非北美独有。在澳大利亚，因为高校追求学术前沿以及师资国际化的需要，笔者听闻高校招聘也更青睐英美名校的毕业生，而本土高校培养的人文社科博士能够在该国国内找到学术工作的难度越来越大。在澳大利亚国立大学，笔者了解到大部分外籍博士生来自东亚和东南亚，毕业后基本是回其原籍国就业，由此形成了英美—澳大利亚—东亚/东南亚的单向学术人才流动模式。但是到了这个人才流动链条中下游的东亚和东南亚地区，学术等级化依然存在。

笔者曾前往新加坡国立大学访学，在此期间采访过当地学者和中国留学生关于该校博士毕业生的就业情况。笔者被告知该校在师资招聘方面也倾向于英美名校毕业生，本校的外籍学生完全没有可能留下来担任教职。此外，学校也有相关规定，为防止学术近亲繁殖，毕业生不得留校任教。这些规则导致了外籍学生基本上也是回流原籍国。

此外，笔者曾在我国的香港地区攻读本科和硕士学位，在留学期间了解到香港八所公立大学的绝大多数博士生来自中国内地。除了第一阶梯三所大学（香港大学、香港中文大学和香港科技大学）少数学术发表记录极好的学生能够在香港找到教职，绝大部分毕业生如果仍想从事学术工作便只能回内地。在师资招聘方面，笔者认识的一位香港科技大学的教授曾公开告知笔者该校人文社科专业更青睐美国排名前30高校的毕业生，并且他相信其他有声望的港校的喜好也都差不多，可能香港大学会例外招聘一些英国名校的毕业生。这些因素导致我们现在看到港校年轻学术人才的流动模式也基本是英美—中国香港—中国内地的阶梯化走向，而且这一走向几乎也是不可逆的。

无论是北美、澳大利亚还是新加坡、中国香港地区的人才流动链条，中国内地都处于下游，甚至末端。尽管近些年我们看到为了创建世界一流大学、追逐学术前沿和国际化的目标，越来越多的内地高校开始直接奔赴境外举办招聘会，或者在校内举行青年论坛，提供各种优越的条件以吸引海外学者和留学生加盟，笔者接触过的一些内地学者和高校行政人员也对部分留学生存在一种刻板印象：那些愿意回来的人当中有一部分是因为在境外找不到工作、待不下去才回来的。当他们认为这些留学生虽然在全球学术市场中缺乏竞争力却仍能在内地高校找到教职是一种侥幸的时候，他们实际上也默认了内地高校在全球学术人才流动链条中靠后的位置。为了摆脱这个尴尬的位置，他们在师资招聘上会尽量设置符合现行学术等级化标准的门槛来提升自己的学术实力和学术排名。

学者甘阳曾经撰文批评北京大学在招聘教师时只看重哈佛、耶鲁等美国一流大学的毕业生，希望教师都能用英文写作论文并在英美期刊发表，暴露了其对中国学术的不自信（甘阳，2013）。笔者的一位朋友博士毕业于香港科技大学，她在东南沿海一所知名大学找工作时也被一位系主任告知他们要么不招人，要么只招美国名校的毕业生。

援引上述所有的例子，笔者的目的在于指出当今的学术世界是一个等级化的世界体系，不论从学术生产和传播还是知识人才流动的角度看，中国可能都被认为处在这个体系的第二乃至第三世界，其他西方国家大致属于第二世界，而英美则属于第一世界：不仅西方人、海外华人学者和留学生这么看，中国国内不少学者也有这样的意识。这样的看法甚至在中国大学的本科生和研究生中都非常流行。

在笔者认识的学生中，许多没有学过第二外语且有意出国深造的人首选的目的地都是美国，其后依次是英国、加拿大、澳大利亚等。而笔者在留学期间听到中国留学生们的分类也是如此，他们认为最优秀的学生一般都去了美国，次好的去了英国、加拿大、澳大利亚、新加坡等地，只有学术水平不怎么样的留在国内继续深造。据笔者了解，在北京、上海、广州等地的高校，大学教师子女出国读书或计划送出国的比例非常高，而做出这一选择的重要理由之一便是对中国的大学教育和学术训练信心不足，认为西方教育更胜一筹。在这种鲜明的学术等级化观念之下，尽管很少有人否认中国也有优秀的学者写出过优秀的学术作品，但是在整个学术的世界体系中它还是被放在下游的位置：中国的学术机构被认为是二流三流的，其学术训练是二流三流的，因而生产出来的大多数学术作品也是二流三流的，即使将它们翻译成外文，那些自认为一流或一心向往一流的学者会阅读和引用它们吗？

三　西方—英美学界的明规则和暗规则

除了因为身处学术等级化世界体系的边缘而被英美学界忽视，中国学术被后者轻视的另一个可能的原因在于它被认为没有经过英美学界学术评审程序的考核，不符合他们的学术标准。

目前英美学界学术生产最重要的机制莫过于同行评审（peer-review），受到认可的期刊论文发表和著作出版均需要经过同行匿名评审，而审查越严格的期刊和出版社，其权威和声望也越高（Vora and Boellstorff, 2012）。在笔者所熟悉的社会学界，顶级期刊的退稿率一般都在90%以上，有过 SSCI 期刊发表经历的朋友很少有不抱怨审稿人评审意见苛刻的。在出版学术著作时，出版社通常也会找至少两位审稿人进行学术审查，通过审查的书往往也需要大幅地修改，一本书稿从投稿到出版至少需要两年时间（Germano, 2008）。某种程度上来说，能够在英美学界立足的学者都经历了同行评审残酷的洗礼。也是基于这样的经历，与笔者交流过的西方学者和华人学者都认为英美学界生产的学术作品普遍来说品质更高。对那些认为自己对中国学界学术生产模式有所了解的学者更是如此。有一位任职于新加坡的华人学者说自己在国内学界有很多朋友，知道他们都是通过熟人关系给期刊投稿，关系好的一两个月就能发表，这在国外根本不可想象。而在著作出版方面，他说中国的出版社只要给钱就能出，如果有国家课题赞助，出版更是不费吹灰之力，根本没有什么同行评审。在他看来，尽管中国也有十分优秀的学者，但这种学术生产模式帮助很多学术功底不扎实的人蒙混过关，生产了许多"学术垃圾"。另一位澳大利亚的白人学者也认为中国的学术生产机制太过宽松，即使有些学术期刊声称采用匿名评审制度，实际上也不一定真的这么做。他说曾经有一位中国学者组稿，邀请他写一篇论文。他写完后对方找人翻译成中文，投给了一本声称有匿名评审制度的中文期刊，但没有任何评审意见就很快刊发了。对于能够很快发表，这位学者一方面感到高兴，但另一方面又觉得那篇文章发的很"廉价"（cheap），"我本来想看看中国的审稿人看了我的文章会有什么想法和建议，或许能增进我对这个问题的了解，结果什么意见都没有"①。

他对中国学术生产机制的了解同时来自他的中国学生。他的学生曾经给几本中文期刊投过稿，被拒的文章没有评审意见，接受发表的文章也没有多少修改意见，这令那位学生和他的老师都无法相信那些中文期刊采用了同行评审制度。也是基于对中国内地学术期刊不进行同行评审的判断，部分香港高校评估其学者在内地发表的论文时持不认可或有限认可的态度（《文汇报》，2012；朱剑，2007）。对照英美的学术生产标准和他们自身艰辛的学术历程，这些西方学者和华人学者倾向于贬低他们认定未经（充分）同行评审的中国本土学术成果的价值。笔者遇到的最极端的例子是一位在美国出生、以中国为田野调查地点的人类学家公然声称他不知道用中文写学术论文有什么意义。这位曾在数本美国人类学顶级期刊发表论文的学者坚信自己对中国学术品质的判断，认为根本没有必要引用中国本土学者的作品。这一态度也反映在其指导博士生论文写作的过程中。他的一位学生博士论文的主题是"中国的武校"，一位外审专家认为该论文与中国传统文化紧密相关，但引用的中文文献却极少，要求作者修订时增加这部分文献。然而作为博士生导师的人类学家认为完全无此必要，因为中文研究中并没有称得上是"学术"的作品。

这位人类学家的观点固然极端，但认为中文研究（尤其中国内地学者的学术作品）缺乏"学术性"的看法却相当普遍。笔者在留学期间曾经询问身边从事中国研究的学者和博士生们在撰写论文时如何选择引用的文献。

---

① 笔者访谈，2016 年 7 月 13 日。

在问及他们会引用多少中文文献时，得到的回答如下：文史论文引用会比较多，但主要还是一手的古籍文献，二手学术作品引用比较少，因为"很多中文研究在理论观点方面的原创性不高，基本是考据式的；很多文章自说自话，和已有的中文研究都不构成对话，更别说外文研究了"①。社会科学论文引用的更少，即使引用也只是资料性的引用，作为文章的背景介绍而非理论对话。按照一位华人学者的说法，这是因为"中西方的中国研究在问题意识上很不一样，我们在西方用英文写论文，主要对话的对象还是西方学者。有些国内学者也在追西方理论，但他们追得比较慢，写得也不一定好，有时候还断章取义，所以还是直接引西方人的比较好。再说了，你写一篇英文论文，里面引很多中文研究也不好看"②。尽管从事中国研究，这些学者和博士生在英美学术场域当中仍以英美学术意识为指导来理解中文研究的"学术性"和"原创性"，而其自身生产的学术产品本身又以英美学者为主要对象，这种情况下中国学术作品即使被引用，也只能出现在其脚注里。

受访华人学者的最后一句解释也颇值得推敲：为什么在一篇英文论文里引用很多中文研究会显得"不好看"？政治学家熊易寒在讨论中国社会科学国际化的现有路径时提到中国本土学者的两极化态度，一种态度是抵制和排斥国际化，将发表英文论文视为接受西方文化霸权，丧失中国学术主体性的表现；另一种态度则是主张全面拥抱西方学术视角，以英文发表为业。他提到一位常发 SSCI 期刊论文的学者提醒他，投英文期刊首先一定要包装自己的研究问题，这个问题必须是西方人感兴趣的；其次，在论文中尽量不要引用中文学术作品，不得已的时候也要作为资料来引用，不要引用他们的观点或理论。熊认为这些建议一定程度上反映了西方学术期刊的潜规则，而给他建议的学者显然接受了西方学术的文化霸权，曲意迎合了西方学术的偏好（熊易寒，2014：117）。

从这一观点深挖下去，笔者认为上述潜规则实际上是西方学界处理与非

---

① 笔者访谈，2016 年 6 月 12 日。
② 笔者访谈，2016 年 6 月 12 日。

西方学界关系的基本态度：想要在我们的学术平台发表文章并获得我们的承认，首先要进入我们的学术脉络跟我们对话。换言之，西方学界本身是一个具有相当排他性的圈子，只有融入其中才有可能被接受。身处西方的学院体制，以撰写英文学术作品获得学位、职位和声望，这也就不难理解为何与笔者交流的学者和博士生有意追随西方中国研究的问题意识[①]。而这种追随的意志如此坚定，内化了西方学术的文化霸权，并形成了某种布迪厄意义上的学术惯习（academic habitus），自觉不自觉地都会觉得引用大量中文研究的英文文章"不好看"了（Bourdieu，1990）。

与不怎么引用中文研究相对的是我的访谈对象对引用各自领域内的西方著名学者、重要期刊的论文和知名大学出版社出版的著作的极端热情。笔者不得不承认自己在写作博士论文和英文期刊论文时也有这样的心态，因为不论是课堂学习还是文献阅读首先都是围绕著名学者的经典研究和重要期刊的论文展开的，而能够跟这些学者产生对话被认为是一种自我学术实力的证明。换言之，通过阅读与那些著名学者的作品对话是一个年轻学人获得文化和象征资本的方式。从这个角度来理解每个领域中顶级期刊和重要著作的高引用量，一方面可能它们确实品质高，值得引用；另一方面也可能是因为它们业已积累的声望造成了虹吸效应，其他学者都以引用它们、与它们对话为荣。正如一位社会学博士生在访谈中所说的："如果一个问题查尔斯·蒂利（Charles Tilly）和一个没听说过的学者都讨论过，我肯定引用前者；同样的，如果关于一个问题有一篇《美国社会学刊》（American Journal of Sociology）的论文和一个没怎么听说过的期刊发的论文都讨论过，我肯定也是引前者。"[②] 这样的选择，显然对那些在西方学界不够出名的学者是不利的。

一般情况下，一位学者在西方学界（尤其是英美学界）立足甚至成名，他们需要在其领域的顶级期刊（主要是英美期刊）上发表过数篇论文，或

---

① 关于海外中国研究问题意识的讨论，见 Vukovich（2012）。
② 笔者访谈，2016 年 6 月 12 日。

者在学界公认的出版社出过一本专著。所谓"公认"的出版社，一般是指知名的大学出版社和部分出版学术著作的商业出版社。越有声望的大学和科研机构，对学者出书的出版社声望要求越高。关于美国社会学界认可的出版社，2009 年美国社会学学会（American Sociological Association）年会有一场研讨会专门讨论学术著作出版，与会者提名了一份行内公认的大学出版社和商业出版社名单，并将它们分成三类。其中一流大学出版社包括加州、剑桥、康奈尔、牛津、约翰·霍普金斯、普林斯顿、芝加哥、哈佛、耶鲁、北卡、杜克、明尼苏达 12 家大学出版社。纽约大学出版社介于一流和二流之间。二流大学出版社包括哥伦比亚、斯坦福、密歇根等 13 家大学出版社。提名者认为二流以上大学出版社的声望已经可以满足一般美国高校的终身教职评审中对著作出版的要求了。值得注意的是上述所有出版社，除了剑桥与牛津是英国的（在美国也有发行部），其他的都是美国的大学出版社。第三类是 8 家"备受尊重的商业出版社"，提名者对其中多数出版社受到尊重的方面进行了说明。这些出版社包括 W. W. Norton & Co.、Berghahn（仅限于欧洲研究主题）、Hill & Wang（在美国史方面有出版优势）、Routledge（在后殖民和文化研究领域有出版优势）、Blackwell（在都市和文化研究方面有出版优势）、Palgrave Macmillan、The New Press（新新出版社）和 Verso（左翼出版社）（Greenberg et al.，2009）。所有这些商业出版社发行总部也都在英国或美国。

参照这份名单，笔者询问了人类学界、政治学界和亚洲研究的同人，虽然不同学科和领域在划分一流和二流大学出版社时稍有差别，但加州、芝加哥、斯坦福、哈佛、杜克等美国大学出版社在所有这些学科领域中都有很高的声望，它们的书目是学者们时常关注的。与此同时，大学出版社的学术地位被认为普遍高于商业出版社。比如有位美国学者告诉我在罗德里奇出版社（Routledge）出书在他们的评审体系中不怎么算数，但这个出版社在英国、澳大利亚和新加坡还是被认可的，尽管其重要程度不如英美大学出版社。他同时也向笔者透露了自己的阅读习惯，如果一本书与自己的研究主题直接相关，他便不会挑剔出版社；但对于那些不太相关或仅为兴趣而读的，他心里会有区分。他认为一般而言美国大学出版社的书目主题更为新颖，品质更有保证，因而是他的优先之选；其他的则依兴趣而言，可读可不读。他开玩笑地说："学者都很忙，要做研究要上课，还有很多行政工作。剩下阅读的时间本来就很少了，除了书还有那么多论文要看，那些可看可不看的，最后就不看了。"①

笔者也询问了同人参与中外合作出版的博睿出版社（Brill）、世界科学出版公司（World Scientific）、施普林格出版公司（Springer）、全球中国出版社（Global China Press）和帕斯国际出版社（Paths International）在英美学界的声望。有同人认为博睿在中国古代文学和历史方面有一定的出版声誉，在其他领域的建树他们不是很清楚。但这个出版社有一个令人印象深刻的特点是它的书价奇高，一般读者纯粹为了兴趣爱好而阅读，恐怕不情愿买。"世界科学"出版过很多东亚、东南亚地区的政治学和国际关系作品，有自己的出版特长，但品质众口不一。施普林格以出版学术期刊闻名，基本没有受访者读过它出的书。至于"全球中国"和"帕斯国际"，没有一位受访者听说过这两家出版社的名字，尽管帕斯国际实际上是出版过最多英译本的合作出版社。

行文至此，让我们回到本文开篇美国白人学者 X 教授对中外合作出版的指责。他认为包括博睿和世界科学出版公司在内的海外出版社为从中国赚钱，不惜弃用同行评审制度，为中国"低品质"学术作品的输出大开方便之门。在这里，我们无从核实这些外译或者直接由中国学者撰写的英文作品是否真的没有经过同行评审。笔者想指出的是，即使它们经过了评审，其海外出版社的声望在越来越等级化、精英化，具有排他性的西方—英美学界可能也不足以吸引很多学者去阅读和引用它们。以邓正来教授生前与世界科学出版公司合作的《中国发展丛书》三卷本为例，笔者通过谷歌学术查询了它们以全书为单位的引用情况。截至 2017 年 6 月，出版于 2009 年的《中国经济》总计被引用 4 次，出版于 2011 年的《国家与市民社会》被引用 4

---

① 笔者访谈，2016 年 6 月 12 日。

次，出版于 2012 年的《全球化与地方化》被引用 5 次（Deng，2009，2011，2012）。这样的引用量显然与其知名编者的声望不符。

四 学术世界的政治隐喻

中国学术在走出去的过程中还有可能遇到的一个障碍是西方学术的批判传统，以及不少西方学者对中国学术与政治关系的刻板想象。他们认为中国没有完全独立的学术研究，学术生产体制及其生产的作品背后总有官方的影子（Holbig，2014）。因为文化和政治体制的差异，随着中国在世界范围内的崛起，许多西方国家的领导人和民众都对中国未来的走向抱有不确定感。在部分政客和媒体的炒作之下，一些国家表现了对中国崛起的不安，中国与国外友善的文化交流也被视为文化渗透的手段（Sahlins，2015）。中国学者和学术部门在向海外推广中国本土学术作品的时候应当正视这一观念，无视或者回避都不是解决问题的好办法。

前文提到许多海外中国研究学者在撰写英文论文时基于学术场域和问题意识的考虑而甚少引用中文研究，或仅作资料性引用，不引其观点。但在留学期间笔者注意到还有另一种情况，研究者确实引用了中国学者的观点，但却将其作为靶子。费孝通先生的"中华民族多元一体格局"理论就曾被意欲解构"中华民族"概念的海外学者作为批判的对象，而其批判的思路之一就是将费老视为官方代言人（Gladney，1996）①。专研汉族研究的民族学家徐杰舜教授曾受西方学者邀请，将其一篇文章翻译成英文后收录到一本旨在批判中国"大汉族主义"的论文集中，他的论文被指代表中国官方和主流立场，成为书中其他章节围攻的对象（Mullaney et al.，2012）。笔者恰巧与徐教授的学生认识，便询问他们教授本人是否知道此事。徐的学生听闻大感震惊，相信教授本人并不知晓，但又不敢告诉他，担心他生气。此类将中

---

① 对海外学者意图通过解构中国少数民族进而解构中华民族概念的批判性回应，见潘蛟（2009）。

国学者的论著指认为官方立场的传声筒，忽视其本身学术性的例子并不少见。笔者留学时听过一场关于新中国成立后知识分子政治生活的讲座，演讲的西方学者在进行研究回顾时基本未提中文的相关研究。在演讲结束后的提问环节，笔者向演讲者推荐了几本自己认为优秀且客观的中文著作。然而演讲者回答说这些作品他也读过一些，觉得作者的立场跟官方一致，所以在报告中没有提。在回答完笔者后，他微笑地环视了在场观众，也有观众回报以微笑，没有人反驳，似乎大家都欣然接受了这个解释。

　　学术争论本应各抒己见，然而当那些不认同中国官方立场的西方学者判定一位中国学者代表或支持官方立场时，在他们的眼中这位学者的学术作品和发言便失去了学术价值。与此相反，那些反对官方立场的中国学者有很大机会获得这类受政治导向影响的西方学者的认可①。在这个意义上，西方学术场域中学者的学术立场和政治立场常常是紧密相连的。任职于香港中文大学的政治学家李连江在一本梳理英语学界学术发表游戏规则的书中提到，曾有一位中国学者问他为什么像《中国季刊》（*China Quarterly*）、《中国研究》（*China Journal*）这样的西方中国研究期刊总是讨论中国负面的东西，为什么不讲中国取得的成就。李认为这位学者这样提问说明他未不真正懂得西方的学术传统。在李看来，西方社会科学研究的一个基本学术传统便是批判，学者不是任何利益集团的代言人，他们的目标只有一个，便是指出这个社会的隐患在哪里。依循这个传统，不光是那些中国研究期刊，西方所有的学术期刊都是批判性的（李连江，2016：59～60）。笔者同意李教授对西方学术批判传统的总结，但想指出这个批判传统内部又有不同的流派，有些流派之间甚至是相互冲突的（比如左翼和右翼、女权与非女权）。流派不同的背后很大程度上是政治和学术立场的不同。历史学家黄宗智在回溯美国中国研究

---

① 当然也有一些例外的情况。譬如曾任中央编译局副局长的政治学家俞可平的著作就曾引起西方学界的普遍关注，美国著名智库布鲁金斯学会为其出版了英译本。作为中国智库学者，俞的著作被西方解读为中国政府对西方价值观的态度发生重大变化的政治信号。这一理解方式揭示了西方世界对中国政府的政治期待。此类态度参见西方学者为俞书英译本撰写的推荐语和前言（Yu，2009）。

的学术政治史时便提到他在 20 世纪 60 年代与美国学界的左翼同人组织 "关心亚洲学者委员会" (Committee of Concerned Asian Scholars),出版《关心亚洲学者通报》学刊 (*Bulletin of Concerned Asian Scholars*,后更名为 *Critical Asian Studies*),以学术为武器,反对越南战争,批评美国在亚洲的帝国主义行为。而当时主流的(即意味着偏右翼的)中国研究期刊便是由中情局资助的《中国季刊》。1975 年,黄教授又创办了《现代中国》(*Modern China*),他对这个期刊的定位是介于上述两者之间(黄宗智,2016:161 ~ 162,183)。这些期刊一直到现在都还在发行,并且都在 SSCI 期刊索引之内。笔者因为论文发表曾经与导师讨论如何选刊物,也涉及期刊的学术和政治立场,我们的一个共识是:虽然《现代中国》和《中国季刊》对中国社会总体上都持有批判立场,但能感觉到前者发表的论文常常对中国有同情之理解,而后者更为尖锐①。

　　援引上述的例子,笔者试图说明的是中国学术在走出去的过程中很可能会因为学术文化传统不同和政治立场差异而不被认可②。笔者相信大多数中国学者是有客观中立的学术精神的,其学术作品是以科学研究的发现为基础的,他们的结论如果与政府的看法一致,那么很可能现实情况正是如此。换

---

①　关于《中国季刊》的学术政治立场,以下案例或可作为辅证。国际关系学者李晓隽、王建伟、陈定定三人 2016 年在国际关系顶级期刊 *International Studies Quarterly* 发表了一篇题为 "Chinese Citizens' Trust in Japan and South Korea:Findings from a Four-City Survey" 的文章,讨论中国民众对日本和韩国的看法。该文曾经投稿给《中国季刊》,历时半年审查后被拒稿。作者认为拒稿理由是审稿人在评审意见中指认作者有亲中国的立场,在为中国说话,同时断言其收集的民意数据是政府操纵的结果。作者最后选择投稿给专门的国际关系研究杂志,理由是这类学科性期刊虽然技术要求高,但不会像《中国季刊》那样受到政治立场的影响。参见《中国大陆学者首次在国际关系顶级杂志 *International Studies Quarterly* 发表文章》,"国关前沿通讯" 微信公众号,2016 年 9 月 14 日。

②　参照中国对外文化推广的其他项目在海外造成的反响,有学者指出政府色彩越浓的项目活动,越不容易被国外受众认可,而且容易引起反感,助长 "中国威胁论"。在这一现象背后,除了一部分人可能确实对中国有偏见,还有很多人内化了其国家的社会文化传统,这一传统本身就对政治权力高度地不信任。他们不仅对外国政府不信任(尤其是意识形态不同的外国政府),对本国政府的动机也常持有怀疑的态度。因此,这些学者建议中国有关部门在进行对外文化推广的时候如果不能完全避免政府色彩,那么这种色彩应淡一点为好。参见郭镇之、张小玲(2016);郭镇之(2016)。

言之，他们的研究本身并不是为了替政府向大众传递政治信息①。在这种情况下，如果仅仅因为他们的作品结论和官方见解一致，或只是因为其任职于公立研究机构，就被西方学者认定是政府的传声筒，进而被否认学术价值，对他们来说实在太不公平。

五　余论：中国学术走出去的可能路径

本文利用自我民族志、访谈和二手文献获得了对西方学术界运作机制的观察和体验，指出中国学术在走向世界过程中可能遇到的三个主要障碍：（1）中国学术在目前全球学术世界体系中处于相对边缘的位置，因而被英美和其他西方国家的学术界忽视；（2）参照西方学界等级化、精英化的学术竞争机制及其特定的问题意识，中国学术的生产方式被西方学者认为不符合其标准，或其外译平台的声望有限而不被认可；（3）基于其批判的学术传统和政治立场，中国的学术作品被相当一部分西方学者视为官方意志的产物而被否认学术价值。要突破这些障碍并非易事，运用国家权力强行向外推销有可能招致更强烈的反感。下文中笔者结合自身留学时的观察和其他学者的分析，提出一些可能有助于中国学术走出去的建议。

笔者的导师是意大利裔。尽管不在欧洲大陆工作，但他与欧陆学界保持着密切的联系。有一次笔者向导师抱怨作为中国学者，想要在西方学界立足，可能要比西方本土学者多付出几倍的努力才能实现。导师苦笑说这样的焦虑在欧洲大陆也很普遍，因为现在整个西方的学术世界唯美国马首是瞻，写文章也要用英文，或者有美国学者愿意将他们的作品翻译成英文引荐到英美学界。他说像哈贝马斯（Jürgen Habermas）和齐泽克（Slavoj Žižek）这样的欧陆学者也是被美国人认可之后才成为世界性学者，然后回到欧洲名声大振，按中国的说法就是"出口转内销"。接着他突然说你们中国的汪晖也是

---

①　如果确有一些作品是政府为了传播政治理念而生产的，那应当属于时政话语传播的范畴，不在本文的讨论范围之内。关于中国对外时政话语传播的讨论，见窦卫霖（2016）。

这样吧。笔者惊讶于研究政治社会学的导师居然知道这位中国本土的思想史家，而且说他在欧美学界的名气很大。笔者提到国内一些学者对汪教授的批评意见，但导师认为没有哪个著名学者是完全没有争议的，有争议说明其学问引人注目。笔者也曾读过汪教授的作品，知道他发表过不少英文文章，其多部著作（Wang，2003，2009，2011，2014，2016）都有外文译本。以英译本为例，笔者检索发现至少有 5 部，其中 3 部在哈佛大学出版社、2 部在知名商业出版社 Verso 出版。编译者包括了美国著名汉学家胡志德（Theodore Huters）和瑞贝卡·卡尔（Rebecca Karl）。在出版社网页上为其书撰写推荐语的皆为海外中国研究各领域的知名人物，甚至也有中国研究以外的著名学者。尽管汪教授可能未必赞同自己是以"出口转内销"的方式在中国国内学界成名，笔者援引导师的言论以及对汪教授对外学术传播渠道的分析是想说明在面对英美（尤其是美国）学界的垄断地位时，感到压力的不仅是中国学者，在国际学界影响力胜于我们的欧洲大陆学界同样如此。而他们的处理方法是直接发表英文论文和著作，或者获得一些美国学者的认可，在其作品翻译成英文出版后（通常是在美国著名的大学出版社或商业出版社出版），将其引荐到英美学界（其做法包括撰写推荐语、前言、书评乃至组织专题研讨会等）。也是在这个层面上，笔者的导师认为汪晖教授在英美学界的成名之路和很多欧陆学者相似。

具体到中国学者如何获得英美学者认可的方法上，如果我们能在各自研究领域内较好的英文期刊上发表数篇论文，或许就可以引起英美学者（包括在英美学界任职的华人学者）的注意——这一方面是在英美学界建立自己的学术声望，一方面也可以此与英美学者建立学术联系①。在这个过程中，中国学者可能既需要坚持自身的本土学术意识，同时也要和西方学术的

---

① 选择哪些期刊发表也有讲究，在英美学界有所谓"期刊三角"（The Journal Triangle）之说，将每个学科的学术期刊分为三种类别：综合性期刊（general journals）发表主题覆盖整个学科，显示作者的学科理论水平；主题性期刊（topic journals）关注学科内特定的领域，显示作者在本领域内的专长；区域性期刊（area journals）聚焦特定的地理区域，显示作者跟区域性研究对话的能力。笔者的老师曾建议笔者，想要在学界建立广泛而专业的声誉，应该至少在上述每类期刊上发表过一篇文章。关于期刊三角之说，见 Boellstorff（2011：384 – 385）。

问题意识进行磨合，创作出两个学术语境都可以接受的作品。笔者认为汪晖教授已经在这方面做出表率。英文发表不便的学者，则可以通过学术交流与合作，让英美学者意识到我们的中文研究成果很有价值，帮助我们在西方推广①。之所以强调英美学者引路人的角色，是因为英美学术界本身是一个等级化、精英化的自治共同体，其准入方式就是遵循其规则进行学术生产；如果做不到这点，便只能依靠局内人的引荐，外在的政治权力很难影响它接受和认可某项研究、某种观点。在这种情况下，没有学术网络支持，又无法独立发表英文作品的本土学者靠自己很难进入，被认可更是困难。

上述建议的启发来自学者个体自发的跨国学术合作，如果将其应用到学术外译和联合出版这类集体工程中，关键也在于磨合中西方的学术问题意识和寻找有力的引路人，此外也需尽可能的少给国外学者留下这些项目有鲜明政府色彩的印象，避免不必要的误会。自主选择国内学术作品，规模化地在国外发行传播，这在中外学术史上似乎还没有可以借鉴的先例。这一部分工作展现了中国学术界走出去的决心，其做法本身是有远见和抱负的。然而工程的具体运作过程目前来看可能还存在一些不足之处。

一位参与"中华学术外译项目"评审的专家曾经指出，已经外译的作品在海外影响并不大，他认为主要原因之一在于选题。这位专家承认目前的选题模式基本上是由中国的项目评审单方面判定各个国家读者的阅读兴趣，选择了很多中国学者认为重要的文化典籍和研究著作进行翻译，实践证明这些作品对译入国的读者来讲并没有什么吸引力。他由此建议应当邀请国外学者（包括海外华人学者）一起参与选题（李雪涛，2014：2~3）。笔者认为如果这个建议被采纳，将有可能极大地提高中国学术在海外的认可度——但前提是这些国外学者深入参与到外译项目中来，以他们的经验甄别、挑选有机会引起西方学界兴趣的作品，帮助寻找和联络高品质的译者和出版社。如出版社要求实施同行评审制度，则被选作品品质能够扛得住西方学界的学术

---

① 政治学家于建嵘和哈佛大学汉学家裴宜理堪称这样的合作典范，裴氏曾经多次在其著作中致谢于先生，并引用其作品，见 Perry（2012）。

审查，国外学者也能在修订环节提供建议和支持。待到作品出版，这些国外学者仅对被选作品有口头的认可还是不够的，真正有效的认可是他们在自己的著作中引用或者以撰写前言、书评，组织专题研讨会的形式向同行推荐。以上述方式应对我国学术界在世界学术体系中的边缘地位，以及被等级化、精英化且可能具有政治偏见的西方学界排斥的困境，将是大有裨益的。

参考文献

Goldsmith, John, John Komlos, and Penny Schine Gold, 2012，《芝加哥学术生涯规划：从研究生到终身教授》，吴波、叶丽芳、梁辰译，高等教育出版社。

保罗·拉比诺，2008，《摩洛哥田野作业反思》，高丙中、康敏译，商务印书馆。

窦卫霖，2016，《如何提高中国时政话语对外传译效果：基于认知心理学角度》，《探索与争鸣》第 8 期。

复旦大学社会科学高等研究院，2009，《学术通讯》第 14 期。

甘阳，2013，《一流大学还是三流大学?》，中国人民大学社会学理论与方法研究中心社会学视野网，4 月 8 日。

郭镇之，2016，《"客观中立"的中国故事更有利于对外传播：对 BBC 纪录片〈中华的故事〉的话语分析》，《对外传播》第 12 期。

郭镇之、张小玲，2016，《海外中国文化中心发展策略思考：以孔子学院为镜鉴》，《新闻春秋》第 2 期。

胡钦太，2013，《中国学术国际话语权的立体化建构》，《学术月刊》第 3 期。

黄宗智，2016，《我们的问题意识：对美国的中国研究的反思》，《开放时代》第 1 期。

蒋逸民，2011，《自我民族志：质性研究方法的新探索》，《浙江社会科学》第 4 期。

李连江，2016，《不发表，就出局》，中国政法大学出版社。

李文珍，2012，《理性看待 SSCI、A&HCI 热》，《中国社会科学报》2 月 13 日。

李雪涛，2014，《对国家社科基金"中华学术外译项目"的几点思考》，《云南师范大学学报》(对外汉语教学与研究版) 第 1 期。

李友梅，2016，《中国特色社会学学术话语体系构建的若干思考》，《社会学研究》第 5 期。

卢崴诩，2014，《以安顿生命为目标的研究方法：卡洛琳·艾理斯的情感唤起式自传民族志》，《社会学研究》第 6 期。

露丝·贝哈，2012，《动情的观察者：伤心人类学》，韩成艳、向星译，北京大学出版社。

潘蛟，2009，《解构中国少数民族：去东方学化还是再东方学化》，《广西民族大学学报》

（哲学社会科学版）第 2 期。

曲一琳，2015，《中国声音、世界回响——国家社科基金中华学术外译项目设立五年发展纪实》，《光明日报》7 月 17 日。

《文汇报》，2012，《香港学者在国内期刊发论文遭同行质疑》，人民网，http：//scitech. people. com. cn/BIG5/n/2012/1027/c1057 – 19410601. html，最后访问日期：2012 年 10 月 27 日。

谢寿光，2012，《社科文献出版社社长谢寿光：让当代中国学术走向世界》，人民网，http：//book. people. com. cn/GB/69839/241415/241533/17666864. html，最后访问日期：2012 年 4 月 16 日。

新华社，2010，《我国将成为 2012 年伦敦书展"市场聚焦"主宾国》，中央政府门户网站，http：//www. gov. cn/jrzg/2010 – 08/30/content_ 1691429. htm，最后访问日期：2010 年 8 月 30 日。

熊易寒，2014，《中国社会科学的国际化与母语写作》，《复旦学报》第 4 期。

杨庆存，2014，《中国文化"走出去"的起步与探索——国家社科基金"中华学术外译项目"浅谈》，《中国翻译》第 4 期。

郑杭生，2011，《学术话语权与中国社会学发展》，《中国社会科学》第 2 期。

朱剑，2007，《徘徊于十字路口：变革中社科期刊的十个两难选择》，《清华大学学报》第 4 期。

Adams, Tony, Stacy Holman Jones, and Carolyn Ellis. 2015. *Autoethnography*. Oxford, UK：Oxford University Press.

Adams, Tony. 2006. "Seeking Father：Relationally Reframing a Troubled Love Story." *Qualitative Inquiry* 12（4）：704 – 723.

Boellstorff, Tom. 2011. "Submission and Acceptance：Where, Why, and How to Publish Your Article." *American Anthropologist* 113（3）：384 – 385.

Bourdieu, Pierre. 1990. *The Logics of Practice*. Stanford, CA：Stanford University Press.

Deng, Zhenglai. 2009. *China's Economy：Rural Reform and Agricultural Development*. Singapore：World Scientific.

Deng, Zhenglai. 2011. *State and Civil Society：The Chinese Perspective*. Singapore：World Scientific.

Deng, Zhenglai. 2012. *Globalization and Localization：The Chinese Perspective*. Singapore：World Scientific.

Ellis, Carolyn. 1995. "The Other Side of the Fence：Seeing Black and White in a Small Southern Town." *Qualitative Inquiry* 1（2）：147 – 167.

Ellis, Carolyn. 2002. "Shattered Lives：Making Sense of September 11th and Its Aftermath." *Journal of Contemporary Ethnography* 31（4）：375 – 410.

Germano, William. 2008. *Getting It Published：A Guide for Scholars and Anyone Else Serious about Serious Books*（2nd edition）. Chicago, IL：University of Chicago Press.

Gladney, Dru. 1996. *Muslim Chinese：Ethnic Nationalism in the People's Republic*. Cambridge, MA：Harvard University Press.

Greenberg, Miriam, ScottMelzer, Carolina Bank-Muñoz, and Naomi Schneider. 2009. "From Sociology Dissertation to Book Professional Workshop." Presented at Annual Conference of American Sociological Association, San Francisco, CA, 9 August. http: // www. ssc. wisc. edu/gender/wp – content/uploads/2014/04/Dissertation – Book. pdf.

Holbig, Heike. 2014. "Shifting Ideologies of Research Funding: The CPC's National Planning Office for Philosophy and Social Sciences." *Journal of Current Chinese Affairs* 43 （2）: 13 – 32.

Hubbert, Jennifer. 2014. "Ambiguous States: Confucius Institutes and Chinese Soft Power in the U. S. Classroom." *PoLAR: Political and Legal Anthropology Review* 37 （2）: 329 – 349.

Lamont, Michele. 2009. *How Professors Think: Inside the Curious World of Academic Judgment.* Cambridge: Harvard University Press.

Mosbah-Natanson, Sébastien and Yves Gingras. 2014. "The globalization of social sciences? Evidence from a Quantitative Analysis of 30 Years of Production, Collaboration and Citations in the Social Sciences （1980 – 2009）." *Current Sociology* 62 （5）: 626 – 646.

Mullaney, Thomas, James Leibold, Stéphane Gros, And Eric Vanden Bussche. 2012. *Critical Han Studies: The History, Representation, and Identity of China's Majority Location.* Berkeley: University of California Press.

Neville-Jan, Ann. 2004. "Selling Your Soul to the Devil: An Autoethnography of Pain, Pleasure and the Quest for a Child." *Disability & Society* 18 （2）: 113 – 127.

Perry, Elizabeth. 2012. *Anyuan: Mining China's Revolutionary Tradition.* Berkeley, CA: University of California Press.

Sahlins, Marshall. 2015. *Confucian Institutes: Academic Malware.* Chicago, IL: Prickly Paradigm Press.

Schott, Thomas. 1998. "Ties Between Center and Periphery in the Scientific World-system: Accumulation of Rewards, Dominance and Self-reliance in the Center." *Journal of World-Systems Research* 4 （2）: 112 – 144.

Silba, Malvina. 2017. "How Many Men Did You Sleep with Before Me? An Auto-ethnography on Gender Violence." *Current Sociology* 65 （5）: 700 – 716.

Tenzin, Jinba. 2017. "The Ecology of Chinese Academia: A Third-eye Perspective." *The China Quarterly* 231: 775 – 796.

UNESCO. 2016. *International Flows of Cultural Goods and Services 2004 – 2013.* Montreal: UNESCO Institute for Statistics.

Vora, Neha, and Tom Boellstorff. 2012. "Anatomy of an Article: The Peer-review Process as Method." *American Anthropologist* 114 （4）: 578 – 583.

Vukovich, Daniel. 2012. *China and Orientalism: Western Knowledge Production and the PRC.* London: Routledge.

Wallerstein, Immanuel. 1976. "A World-system Perspective on the Social Sciences." *The British Journal of Sociology* 27 （3）: 343 – 352.

Wang, Hui. 2003. *China's New Order: Society, Politics, and Economy in Transition.* Cambridge, MA: Harvard University Press.

Wang, Hui. 2009. *The End of the Revolution: China and the Limits of Modernity.* London: Verso.

Wang, Hui. 2011. *The Politics of Imagining Asia.* Cambridge, MA: Harvard University Press.

Wang, Hui. 2014. *China from Empire to Nation-State.* Translated by Michael Hill. Cambridge, MA: Harvard University Press.

Wang, Hui. 2016. *China's Twentieth Century: Revolution, Retreat, and the Road to Equality.* London: Verso.

Yu, Keping. 2009. *Democracy is a Good Thing: Essays on Politics, Society, and Culture in Contemporary China.* Washington, DC: The Brookings Institution.

《清华社会学评论》第十辑
第 54~60 页
© SSAP，2018

命运反转：天主教与基督新教在中国
发展轨迹之比较

孙砚菲[*]

摘　要：本文比较了天主教和基督新教在近现代中国的发展轨迹，并试图解答一个疑问：1949 年以前，天主教跟基督新教相比，其发展具有很大的优势，但在 1949 年之后，尤其是 20 世纪 80 年代以来，却被基督新教大幅度反超。本文的理论框架强调同一个组织制度特征在不同的政治环境中可以呈现不同的效果。本文首先指出天主教和基督新教在组织制度特征方面的三个主要差异，并重点探讨它们各自的制度特征如何在 1949 年以前、1949~1976 年、1976 年以后的不同政治条件下给这两个宗教的发展带来的不同后果。本文最后讨论了该理论框架如何能帮助我们理解全球范围内天主教和基督新教的消长。

本文的目的是比较天主教和基督新教在中国的发展轨迹。1949 年以前，天主教与基督新教相比占有很大的优势，但是 1949 年之后，尤其是 20 世纪 80 年代以来，反而被基督新教大幅度反超。本文试图解答这个疑问。

本文比较了天主教和基督新教在近现代中国的发展轨迹，并试图解答一

---

* 孙砚菲，浙江大学社会学系副教授。本文根据 2017 年 10 月 19 日孙砚菲在清华大学"历史社会学系列讲座（第五期）"的演讲稿修改而成。

个疑问：1949 年以前，天主教与基督新教相比，其发展具有很大的优势，但在 1949 年之后，尤其是 20 世纪 80 年代以来，却被基督新教大幅度反超。本文的理论框架强调同一个组织制度特征在不同的政治环境中可以呈现出不同的效果。本文首先指出天主教和基督新教在组织制度特征方面的三个主要差异，并重点探讨它们各自的制度特征如何在 1949 年以前、1949～1976 年、1976 年之后的不同政治条件下给这两个宗教的发展带来的不同后果。本文最后讨论了该理论框架如何能帮助我们理解全球范围内天主教和基督新教的消长。

　　首先回顾一下两个外来宗教进入中国的历史。就时间而言，天主教比基督新教早了整整 200 多年，在 16 世纪 80 年代，利玛窦和其他一些传教士就进入中国，这比首位来中国传教的英国新教传教士马礼逊要早约 220 年。早期利玛窦等的传教活动取得了不错的成果，把一批士大夫归信到了天主教，其中最有名的是徐光启。但天主教的传教因为礼仪之争而夭折了。在近代中国，这两个教派真正全面进入中国开始大规模传教，是第一次鸦片战争之后。清政府被迫与西方签订了一系列不平等条约，传教士可以自由地进入中国，建造教堂、学校、医院等，开展传教事业。根据《南京条约》，传教士在中国境内可以不受中国司法管辖，英法等国家有领事裁判权。在《黄埔条约》签订之后，外国人被允许在通商口岸置地、建房、建设教堂等，进一步为其宗教活动提供了便利。道光帝弛禁天主教，而到了 1858 年，《天津条约》规定外国人可以在中国自由行走，传教活动从而进入内陆，条约同时规定官府有义务保护信仰基督教的中国人免受他人迫害。

　　我们来看一下两个宗教在中国历年来的信徒人数，以此可比较它们在中国发展的轨迹。1860 年天主教徒有 20 余万人，新教徒仅有 500 人。天主教比基督新教在信徒人数上要多很多，这得益于它早进入中国所占有的一定优势。1918 年之后，两个宗教的差距逐步稳定下来。1918 年天主教的人数是基督新教的 3.3 倍，到 1949 年这个差距继续保持，天主教的人数是基督新教的 3.2 倍，天主教仍然占优势。新中国成立后新教发展迅速，至 1982 年，天主教信徒有 350 万人，新教信徒有 300 万人，天主教教徒的人数慢慢地被基督新教赶超。新教发展不仅体现在教徒的人数上，而且它的发展跨区域、跨阶层，在社会各个群体中均有体现，而天主教发展趋于停滞。在 2010 年，基督新教的人数已经达到了 5800 万，而天主教只有 900 万，基督新教的人数是天主教的 6.4 倍。基督新教的发展遍布全国各个县市，而天主教的人数增长基本上只限于原来传统的天主教聚落将信仰世代沿袭下去，靠自然增长人数实现增长。那为什么会这样呢？

先来回顾一下对宗教增长进行解答的各种社会学理论。第一个是剥夺理论（deprivation theory），即社会上某些人群或普遍的社会存在被剥夺的感觉，所以他们从宗教中寻求安慰和寄托，这样导致了信教人数的增长。但剥夺理论不足以解释为什么两个宗教呈现了差异性增长。第二个理论强调人口因素，即某一宗教群体生育率越高，则人数增长越快。在中国，大部分天主教徒都生活在农村，计划生育政策执行得较宽松，所以生育率比较高。因此我们的问题就变成了天主教教徒比基督新教教徒生育率高的情况下，为什么它的人数会被基督新教反超。这两个理论都使我们回到第三个理论，即解释宗教增长要看不同宗教的制度性特征。该理论主要集中在宗教组织拉人、留人的意愿和能力上。但这也遭到了批评，因为它注重的是内部机制，而忽视了宗教组织其实是镶嵌在外部环境中的，宗教组织必然要和外部行动者互动，外部行动者有可能阻挡或者是推动宗教的发展，所以我们必须把宗教同外部环境尤其是与国家行动者如何互动这个因素考虑进去。这是因为在外部环境中国家非常强大，且国家和宗教密不可分。

第一，宗教组织制度特征如何影响宗教组织与外界的互动。什么样的组织特征可以使它与外部行动者，尤其是与国家产生互动，且该互动是以什么样的形式呈现出来的。第二，宗教组织制度特征效果的不确定性（contingency）。宗教组织制度特征在不同的政治环境下呈现出不同的效果。

下面简单介绍一下笔者的研究方法。基督新教在全国各个地方的发展都比较快，所以笔者的调查主要集中在东部沿海某县，然后把它放置于全国的图景中进行分析。信仰天主教的地区差异性较大，为此笔者的调查就从这个县扩展到了整个地区。此外还在杭州、上海、宁夏和吉林进行过调查。笔者也去了河北和浙江的天主教村落。笔者的方法主要是搜集历史档案，也采访信徒和神职人员等，参加他们的宗教活动，所以是历史比较和田野调查相结合的方法。

接下来开始解答问题。首先分析天主教和基督新教这两个宗教组织制度特征有什么差别。差别主要集中在三个方面。

第一，宗教团体的扩张与维系。两种宗教都非常强调福音的传布，着力塑造一个稳定的宗教团体，差别在于天主教特别依靠神职人员，而基督新教则是全面发动平信徒。天主教特别强调宗教仪式，它的七圣事（圣洗、坚振、告解、圣体、终傅、神品、婚配）只能由神父来执行。神父必须独身，在中国需要整整 11 年才能培育出一个神父，这样的神父不可能很多。因此天主教的发展容易受到神职人员短缺的制约。第二，权力结构。可以说天主教形成了以教宗为核心的官僚机构，等级森严，有教阶制度。而基督新教是多头、分散的，有不同的宗派，各个宗派并没有统一于教宗或者教皇这个权威之下。第三，两个宗教在跨国网络中的位置。天主教的地方教会是普世教会的一部分，隶属于教廷，忠于梵蒂冈。基督新教则没有普世教会一说。特别不同的是，在 1949 年以前，尤其是清末时，天主教与西方殖民势力紧密勾连在一起。法国积极行使保教权保护中国境内的传教士、天主教教徒，而新教国家领事为新教介入中国政治的力度相对要小得多。也就是说基督新教和西方殖民势力的关系相对松散。

下面谈谈这些宗教组织制度特征在不同的政治环境下呈现的不同效果。笔者将 1842 年到现在划分为三个历史阶段。每个阶段，国家所塑造的政治环境呈现不同的特色。1842～1949 年，清末不平等条约的签订使传教士充分享有传教自由的权利，在民国时期，宪法规定有信仰自由和宗教自由。此外，传教士和教会享有各种保护特权，比如领事裁判权、法国的保教权等。因为当时中国国力弱，不得不对西方殖民者低头让步。1949～1976 年，中国与西方处于敌对状态，尤其是朝鲜战争以后。此时的中国有强大的国家能力，政策受很强的意识形态主导，因此宗教政策比较激进。1976 年尤其是1978 年之后，宗教政策趋向温和，中国与西方国家在国际关系上实现了正常化。虽然对宗教仍有一定的限制，但这种限制有很大的突破空间。

　　在三个历史阶段不同的政治环境中，这两个宗教的组织制度性特征在上述三个方面的差别如何让两个宗教获得不平衡发展。第一个阶段是1842~1949年。在宗教团体的扩张与维系上，与新教相比，天主教非常依赖神职人员，但此时大批外国传教士的流入在很大程度上缓解了神职人员短缺这个问题。在权力结构上，此阶段由于修会的会士来自不同的国家，宗旨和活动范围不一样，所以给教会带来了活力和多样性，在很大程度上缓解了天主教官僚结构僵化、缺乏灵活性的问题。在与国外的联系上，法国保教权在1949年以前尤其是1920年以前给天主教发展带来了很大优势。法国保教权下的天主教会吸引人来寻求教会的庇护，导致了集体入教。虽然进来的目的不纯，但有些人会成为非常虔诚的天主教教徒，并会把这个信仰世代传承下去。

　　第二个阶段是1949~1976年。在这一阶段，由于时代特征，两个宗教都受到一定的影响，其中天主教由于依赖神职人员，所受影响更大一些。

　　第三个阶段是1976年以后到现在。基督新教是平信徒带领的团体，恢复发展后，各项活动有条不紊地进行。天主教的恢复与发展则一直受到神职人员短缺的困扰，这个短缺问题因为外国传教士不能够进入中国传教而无法得到缓解。基督新教是多头的，尤其是非官方教会更有灵活性，更容易突破政府规定的条条框框。而天主教的组织首尾相连，"首"在梵蒂冈，信徒忠诚度向着教宗，所以政府对它更为警惕。因此天主教的政教关系更为紧张，其发展的空间也较小。天主教和基督新教都存在内部矛盾，分裂成两派，官方教会和非官方教会。对基督新教而言，分裂只不过增加了个宗派，并不妨碍彼此的合法性。当非官方的教会发展迅猛时，官方教会也会紧追不舍。天主教却深陷于内部矛盾，无法将更多的精力放在教会事务和福音的传布上。

　　最后对此进行总结。为了解释中国天主教与基督新教不同的发展轨迹，笔者首先分析两者在组织制度特征上的区别，然后再看它们在三个方面的制度特征区别如何在不同的环境下表现出来，进而影响这两个宗教的发展。

笔者以为这个理论框架也可以用来理解全球范围内天主教和基督新教的消长。下面三点是笔者目前粗浅的观察和思考，有待于进一步修正。

第一，如果环境比较自由，天主教和基督新教各有所长。基督新教的长处在于它的灵活性和多样性，可以发展出多种教义和传布方式；天主教的优势是更注重家庭和宗教团体的维系，它的内部纽带更强。灵恩教派在拉美获得了较大发展，得益于新教适应当地的宗教和社会文化，体现了基督新教多样性的优势。在欧洲，天主教的纽带很强，而且自己建立起教育机构和其他社会机构，不与外部进行更多的交流，所以它比基督新教更能抵抗世俗力量的侵扰。

第二，当宗教受"压制"时，基督新教比天主教更有优势。因为基督新教灵活机动；天主教则一揪就揪个头，更何况上面还有一个教宗，所以威权国家对它更为警惕，往往对它也更为压制。

第三，天主教与殖民势力休戚相关。不仅在中国，在全球范围内，天主教的福音传布在近现代都和殖民势力紧密地勾连在一起。天主教能在拉丁美洲确立主导地位就得益于西班牙和葡萄牙帝国时期的殖民活动。但当殖民势力陷入低潮或受民族主义抵抗时，天主教也首当其冲，受到了反教运动的负面影响。

参考资料

Finke, Roger, and Patricia Wittberg. 2000. "Organizational Revival from within: Explaining Revivalism and Reform in the Roman Catholic Church." *Journal for the Scientific Study of Religion* 39 (2): 154 – 70.

Hout, Michael, Andrew Greeley, and Melissa J. Wilde. 2001. "The Demographic Imperative in Religious Change in the United States." *American Journal of Sociology* 107 (2): 468 – 500.

Madsen, Richard. 1998. *China's Catholics: Tragedy and Hope in an Emerging Civil Society*. Berkeley, CA: University of California Press.

Mariani, Paul P. 2011. *Church Militant*. Cambridge, MA: Harvard University Press.

Mungello, David E. , ed. 1994. *The Chinese Rites Controversy: Its History and Meaning*. Augustin, Germany: Steyler Verlag.

Stark, Rodney. 1996. *The Rise of Christianity: A Sociologist Reconsiders History*. Princeton, NJ: Princeton University Press.

Sun, Yanfei. 2017. "The Rise of Protestantism in Post-Mao China: State and Religion in Historical Perspective. " *American Journal of Sociology* 122 (6): 1664 – 1725.

《清华社会学评论》第十辑
第 61~76 页
© SSAP, 2018

詹姆斯·马奥尼：路径依赖、制度
理论与比较历史分析[*]

李钧鹏[**]

摘　要： 詹姆斯·马奥尼是近 20 年来比较历史分析领域的杰出代表，在理论、方法论和拉美政治方面都做出了杰出贡献。通过对马奥尼本人的深度访谈和对话，我们不但可以对他的学术历程、思想来源和研究取向有较好的把握，而且可以借此机会厘清比较、归纳、演绎、机制、路径依赖、关键时点等概念，还可以一窥比较历史分析与制度分析的学术脉络、哲学根基、边界划分、前景展望，把以马奥尼为领军人物的比较历史分析置于相关的学术背景中，并启发我们对质性和量化研究的分歧以及社会科学和历史学之间的关系进行思考。

一　思想来源

李钧鹏：您在研究生阶段的导师是谁？

马奥尼：在伯克利读博时，我师从戴维·科利尔（David Collier）和露丝·科利尔（Ruth Collier）夫妇。我也上了一些社会学的课。我的博士论

---

[*]　詹姆斯·马奥尼（James Mahoney），美国西北大学戈登·富尔彻讲席教授、社会学系主任。访谈时间：2013 年 12 月 13 日。英文稿整理翻译，魏来，普林斯顿大学社会学系博士生。

[**]　李钧鹏，华中师范大学社会学系教授、湖北省社会发展与社会政策研究中心研究员。

文指导委员会里有两位社会学家，分别是彼得·埃文斯（Peter Evans）与劳拉·恩里克斯（Laura Enríquez）。我在伯克利还受到其他一些学者的影响，肯·乔伊特（Ken Jowitt）就是对我影响很大的一位。

李钧鹏：您在本科和博士期间修过社会学的课吗？

马奥尼：我在研究生阶段上过。我选了几门彼得·埃文斯的课，还选修过历史社会学，应该是金·沃斯（Kim Voss）开的课。我还选过一门后现代理论，但不记得是谁教的了。那位老师是助理教授，现在已经不在伯克利了。

我在本科阶段应该没有上过社会学的课。我不记得自己上过。我是在明尼苏达大学读的本科，当时那里有一个很奇怪的政治学系。在那个时候，建构主义作为国际关系研究的一种理论取向正在迅速发展，明尼苏达的一位政治学家雷蒙德·杜瓦尔（Raymond Duvall）正在向学生讲授结构化（structuration）理论。所以我在大学里读了很多社会理论方面的书，尤其是吉登斯（Giddens）和布尔迪厄（Bourdieu）的著作。我的本科荣誉论文就是用能动性（agency）和结构视角来分析中美洲革命。我尤其对吉登斯融汇能动性与结构的想法感兴趣。明尼苏达还有不少其他政治学家与政治理论家对后实证主义和批判理论感兴趣，这些哲学探讨对我影响很深。所以明尼苏达给了我一些社会科学哲学和认识论（epistemology）方面的训练，我对这两个领域的兴趣也延续至今。我不确定自己本科期间有没有上过社会学的课，但我的政治学训练其实很社会学化。

李钧鹏：科利尔夫妇是您的博士论文导师吗？

马奥尼：对，他们是我的博士论文指导老师，但彼得·埃文斯同样对我有许多指导。

李钧鹏：他们对您有过什么重大影响吗？

马奥尼：他们三位对我都有影响。我的博士论文是关于五个中美洲国家的路径依赖式发展以及在 19 世纪的关键时点（critical junctures），而用关键时点作为博士论文理论框架的想法直接来自科利尔夫妇。我在伯克利读书时，他们刚出版了以关键时点为理论框架的《塑造政治舞台》①。我的博士论文在很多方面试图将他们的关键时点理论扩展和完善为一个全面的路径依赖式发展理论。另外，我在伯克利时，彼得·埃文斯刚完成他的杰作《内嵌的自主性》②。他的国家政权自主性理论以及国家政权与社会群体关系视角对我影响深远。在分析 19 世纪拉丁美洲的关键时点时，我探讨了国家政权的建设过程以及国家—社会关系的建构过程。在某种程度上，可以说我的博士论文采纳了科利尔夫妇的关键时点理论框架，并试图将其整合为一种新的路径依赖式发展理论；我还借鉴了彼得·埃文斯关于国家政权在经济发展中所扮演角色的研究，并将这些思想运用于 19 世纪的中美洲。

李钧鹏：您刚开始读博士时就对比较历史分析感兴趣了吗？您又是如何对拉丁美洲产生兴趣的？

马奥尼：我读研初期就已经对比较历史分析感兴趣了，其实在读大学时就有兴趣了。这一兴趣来自我本科时上的奥古斯特·尼姆茨（August Nimtz）的课，他在课上教我们从比较历史分析的视角看待发展和政治。我在大三时意识到自己中意于比较历史分析，并决定用比较历史分析的方法撰写本科荣誉论文。

我之所以对拉丁美洲感兴趣，一个原因是听到别人说，如果你想读博士，想当教授，就必须选一个专精的地理区域。我在非洲和拉丁美洲之间纠结了一阵子，最后还是选了拉丁美洲，因为那里正发生着一些对我来说极为有趣且重要的事。美国正在与尼加拉瓜作战，并以各种方式干涉萨尔瓦多与危地马拉的内政。我强烈反对美国卷入中美洲事务，并在明尼阿波利斯（Minneapolis）积极参加抗议美国干涉中美洲内政的社会运动。这些政治兴趣诱使我研究拉丁美洲，并以拉美革命作为本科荣誉论文的题目。另外，我

---

① 参见 Ruth Berins Collier and David Collier. 1991. *Shaping the Political Arena：Critical Junctures，the Labor Movement，and Regime Dynamics in Latin America*. Princeton，NJ：Princeton University Press。

② 参见 Peter Evans. 1995. *Embedded Autonomy：States and Industrial Transformation*. Princeton，NJ：Princeton University Press。

从大一就开始上西班牙语课，所以掌握了相关的语言技能。

李钧鹏：您是政治学出身，博士毕业后去社会学系教书，现在是政治学系和社会学系的双聘教职。您当初去社会学系任教是有意而为之吗？您怎么看待这段经历？

马奥尼：我博士毕业时申请并得到了布朗大学的教职。我记得我只申请了几个社会学教职，布朗大学是其中之一。这对于我来说是一份很理想的工作，所以我之所以去社会学系工作，原因只是布朗为我提供了教职。但在政治学系找到教职对我来说也不是难事，所以最主要的是布朗大学比较吸引我。我当时觉得在社会学系教书差别不大，事实也确实如此。没过多久我就在布朗教社会学概论和社会学理论了，而且感觉非常顺畅和自然。就像我刚才说的，早在明尼苏达读本科时，我就对社会理论有浓厚的兴趣。所以我在布朗的第一年或第二年就开始教社会学概论和社会理论，教马克思、韦伯（Weber）和涂尔干（Durkheim）。这些都是社会学的核心课程，我也很喜欢教这些课。这种层面上的转变非常容易。还要说的是，我的研究领域是比较历史分析，而许多这一领域的学者都是横跨社会学和政治学。公认的比较历史研究的奠基者，包括西达·斯考切波（Theda Skocpol）、巴灵顿·摩尔（Barrington Moore）和莱因哈特·本迪克斯（Reinhardt Bendix），那一代人都处在社会学和政治学的交汇点上。我把自己看成是这一传统的延续。

李钧鹏：您的自我认同更多是社会学家还是政治学家？

马奥尼：我不太赞同把社会科学僵硬地分成不同的领地。既有分类下的几个社会科学学科其实错综复杂地交织在一起。

李钧鹏：那您现在是和社会学家互动多，还是和政治学家互动多？

马奥尼：这很难说，估计两边差不多。我目前在西北大学的教职是两边五五开，但接下来和社会学家的互动会更多，因为我从明年秋天开始将出任社会学系主任。这样一来，我在政治学系所承担的工作肯定会减少。但从内心来说，我是两边五五开。

李钧鹏：感觉西北大学的政治学系具有浓厚的社会学色彩。

马奥尼：确实如此，真的很社会学化。这有点像伯克利，尤其在比较政治领域。伯克利的政治学系一向很社会学化，明尼苏达也是如此。我一直学的是很社会学化的政治学。同样的道理，布朗大学的社会学系也很政治学化。系里有许多人，包括帕特里克·海勒（Patrick Heller）、何塞·伊茨格松（José Itzigsohn）、迪特里希·鲁施迈耶（Dietrich Rueschemeyer），都是和政治学有很深渊源的社会学家。

方法论

李钧鹏：您跟鲁施迈耶合编的《社会科学中的比较历史分析》影响深远①，但你们在绪论中对解释（explanation）和解读（interpretation）的区分招致了一些批评。您对于这些批评的总体回应是什么？你的立场在这之后有没有重大改变？

马奥尼：我们在那本书中将比较历史分析界定为一种因果分析，并将只对解读感兴趣（而对解释没有兴趣）的学者排除在我们所讨论的比较历史分析范畴之外。这遭到了一些批评。主要批评意见是我们应该放宽比较历史分析的覆盖面，将不以因果分析为核心任务的研究包括进来。

对这一点，我不是太确定。两方面都有道理。如果你对比较历史分析的定义太过宽泛，它有可能变得无所不包。我们决定采取另一种方案，对它加以非常精确、非常严格的界定，确保它不会涵盖一切，这样难免将一些研究排除在外。但这种批评在本质上只是纠结于比较历史分析的定义。在我跟鲁施迈耶合写的绪论里，我们并没有批评解读性研究本身，而只是说它不是我们所讨论的比较历史研究。我们只是对比较历史研究给出了一个非常严格的定义。

李钧鹏：如果可以重来，您会换种方式写绪论吗？

马奥尼：我觉得不会。这篇绪论现在读起来其实有点过时了，因为比较历史研究的争论已经有了新的方向。我们还被理性选择和量化学者批评过。

---

① 参见 James Mahoney and Dietrich Rueschemeyer, eds. 2003. *Comparative Historical Analysis in the Social Sciences.* New York：Cambridge University Press。

在那个时候，我们必须对比较历史分析做出界定、划分边界；我们必须判定以定量方法为主的研究算不算比较历史分析，采用博弈论的研究算不算比较历史分析，以解读而非因果分析为主的研究算不算比较历史分析。这些是我们当年编那本书时所面临的问题。我觉得我们做出了正确的选择。我们当时觉得这些选择是对的，我到今天还觉得这些选择是对的。从策略上说，这样做使我们失去了一些朋友，但学术研究并不以交朋友为首要目标。

李钧鹏：您跟加里·格尔茨（Gary Goertz）合著了《两种传承》[①]。这本书是不是以对金（King）、基欧汉（Keohane）和维巴（Verba）的《社会科学中的研究设计》为对话的对象[②]？您和他们的共识和分歧在哪里？

马奥尼：金、基欧汉和维巴认为存在一套适用于所有研究的规范（norms）与工具，而且这些规范与工具以（他们成书时的）20世纪90年代初的主流回归分析为准则。他们认为，质性研究者如果想做好研究，基本上就要遵循回归分析的准则，使用回归分析的工具。我们不同意这种观点。我们觉得他们的建议对量化研究者有一定价值，但将这种规范和方法延伸到质性研究就不对了。我们那本书强调，定性研究有其独特的规范和方法。我和加里聊天时说，量化研究和质性研究有不同的工具箱、有不同的规范。这使我们意识到，工具箱和规范是人们谈论文化的一套词汇。我们进一步想到，其实可以把量化研究者和质性研究者看成不同文化的代表；这是两个大不相同的文化群体，双方都有自己的工具箱，这些工具箱进行的是不同的研究。所以我们不同意金、基欧汉和维巴的基本观点。我们那本书通过直接比较来描述两种文化各自的规范、工具箱、信条与方法。

---

① 参见 Gary Goerz and James Mahoney. 2012. *A Tale of Two Cultures：Qualitative and Quantitative Research in the Social Sciences.* Princeton，NJ：Princeton University Press。中译本见加里·格尔茨、詹姆斯·马奥尼《两种传承：社会科学中的定性与定量研究》，刘军译，格致出版社、上海人民出版社，2016。

② 参见 Gary King，Robert O. Keohane，and Sidney Verba. 1994. *Designing Social Inquiry：Scientific Inference in Qualitative Research.* Princeton，NJ：Princeton University Press。中译本见加里·金、罗伯特·基欧汉、悉尼·维巴《社会科学中的研究设计》，陈硕译，格致出版社、上海人民出版社，2014；加里·金、罗伯特·基欧汉、悉尼·维巴《好研究如何设计？用量化逻辑做质化研究》，盛智明、韩佳译，林宗弘校订，群学出版有限公司，2012。

李钧鹏：您怎么看量化研究在主流政治学期刊上的统治地位以及在主流社会学期刊上近乎统治的地位？

马奥尼：政治学和社会学的情况有所不同。对于政治学来说，主流定量方法将愈发处于守势，实验方法则方兴未艾。这种情况其实已经发生了，而且至少在接下来的几年还将如此。所以主流的统计研究已经不再是量化研究的前沿，实验方法将部分取代主流定量方法的统治地位。所以，如果量化研究指的是基于观察数据的回归分析，我不觉得它占统治地位，我也不认为它在今后几年会占据统治地位。现在是实验的天下。

社会学则一直是一个百花齐放的学科，这正是大家都爱社会学的一个原因。很难说社会学有一个占统治地位的手段或方法，因为它一直是一个接纳不同方法的学科。话虽如此，如果你去翻《美国社会学评论》（*American Sociological Review*），绝大多数文章使用的是主流量化方法。《美国社会学报》（*American Journal of Sociology*）稍好一些，但仍有差不多一半的文章用的是主流量化方法。当然，我没有具体数过。所以，如果你要说社会学存在主流研究方法，那大概就是基于观察数据的回归分析。比较历史分析肯定不是主流。

李钧鹏：您会在演绎（deduction）和归纳（induction）之间做出区分吗？

马奥尼：我有时候会。我在两种情况下区分它们。一种是哲学意义上的区分。我很少在这种意义上区分归纳和演绎，但有时也会提到它们的区别。这和论证时的前提与结论的关系有关。在演绎推理中，如果前提为真，则结论必然为真。我偶尔会在这种意义上做出区分。但在更多情况下，我和大多数其他人的用法一样。也就是说，归纳指的是通过仔细考察个案来提炼推论或结论，演绎指的则是通过某种逻辑推理得出推论或结论。

李钧鹏：在您看来，归纳和演绎是互补还是对立的关系？

马奥尼：在我的研究领域，也就是比较历史分析中，它们互为补充，很难截然分开。理论与证据之间存在千丝万缕的关系。比较历史研究需要经常在理论和证据之间往返，正如侦探需要在理论和证据之间往返。就像侦探同时使用归纳法和演绎法一样，我这样的比较历史研究者既使用归纳法，也使用演绎法。

李钧鹏：您曾在论文中探讨过"机制"概念①。您对机制的定义是什么？机制必须具有因果性吗？它们是否必须以方法论个人主义为基础？

马奥尼：我对后两个问题的答案都是否定的。我现在这么看"机制"概念：不同的人往往用这个词来表示不同的东西，这问题不大，但我们应该搞清楚他们说的机制是什么意思。在我看来，当很多人谈论机制时，他们大体而言指的其实是中介变量（intervening variable）。这没有问题。总的说来，把机制视为中介变量就暗示了因果性。

还有人把机制理解为一种解释相关或关联关系为何存在的理论。这种机制的定义并不要求把机制视为中介变量。

第三种常见定义把机制看成非常宽泛的因果命题。例如，查尔斯·蒂利（Charles Tilly）生前就是这样使用这个词的。

几乎所有的机制定义都试图从不同方向超越两个变量之间的简单关联。几乎所有的机制用法和定义都是出于对类似"X 对 Y 的影响平均为 Z"这种表述的不满，觉得这有所欠缺，我们要有更深入的研究。

李钧鹏：理性选择理论遭到了不少社会学家的严厉批评。您有政治学背景，是否对理性选择理论有更多同情？您怎么看待理性选择理论在社会学界和政治学界的不同遭遇？

马奥尼：并非所有社会学家都抱批判态度，比如我的好友埃德加·凯泽（Edgar Kiser）。社会学内部有一个喜欢理性选择理论的小圈子。我不喜欢把个人看成是理性行动者，也不赞同它。有实验研究指出，理性行动者模型对于理解人类决策过程没有太大帮助，我是赞同这一点的。理性行动者模型并没有令人信服地解释人在决策过程中的认知过程。在这一点上，我和大多数社会学家的立场是一致的。

---

① 参见 James Mahoney. 2001. "Beyond Correlational Analysis: Recent Innovations in Theory and Method." *Sociological Forum* 16 (3): 575 – 593。

尽管如此，我确实觉得博弈论以及博弈论中的数学很有用，所以我并不抵触博弈论的思维方式。演化心理学就用博弈论做了不少有趣的研究。我对理性选择研究中的数学方法并不排斥，只是觉得理性行动者模型在解释现实生活中的人类决策过程方面有很大局限。

路径依赖

李钧鹏：您提出过一个制度变迁的路径依赖理论，并用它解释了几个中美洲国家政治发展的不同历程①。有没有可能用其他理论来解释同一现象？路径依赖理论的优点在哪里？

马奥尼：路径依赖理论的优点在于它可以系统、连贯地将历史根源与未来事件（且往往是间隔期很长的未来事件）联系起来；它给了我们一个理解遥远的过去如何余波未平并影响当代生活的系统而连贯的理论工具；它在方法和理论上帮助我们思考很久以前的决策制定和政治冲突如何促成一系列影响深远的制度。这是路径依赖理论的长处。总的说来，路径依赖框架不认为现实结果可以完全由短期的、眼前的因素解释，而站在这种思维方式的对立面。

李钧鹏：您的路径依赖理论的核心概念是"关键时点"②。我们怎么确认某一个关键时点不是研究者的武断选择？

马奥尼：我们永远无法完全确定，这中间总会有不确定性。研究者在提出论点的时候，需要拿出相关证据说明如果关键时点的事件或选择有所不同，最终的结果就会有所不同。我在那本书里使用了两种证据。一是国家之间的比较。在我考察的几个国家里，自由政府面临相似的困境和选择，但做出了不同选择。这种个案之间的比较（cross-case comparison）使我可以得出推论，认为这些选择和决策至关重要。

---

① 参见 James Mahoney. 2001. *The Legacies of Liberalism：Path Dependence and Political Regimes in Central America*. Baltimore，MD：Johns Hopkins University Press。

② 参见 James Mahoney. 2001. *The Legacies of Liberalism：Path Dependence and Political Regimes in Central America*. Baltimore，MD：Johns Hopkins University Press。

我也对个案进行单独分析（within-case analysis）。我所考察的是，一旦做出选择，制度如何开始固化，并产生持久的影响。我对每一个国家都进行了单独分析。

研究者必须使用证据。我想论证某个时期、某些事件、某些选择构成了关键时点。这种推论有可能是错的。

李钧鹏：《殖民主义与后殖民发展》并没有明确使用您在第一本书中提出的路径依赖理论①。那么，有没有可能以路径依赖理论重构《殖民主义与后殖民发展》？

马奥尼：这肯定是有可能的。显而易见，那本书的论点是殖民地时期的制度对这些国家将来的发展轨迹产生了极为深远的影响。事实上，我 2003 年发表在《美国社会学报》上的文章是这一论点的早期版本，而那篇文章正是以路径依赖为理论框架②。一本书的作者永远面临一个问题：只能在绪论里谈论有限的内容，必须在构建理论框架时有所取舍，而不能面面俱到。我下定决心，不让这本研究多国家、长时段的书篇幅过长，所以在理论和理论论争层面，我主要针对的是经济发展的制度解释，尤其是阿西莫格鲁（Acemoglu）、约翰逊（Johnson）和罗宾逊（Robinson）③。另外，如果把路径依赖和关键时点理论吸纳进来并展开论述，就需要半章篇幅，整个章节就会过于臃肿。所以，我没有明确采用关键时点与路径依赖框架，也没有卷入相关争论，最主要的原因是制度方面的争论更为重要，尤其是和经济学家的争论。

制度分析

李钧鹏：在《殖民主义与后殖民发展》中，您把自己的制度分析称为

---

① 参见 James Mahoney. 2010. *Colonialism and Postcolonial Development*: *Spanish America in Comparative Perspective*. New York：Cambridge University Press。

② 参见 James Mahoney. 2003. "Long-run Development and the Legacy of Colonialism in Spanish America." *American Journal of Sociology* 109（1）：50 – 106。

③ 参见 Daron Acemoglu, Simon Johnson, James A. Robinson. 2001. "The Colonial Origins of Comparative Development：An Empirical Investigation." *American Economic Review* 91（5）：1369 – 1401。

"分配论"（*distributional approach*）①。这个词是不是意在与其他理论取向区分开来？

马奥尼：是的，我想把它和制度协调论（coordinating view）区分开来。制度协调论其实是一种理性选择的制度观。主流理论认为，制度之所以存在，是因为它们有其职能，尤其是协调人的行动，使它变得可以预期。也就是说，行为规范等非正式制度在内的制度之所以存在，是因为它们协调了我们的行为，这被称为协调机制。我对这一观点提出疑问，认为制度的首要职能在于分配资源，而资源的分配尽管常常能起到协调行为的作用，却并不必然如此；当制度起到协调作用时，原因是它们的分配作用。所以我想强调制度的分配职能。制度分配论的一个好处是它可以考察冲突，而制度协调论就很难做到这一点。制度分配论假定了冲突的存在。

李钧鹏：您与凯瑟琳·西伦（Kathleen Thelen）合编了《解释制度变迁》②，该书作者皆为政治学家。这是因为政治学对制度分析的贡献大于社会学吗？

马奥尼：不，不是因为这个。一部分原因在于凯瑟琳是政治学家。我们希望推动制度研究，尤其是历史制度主义在政治学界的发展，所以挑选了一些这一领域的政治学新秀，希望借此展示最新、最出色的历史制度主义政治学研究。

李钧鹏：社会学对制度分析的独特贡献是什么？制度分析又给历史社会学带来了什么？

马奥尼：我主要从比较历史研究的角度看待制度分析。这个领域既有政治学家，也有社会学家，所以我很难把社会学家和政治学家严格划分开来。许多制度分配论者同时是政治学家和社会学家。例如，在制度分配论方面，西达·斯考切波和约翰·斯蒂芬斯（John Stephens）对我影响巨大，而他们

---

① 参见 James Mahoney. 2010. *Colonialism and Postcolonial Development：Spanish America in Comparative Perspective.* New York：Cambridge University Press。

② 参见 James Mahoney and Kathleen Thelen，eds. 2010. *Explaining Institutional Change：Ambiguity，Agency，and Power.* New York：Cambridge University Press。

和我都跨界政治学与社会学。在社会学内部还有一些更具文化色彩的制度主义者，有点像约翰·迈耶（John Meyer）的制度主义，但文化元素更多。他们的视角同样很有帮助。我在书里没有详细讨论这一学派，原因不过是我把主要精力放在了和持制度协调论的经济学家的论战上。关于制度分配论，我要强调一点，制度归根结底是规则，而规则归根结底是人们头脑中的观念。所以，我所倡导的制度分配论与将制度视为文化脚本（cultural scripts）的社会学理论有相通之处。对我来说，制度是内嵌在人的思维中的规则系统。

学科发展

李钧鹏：另一个关于边界的问题，您觉得历史学家和历史社会科学家之间的边界在哪里？还是说根本不存在或不应存在边界？

马奥尼：我不知道是否应该有边界，但边界肯定存在，而且边界很清晰，因为历史学家并不太关注比较历史研究者，不管是社会学家还是政治学家，甚至连经济学家都不关注。其中一个原因是比较历史研究者对理论很感兴趣，经常卷入理论争论，而历史学家并不这样运用历史材料与个案。历史学家觉得比较历史研究的分析性过强，认为他们缺乏历史材料的客观叙述。他们并不太喜欢只用二手材料而非原始档案的研究，比如斯考切波对社会革命的研究[①]或者我对殖民主义的研究。我和斯考切波的书几乎都是完全以二手材料为依据。他们不喜欢自己的研究被我们这些比较历史研究者拿来作为原始材料或数据。对于他们来说，新的思想和洞见来自发现新的材料或者对旧材料的重新挖掘。而对于我们来说，新的洞见与思想往往来自比较的逻辑以及理论的分析。

李钧鹏：比较历史分析和历史社会学的关系是什么？

---

① 参见 Theda Skocpol. 1979. *States and Social Revolutions: A Comparative Analysis of France, Russia, and China.* New York: Cambridge University Press. 中译本见西达·斯考切波《国家与社会革命：对法国、俄国和中国的比较分析》，何俊志、王学东译，上海人民出版社，2007；斯科克波《国家与社会革命》，刘北成译，桂冠图书股份有限公司，1998。

马奥尼：在我眼里没有区别，我觉得完全一样。有人可能会觉得历史社会学的涵盖面更广，但我觉得这一点现在未必成立。随着学科的发展，二者已经没什么区别了。在我看来，大多数自称为历史社会学家的人，我们都可以说他们是比较历史研究者，反过来也一样。

李钧鹏：历史社会学一定要采取比较方法吗？

马奥尼：我觉得必须是，至少内核必须是，对吧？许多比较历史研究只关注一个主要个案，西达·斯考切波的《保卫士兵与母亲》就是一个例子①。可能所有人都同意它是历史社会学著作。可能所有人也同意它做了许多比较分析，所以它也是一部比较历史分析的著作。

李钧鹏：《社会科学中的比较历史分析》出版后不久，亚当斯（Adams）、克莱门斯（Clemens）与奥罗夫（Orloff）主编了另一本很有影响的《重塑现代性》。该书被许多人视为《社会科学中的比较历史分析》的后现代主义与文化主义替代品②。您曾批评过该书主编对三波历史社会学的划分和描述③。您的立场现在有所改变吗？

马奥尼：没有改变。我认为只有两波历史社会学。马克思、涂尔干和韦伯是历史社会学的奠基者。之后，从20世纪初一直到20世纪中叶，帕森斯（Parsons）的结构功能主义在社会学界一统天下，历史社会学则退居后台。到了巴林顿·摩尔、佩里·安德森（Perry Anderson）、查尔斯·蒂利和莱因哈特·本迪克斯那里，比较历史研究呈现出复兴态势。我认为，当这一波回潮出现时，它从来不是铁板一块，而是一直包罗万象，所以把它视为从20世纪60年代左右延续至今的第二波历史社会学更为合适。我觉得，他们之所以将历史社会学分为三波，真正的目的其实是想凸显历史社会学内部的解读或文化派系。当然，全书整体是另外一回事了。但如果你比较一下两本书

①　参见 Theda Skocpol. 1992. *Protecting Soldiers and Mothers：The Political Origins of Social Policy in United States.* Cambridge，MA：Belknap Press of Harvard University Press。

②　参见 Julia Adams，Elisabeth S. Clemens，and Ann Shola Orloff，eds. *Remaking Modernity：Politics，History，and Sociology.* Durham，NC：Duke University Press。

③　参见 James Mahoney. 2006. "On the Second Wave of Historical Sociology，1970s – Present." *International Journal of Comparative Sociology* 47（5）：371 – 377。

的绪论，就会发现她们的绪论侧重于理论，而我们的绪论更关注方法。这可以说是比较两本书的一个视角。

李钧鹏：您是否将《重塑现代性》与《社会科学中的比较历史分析》视为历史社会学的两种对立取向？

马奥尼：我不知道二者是否对立，但它们的侧重点确实不同，至少绪论部分是这样。他们的绪论主推文化社会学以及历史社会学内部的解读性研究；我们的序言更关注明确的因果分析，尤其关注如何基于史料进行因果分析。

李钧鹏：《社会科学中的比较历史分析》出版于 10 年之前，你们当时似乎对历史社会学的前景颇为乐观。今天您如何评价这一领域？

马奥尼：我觉得历史社会学依然势头强劲。社会学的一个趋势是文化社会学突飞猛进，这相应地促进了历史社会学的发展。许多最具影响力的当代历史社会学家同时是文化社会学家。所以历史社会学方兴未艾，并内嵌在文化社会学的主流之中。石桥（George Steinmetz）、米歇尔·拉蒙特（Michèle Lamont）、朱利安·戈（Julian Go），这几位都是历史社会学家，但同时也是主流社会学家。所以我对历史社会学的前景感到乐观，认为具有历史色彩的研究在社会学界的影响将逐步扩大。我更担心它在政治学界的发展。

李钧鹏：怎么说？

马奥尼：我担心实验法的兴起以及对前沿方法的追逐会使历史研究边缘化。比较历史分析跟势头正盛的文化社会学很好地融汇在了一起，但它很难跟政治学中的实验法和计量方法完美地融合。所以，按照现在的发展态势，政治学的主流力量有可能把比较历史研究推向边缘。如果要推动比较历史研究，我现在会更担心政治学，而不是社会学。

李钧鹏：我几个月前曾和埃德加·凯泽教授聊过。他对历史社会学的前景感到悲观，认为这一领域面临困境。例如，研究经费大量流向应用政策研究而非历史研究；这一领域的研究者也不如三四十年前更富有激情。您怎么看？

马奥尼：你别忘了，当比较历史研究兴起于 20 世纪六七十年代时，它是带着使命的。它从边缘地带兴起，有其明确的论敌，特别是剥离了历史维度的结构功能主义，一定程度上还包括韦伯主义与马克思主义。它与帕森斯主义者展开了规范性的论战。到了今天，历史社会学已成为建制的一部分。它还算不上建制里的领袖，更不是最常见的研究方法，但它已步入成熟。当一个研究取向步入成熟时，它多少会变得瞻前顾后，也会丢掉一些激情。

李钧鹏：您曾探讨过知识积累问题①。您如何评价历史社会学或比较历史分析的知识积累？

马奥尼：我在 2003 年写的书里有一章谈论民主和威权主义，那篇文章界定了知识积累，并阐明民主与威权主义研究如何做到了知识积累。我认为比较历史分析在过去的 10 年一直持续着知识积累。你如果看一下那本书所涉及的主题，例如民主、社会福利、革命运动，你会发现许多研究都是在前人的基础上提供新的洞见和信息，所以知识积累程度很高。

其他领域同样如此。如果你看一下革命和内战的文献，你会发现比较历史研究举足轻重、贡献卓著。国家政权的起源和建设同样是比较历史研究深耕细作的领域。在我关于殖民主义一书的绪论部分，我简单谈了一下比较历史研究在发展领域所做出的贡献。我认为比较历史研究在很多领域都体现了知识积累的特性。这不是说唯有比较历史研究才这样，或者比较历史研究在所有领域都这样，但比较历史研究确实对许多极为重要的领域做出了重大贡献。

李钧鹏：所以您并不十分担心历史社会学的知识积累问题？

马奥尼：并不。我觉得知识积累正在进行中。

李钧鹏：熟练的语言是不是好的历史社会学的必要条件？

马奥尼：这要看研究问题是什么。《国家与社会革命》是比较历史分析的经典之作，也是我最喜欢的书之一，但西达·斯考切波并未掌握这本书所研究的所有国家的语言。我觉得这没有问题，这仍然是一部伟大的作品，而

---

① 参见 James Mahoney. 2003. "Knowledge Accumulation and Comparative Historical Research." In *Comparative Historical Analysis in the Social Sciences*, edited by James Mahoney and Dietrich Rueschemeyer, pp. 131 – 174. New York：Cambridge University Press。

且她问的问题极为重要。如果研究的问题更细，需要研究者深入田野或者阅读相应语言的文献，那么掌握语言就是必需的。

结　语

李钧鹏：您对有意从事历史社会学研究的年轻学子有什么建议？

马奥尼：我的建议是找几本你真正热爱的书，密集且深入地阅读，尝试理解这些书在研究什么，熟练掌握相关内容。然后考虑你自己的研究兴趣和感兴趣的问题，看看这几本书的研究方法与手段能否适用于你的问题和主题。如果答案是肯定的，再考虑需要做哪些调整以及如何调整。

李钧鹏：您如何评价自己对历史社会学的贡献？

马奥尼：在经验层面，我试图提升我们对民主、威权主义以及经济与社会发展的认识，尤其是拉丁美洲的情况。在理论层面，我试图加深我们对制度变迁、制度效应、路径依赖以及关键时点的理解；我在能动性与结构方面也有所研究。在方法层面，我试图将历史个案数量有限时进行有效因果推论的研究工具加以改进。

李钧鹏：您目前从事什么研究？

马奥尼：我现在同时进行几项研究。在方法层面，我在研究如何将集合图（set diagrams）用于质性的比较历史研究；在理论层面，我在研究什么因素导致快速的制度变动，什么因素促成缓慢的制度变迁；在经验层面，我正继续自己在殖民主义方面的研究，其中一个研究问题是殖民主义如何影响了不同欧洲殖民国家的相对发展水平。

《清华社会学评论》 第十辑
第 77 ~ 106 页
© SSAP, 2018

国家不幸诗家幸？
唐人诗作与时代际遇关系的量化研究

陈云松　　句国栋[*]

提　要： 清代史家赵翼以"国家不幸诗家幸"论元好问诗风之变，提出战乱干戈反而促使诗人写出更优秀的作品。这一观点引人入胜，也多为后人引用阐发。然而对此观点的考释均停留在个案举证层面，未能获得社会科学意义的验证。我们收集并构建了 800 余位唐代诗人的年龄、籍贯、科举、官秩等指标，及《全唐诗》《唐诗别裁集》《唐诗三百首》所录诗作数量，并运用计量方法对赵说予以实证分析。通过负二项模型、零膨胀负二项模型的多重检验，我们发现遭遇战乱干戈有助于诗人作品质量提升的假说并不能得到实证支持。有唐一代，"国家不幸诗家幸"的观点并不能够成立。

关键词： 唐诗　量化史学　负二项模型　诗歌　战争

清代史学家赵翼的七律《题遗山诗》写道：

> 身阅兴亡浩劫空，两朝文献一衰翁。
>
> 无官未害餐周粟，有史深愁失楚弓。

---

* 陈云松，南京大学－约翰·霍普金斯大学中美文化研究中心中方主任，南京大学社会学系教授；句国栋，南京大学社会学系。

行殿幽兰悲夜火，故都乔木泣秋风。

国家不幸诗家幸，赋到沧桑句便工。

　　其尾联指出兵戈战乱固然是国家的不幸，对诗人而言却是幸事：山河破碎、沧海桑田的巨变，反而会促使诗人入境愈深，情感愈切，从而作品有更高的质量。这一论点鞭辟入里、直指人心，往往被后世学者、诗家奉为圭臬。此诗中所咏的"遗山先生"，即金末元初的文史大家元好问。元好问在金朝官至知制诰，金亡后不仕，以"丧乱诗"著名。元代脱脱在《金史》中记载："兵后，故老皆尽，好问蔚为一代宗工，四方碑板铭志，尽趋其门。"（卷一百二十六·列传第六十四）足见其文名为当世所重。

　　赵翼所论元好问诗作得益于鼎革巨变之说，有大量典故、记载支撑。元人蒋正子在《山房随笔》中记载："金国南迁后，国浸弱不支，又迁睢阳。某后不肯播迁，宁死于汴。遗山闻之，感事成七绝：'桃李深宫二十年，更将颜色向谁怜？人生只合梁园死，金水河边好墓田。'"这显然是因丧乱之沉痛而致诗作抒发的典型案例。而元好问以外，因"国家不幸"而使诗作升华者，在中国的诗史中更数见不鲜。如历代王室贵胄对政治沉浮最为敏感痛彻，故而箕子朝觐周室，感怀殷商的灭亡而作《麦秀》；大夫悲悯周室式微而咏《黍离》；曹植在"生民百遗一"的三国战乱中写就《赠白马王彪》；后主李煜悲思故国往事，而成"四十年来家国"的《破阵子》；道君皇帝宋徽宗的《燕山亭》"裁剪冰绡"之语，也可说是绝唱。至于墨客骚人，则典型更多。王粲所作《七哀诗》、陈琳作《饮马长城窟行》、阮籍作《咏怀诗》等，已开伤时感怀的先河；降至杜甫《秋兴·诸将》、吴伟业《永和宫词》《过淮阴》等，都是因国家丧乱而触发了诗人的沉郁悲慨之声。

　　然而，如果从另一方面加以审视，承平盛世对诗人佳作也会产生催化的作用。北宋名臣晏殊生逢治世，官至宰辅，并未因兵戈战火影响诗酒之兴；清人纳兰性德一生鼎食繁华，更不谙于战乱。因此，在国家兴盛的时代同样可以成就《珠玉词》《侧帽集》等传世佳品。再如李白，早在安史之乱的渔阳鼙鼓之前，谪仙人已名动天下；反而是在安史之乱中，太白由宣城至郊中并隐居庐山，所得佳作减少。如果"国家不幸"真为"诗家之幸"，那么李白就是异数了。由此以诗家个案来看，"国家不幸诗家幸"虽然多有实例佐证，但反例同样存在。如果不进行量化检验，这一结论的真伪就难以给出科学的判断。本研究详辑史料，钩沉诸家，通过计量的方法，对此论点予以分析检验。

一　"国家不幸诗家幸" 的逻辑及典例

1. 赵翼的立论逻辑

检视历代文献，讨论文学创作与国家乱离间的关系并持与赵翼相同相似论点者非常普遍。明代黄宗羲讨论诗歌发展历程称："汉之后，魏晋为盛；唐自天宝而后，李杜始出；宋之亡也，其诗又盛。"（《黄梨洲文集·序类》）明代叶燮试图以"时变而失正，诗变而仍不失其正，故有盛而无衰"（《原诗·内篇上》）为此现象的解释；近代词家龙榆生讨论安史之乱对唐诗发展的影响时明确认为"乱前乱后，又为一大转关；而此五六十年间，遂为诗歌之黄金时代"（《中国韵文史》）；沐勋亦论大历、长庆间"人民困于官吏之诛求，政府不思救济，于是社会形成两大阶级，而民生日趋凋敝。诗人恻然不忍，乃起而从事新乐府运动，以代抒冤抑"（《中国韵文史》）等。以上均涉及国家衰亡而诗业兴盛之现象。当代一些学者，更欲将"国家不幸诗家幸"阐发为一种文学的规律（陈友康，2005；王向峰，2014）。

总体而言，"国家不幸诗家幸"的内在逻辑，在于传统士大夫遵守着忠君忧国、致君尧舜的信念；一旦国家遭受外敌入侵、岌岌可危，就会使诗人的精神悬空，激发其对国家不幸与自身伶仃遭遇的悲叹，遂将这种感触诉诸词句，必然产生巨大的感染力。因此，"国家不幸诗家幸"的逻辑机制遵循着二元路径：第一，国家不幸激发诗人山河异色、感时伤世之情怀，这是国家情怀的感召路径；第二，国家不幸亦令诗人困窘流离，生发出日暮途远的惶惑，这是个人际遇坎坷的路径。所谓"文学的张力源于冲突"，是指国家越不幸，所激发的文学张力当越强，使得诗人得以传世的名篇就会越多。

2. 诗家个案佐证

考察我国古代诗歌的创作情况，符合"国家不幸诗家幸"的个案有很多。以唐人论，"边塞诗"则为典型明证。如岑参，弱冠之年求仕长安，奔走河洛。其于天宝初登科时，诗作多寄意山水，名声未显。而后唐王朝征战大、小勃律国时[1]，岑参两度随军出塞，充任高仙芝的幕府书记和封长清的判官，一共五年。此间其笔力大为雄壮，诗境奇瑰，声名鹊起。《轮台歌》诗中"四边伐鼓雪海涌，三军大呼阴山动"，至今读来仍使人胆寒心摄。陆游题《夜读岑嘉州诗集》云："常想从军时，气无玉关路。至今蠹简传，多昔横槊赋。"这可以说是岑参的千载知音。

边塞诗尚只唐诗中万花之一端。边塞诗之外，"国家不幸诗家幸"最为典型的案例，当推诗圣杜甫。杜诗体度变化，汪洋恣肆，为诗家之集大成者。元稹、韩愈以为李白不能相匹敌。《新唐书》本传论杜甫称："数尝寇乱，挺节无所污，为歌诗，忧时伤弱，情不忘君，人怜其忠云。"清人仇兆敖在杜诗对仗工整之外，尤其称许杜甫的忠贞爱国、忧切黎元："甫当开元全盛时，南游吴越，北抵齐赵，浩然有跨八荒、凌九霄之志。既而遭逢天宝，奔走流离，自华州谢官以后，度陇客秦，结草庐于成都浣西，扁舟出峡，泛荆渚，过洞庭，涉湘潭。凡登临游历，酬知遣怀之作，有一念不系属朝廷，有一时不痛瘰斯世斯民者乎？"（《杜诗详注序》）如仇所论及，则"国家不幸诗家幸"的论述于杜甫当可获得实证支持。

以宋、明人诗话三则为证：宋刘克庄在《后村诗话》中论杜甫诗云"公诗叙乱离多百韵，或五十韵"，若非兵戈战乱令老杜挥斥至情，感慨纵横，则如何驱动得文辞宏富，难度远较近体诗为甚的排律、古风？又有宋人葛立方《韵语阳秋》卷第一中论杜甫五律《春望》称"杜寄身于兵戈骚屑之中，感时对物，则悲伤系之"；明王嗣奭《杜臆》论《三吏》《三别》：

---

① 即今克什米尔西北，时为安西四镇控遏吐蕃之通衢要枢。

"非亲见不能作，他人虽亲见亦不能作。公目击成诗，若有神助之，遂下千秋之泪。"葛、王二人之论，均凿凿明言杜诗的沉郁顿挫，得益于战乱流离的激发。迄今《全唐诗》中载杜诗1100余首，设想杜甫如未曾遭遇安史之乱，则恐难至"浑涵汪洋、千汇万状，兼古今而有之"的化境。

　　且兵戈战乱不仅催生壮阔与沉郁的作品，亦会令诗家改换门庭、变更风调。如晚唐诗人韩偓早获诗名：大中五年时韩偓年仅十岁，在宴会上即席赋诗赠别李商隐，使其惊叹不已。五年之后，李商隐返回长安，追忆当时韩偓所作"连宵侍座徘徊久"之句，作七绝诗酬答韩偓父亲韩瞻："十岁裁诗走马成，冷灰残烛动离情。桐花万里丹山路，雏凤清于老凤声。"此事记载于宋人计有功《唐诗纪事》卷六十五。韩偓所著诗名，主要通过《香奁集》，按其《自序》所言，此集记录的诗多作于庚辰、辛巳自辛丑、庚子间（860～880年），均为韩偓进士及第之前所作，风格偏于艳丽。因而陈寅恪评价道："韩序中所谓庚辰辛巳，即懿宗广明元年及中和元年。然则进士科举者之任诞无忌，乃极于懿、僖之代。"自光化三年（900年）时，宦官刘季述废黜昭宗；韩偓于天复初（901年）登翰林，与崔胤定计诛杀刘季述，并辅佐昭宗反正，深受其知遇。但天祐元年（904年），朱温谋弑昭宗，韩偓携全族入闽避难，投靠节度使王审知，诗作风格即由纤柔艳丽转变为深沉宏大。如"千村万落如寒食，不见人烟只见花"，"中华地向城边尽，南国云从海上来"，这些与《香奁集》中常见的闺思之作大为异趣。

　　再如王维诗风清新脱俗，为世人所推重。唐人司空图《与李生论诗书》称赞其"澄澹精致，格在其中，岂妨于遒举哉！"清人方东树《昭昧詹言》中称："辋川于诗亦称一祖。然比之杜公，真如维摩之于如来，确然别为一派。寻其所至，只是以兴象超远，浑然元气，为后人所莫及；高华精警，极声色之宗，而不落人间声色，所以可贵。然愚乃不喜之，以其无血气无性情也。"然而，因闲适风格受到"无性情"评价的王右丞，也有因国家丧乱而有助诗作者。宋人尤袤《全唐诗话卷之一》记载王维七绝《菩提寺禁裴迪》的由来："禄山大会凝碧池，梨园弟子欷歔泣下。乐工雷海清掷乐器，西向大恸，贼支解于试马殿。维时拘于菩提寺，有诗曰，万户伤心生野烟，百官何日再朝天。秋槐落叶空宫里，凝碧池头奏管弦。后有罪，以此诗获免。"
《旧唐书》中提及的《凝碧诗》即为此诗①，若无此经历，则王维当不免于
重罪。故宋人徐钧记载："凝碧池头听乐时，不能身死但能悲。辋川他日成
名胜，藉得朝天一首诗。"

在杜甫、岑参、王维、韩偓等例之外，因国家丧乱而于诗作质量有所提
升的情况，在历代诗话中也多有记载。宋代《韵语阳秋》卷六记录元结
《舂陵行》的由来："元结刺道州，承兵贼之后，徵率烦重，民不堪命，作
舂陵行。"在卷十中又提及李义山《骄儿诗》中"况今西与北，羌戎正狂
悖。儿当速长大，探雏入虎窟"②，称"夫兵连祸接，生民涂炭，以日为岁
之时，而乃望三四岁儿立功于二十年后，所谓俟河之清，人寿几何者邪？"
在唐人案例之外，还有因战事凯旋而助力诗兴的史料案例。明代顾元庆
《夷白斋诗话》记载："江西宸濠谋逆，武宗亲征，既得凯旋，驻跸金陵，
复渡江幸致仕杨一清第，赐绝句二十首。公又有应制律诗四首，应制贺圣武
诗绝句十二首，编为二卷，名车驾幸第录。"杨一清为明廷重臣，历成化、
弘治、正德、嘉靖四朝，官至首辅。在自序中，其对正德皇帝的赐诗极为感
激："谓虞廷庚歌之后，古帝王有以诗章宠臣下者，不过一篇数言而止，未
有联章累牍，若是其盛者。"

二 "国家不幸诗家幸"的反例

1. 词云总览反证

假设赵翼"国家不幸诗家幸"的论点确实成立，那么《全唐诗》里涉

---

① 按《旧唐书·王维传》中记载："禄山陷两都，玄宗出幸，维扈从不及，为贼所得。维服
药取痢，伪称瘖病。禄山素怜之，遣人迎置洛阳，拘于普施寺，迫以伪署。禄山宴其徒于
凝碧宫，其乐工皆梨园弟子、教坊工人。维闻之悲恻，潜为诗曰：'万户伤心生野烟，百官
何日再朝天？秋槐花落空宫里，凝碧池头奏管弦。'贼平，陷贼官三等定罪。维以《凝碧
诗》闻于行在，肃宗嘉之。会缙请削己刑部侍郎以赎兄罪，特宥之，责授太子中允。乾元
中，迁太子中庶子、中书舍人，复拜给事中，转尚书右丞。"《旧唐书》所称《凝碧诗》，
即《菩提寺禁裴迪》。

② 此处诗话漏"诛敕两未成，将养如痾疾"一句。

及兵戈战乱的字眼频率应当较高。

根据《全唐诗》所载48900首诗作，计单字近300万（2896828字）的大数据（所得频率最高的前100个字词见附录一），并借鉴谭其骧《中国历史地图集（第五册）》总章二年（669年）图的内容，除"不""无""一""有""何"等虚词外，排名较高的实词包括"人""山""风""日""云""天""花""春""水""月"等。但"兵"出现的词频却并不突出，仅排在第480位，同时"乱"排在第356位，"军"排在第428位。再用这一方法直观分析《唐诗三百首》《唐诗别裁集》的文本，皆体现出相似的效应。由此来看，就唐诗而言，其字频分布并不能够直观地对赵翼所论有所体现。

2. 诗家个案反证

从诗家个案来看，"国家不兴诗家幸"也存在诸多反例。譬如，杜甫固然是"国家不兴诗家幸"的典型代表，但黄叔灿在《唐诗笺注》中说："少陵身际盛衰，集中七律，前后亦微差别。"按叔灿所言，则安史之乱对杜甫的七律风格旨向，几无影响，并不能得出"诗家之幸"的结论。在唐人之外，本篇更举晏殊、纳兰性德两项案例，来说明社会因素复杂多元、文艺创作渊薮莫测，并非一种规律能完全概括，亦无一项定论足可覆盖全体。

晏殊可以作为"国家不兴诗家幸"的典型反例。宋魏泰在《临汉隐居诗话》中记载："晏元献殊作枢密使，一日，雪中退朝，客次有二客，乃欧阳学士修、陆学士经，元献喜曰：'雪中诗人见过，不可不饮也。'因置酒共赏，即席赋诗。是时西师未解，欧阳修句有'主人与国共休戚，不惟喜乐将丰登，须怜铁甲冷彻骨，四十余万屯边兵。'元献快然不悦，尝语人曰：'裴度也曾燕客，韩愈也会做文章，但言园林穷胜事，钟鼓乐清时，却不曾恁地作闹。'"此典故也载于宋人胡仔的《苕溪渔隐丛话前集》卷二十六。

晏殊于康定初年（1040～1041年）任知枢密院事，庆历年间拜集贤殿学士、同平章事兼枢密使，魏泰所称"西师未解"、欧阳修"四十余万屯边兵”的诗句，均指在李元昊兴西夏兵侵入宋域的三大役（1040～1042 年）之后①，庆历和议（1044 年）之前。是时晏殊作为宰辅，负责国防要务，《宋史》有载：“陕西方用兵，殊请罢内臣监兵，不以阵图授诸将，使得应敌为攻守；及募弓箭手教之，以备战斗。又请出宫中长物助边费，凡他司之领财利者，悉罢还度支。悉为施行。”值边疆动乱之时，晏殊却在雪中宴客赋诗，并未表现出“与国休戚”的忧思，欧阳修作诗微讽，晏殊还颇为不悦，足见晏殊诗心所在不与政治相关。晏殊的诗作散佚较多，但宋祁在《笔记》中记载：“晏相国，今世之工为诗者也。末年见编集者乃过万篇，唐人以来所未有。”至于晏殊以小令名世，其风格富贵闲雅②，深情旷达，惟于兵戈战乱、国家忧切毫无涉及。

纳兰性德也属赵翼论点的例外代表。况周颐《蕙风词话》中称誉纳兰容若为“国初第一词手”，王国维《人间词话》中评价“以自然之眼观物，以自然之舌言情。初入中原未染汉人风气，北宋以来，一人而已”。然而诗人的才具，未必需要“国家不幸”方能激发。《箧中词》中周之琦说：“纳兰容若，南唐李重光后身也。予谓重光天籁也，恐非人力所能及。容若长调多不协律，小令则格高韵远，极缠绵婉约之致，能使残唐坠绪，绝而复续，第其品格，殆叔原、方回之亚乎？”之琦将纳兰容若与后主李煜作比，只是后主经历了亡国被俘的悲辛屈辱，容若却并未遭受过乱离板荡的忧思恐惧。容若出生于正黄旗，是康熙朝太师纳兰明珠之子，二十一岁即考中北闱二甲进士，并担任御前一等侍卫，一生极享人间的太平优渥。因其事例可见国家的太平繁盛，能涵养出杰出诗人。读其《饮水》《侧帽》二集，情辞悱恻，即使不是悼念亡妻所作，也多有此恨绵绵的款款深意，乃知诗人才气笔力，实有神鬼莫测之妙，并不单

---

① 三役为三川口之役（1041 年）、好水川之役（1041 年）、定川寨之役，宋师皆北。

② 吴处厚《青箱杂记》卷五记载：晏元献公虽起田里，而文章富贵，出于天然。尝览李庆孙《富贵曲》云：“轴装曲谱金书字，树记花名玉篆牌。”公曰：“此乃乞儿相，未尝谙富贵者。故余每吟咏富贵，不言金玉锦绣，而惟说其气象。若‘楼台侧畔杨花过，帘幕中间燕子飞’；‘梨花院落溶溶月，柳絮池塘淡淡风’之类是也。”故公自以此句语人曰：“穷儿家有这景致也无？”

单局限于国家局势的感召激励。

3. 反证的逻辑

为何战乱兵戈、国家动荡不一定会襄助诗人的笔墨文采？第一，如果诗歌对于诗人的功用定位，只是消遣解闷的墨戏之作，则诗的主旨必然会与政治关怀相远离，如晏殊不因边关用兵扰乱燕客吟咏的兴致就是典型例证。第二，天下汹汹、国家丧乱，虽然能催生诗人的家国兴叹，使其在作品中倾注更多的深情，却也会导致诗人穷途困窘，消磨其寻章摘句的逸性巧思。两种因素抵牾消长，因而国家不幸未必能够导致诗家之幸。第三，从另一方面来看，处于"国家幸"的时代，金瓯巩固、海清河晏，也同样会催生诗人的逸兴豪情。王摩诘固然是诗风冲淡性灵的代表人物，但他身在天宝盛世的台阁之中，犹有"九天阊阖开宫殿，万国衣冠拜冕旒"的壮怀辞章。综上而论，则国家不幸对诗家作品的影响显然不能仅由逻辑推演中获得确切的评判。

三　史料、变量和模型

1. 唐代史料

本文之所以选取唐代诗家来研究，是因为唐诗确为中国诗史上的最高峰。本篇分析的唐代诗人，凡姓名、籍贯、寿命、品级、科举等资料，均以《中国文学家大辞典（唐五代卷）》（周祖譔主编，1992 年 1 版）为标准。该书是钱仲联编写的《中国文学家大辞典》系列之一，由文献学家周祖譔邀集八位学者（卢苇菁、吴在庆、吴企明、吴汝煜、陈允吉、陈尚君、金涛声、贾晋华）共同撰写。从 1984 年开始筹备，历时 8 年，方才于中华书局出版。全编蒐罗完备、考略详细，涉及唐代到五代末见诸史册的文学家4000 人（3950 人），是谭正璧所著《中国文学家大辞典》中文学家数量的五倍之多，被研究唐代文学的学者奉为圭臬。在唐代有文名流传者中，姓氏、籍贯、品级、科举及所在时代均可考者有 800 余家（810 人），其寿命信息亦可考证者接近 500 人（481 人）。

明代高棅《唐诗品汇凡例》中讨论唐代诗人的时代划分:"大略以初唐为正始,盛唐为正宗、为大家、为名家、为羽翼,中唐为接武,晚唐为正变、为余响,方外异人等为旁流。间有一二成家,特立自异者,则不以世次拘之。"本文参考学者惯常定义,将整个唐代划分为初、盛、中、晚四期,并以每位诗家在二十岁时所处时期为依据。四个时代的划分标准为:从高祖武德元年到睿宗延和元年(618~712年)为初唐,共95年(典型诗人如初唐四杰、陈子昂等);从玄宗开元元年到代宗永泰元年(713~765年)为盛唐,共53年(如李、杜、高、孟、岑、王等);从代宗大历元年到穆宗长庆四年(766~824年)为中唐,共计59年(如大历十才子、元、白、韩、孟、柳等);从敬宗宝历元年即位到哀帝天祐四年禅位朱温(825~907年)为晚唐,共83年(如小李杜等)。本篇涉及的810位诗家中,初唐近百年逾200家(228人);盛唐50年近150家(148人);中唐与盛唐跨度相近,60年近200家(186人);晚唐近百年近250家(248人),时代跨度与诗人数量比例可谓相称。

2. "诗家幸"的度量

"诗家幸"本为诗家术语,意为诗人作品所达的总体成就。但作为质信的评价,如何选择恰当的数据指标才是量化的首要问题。何况诗无达诂,文辞的工整、铸语的俊丽,其评判仁者见仁。

本文综合相关史料来源,通过不同维度的多重测度,来确定"诗家幸"的标准。

第一,关于诗人诗作的成就,在"量"的维度上,可以用存世作品数量作为指标。本篇以《全唐诗》载录的诗家存世作品数,作为度量其作品成就的一个方面,并参考《唐诗外编》(残篇、单句不录)作为补缺。所考虑的虽然是诗作数量,但这些作品历经千年而不被磨灭,因而其中同样有"质"的内涵。《全唐诗》由清康熙年间曹寅、彭定求等奉旨编校。主要根据明代胡震亨《唐音统签》和清人季振宜《唐诗》,并广泛采集残碑断碣、稗史杂书,力争无所遗漏,最终得到诗作48900余首,诗人2200余人。《外编》则记录了日本人上毛河世宁(市河宽斋)的《全唐诗逸》三卷。

　　第二，唐人诗歌的成就，在"质"的维度上，可以通过收入名家选本的作品量来表征。在众多唐诗选本中内容既丰富，流传又广泛的当以《唐诗别裁集》《唐诗三百首》为翘楚。《唐诗别裁集》由乾隆年间沈德潜从《全唐诗》中选取诗人近 300 家（268 人），诗作 2000 首（1928），集纳为《唐诗别裁集》。"别裁"一词出自杜甫《戏为六绝句》中"别裁伪体亲风雅"。沈德潜在文学史上卓有声名，提倡"备一代之诗，取其宏博"，因而《唐诗别裁集》避免了王渔洋特别强调"神韵"概念的狭隘之处。乾隆年间蘅塘退士孙洙又根据《唐诗别裁集》删繁就简，选取了 77 位诗人的 311 首诗作，编成《唐诗三百首》，成为流传最广的唐诗选本，"风行海内，几至家置一编"（《四藤吟社主人序》）。

　　对以上变量构建方法，一些学者或许会有"历代选本受选家各自的审美偏好，均为一时一人的主观判断，将其作为客观量化的标准，并非适当"的疑问。然而时代变迁固然会使文学风尚随之改变，但同时也起着甄别筛选其优劣的功用。如唐末之后，杜甫在诗界获得了长久的尊崇地位，并不因朝代更迭而有所改易；而且文学价值的彰显为一种渐进过程，因而往往出现"冠盖满京华，斯人独憔悴，千秋万岁名，寂寞身后事"的情况，本非因所谓文学评判一无标准，任意更迭所致；何况诗歌在中国的传统异常悠远，源起三代而盛于唐，历朝均未断绝，及至清代，诸家诗话广布，《全唐诗》也得以撰成，沈德潜本擅诗道，兼收并蓄，使得《唐诗别裁集》成为诗选中的精品，将其作为量化依据不仅效法于名家，而且能够在最大范围内使大众在观念上达成共识。

　　概言之，《全唐诗》《唐诗别裁集》《唐诗三百首》，虽然繁简不同，却均能将唐代诗作的整体风貌呈现出来，不囿于诗格、体裁、时代的偏见侧重，因而可以发挥典型"样本"的功用，于是可获得"被解释变量"（即"诗之工"）的三种度量指标。但唐诗选本庞杂汗漫，唐代殷璠所编《河岳英灵集》，收录了王维、王昌龄、储光羲等 24 诗家的 234 首诗作，但没有收入李、杜的诗篇。唐人高仲武编的《中兴间气集》，收录至德初年至大历末的诗家 26 人、诗作 140 首。唐人芮挺章选编《国秀集》，收入开元天宝前诗家 85 人的 218 首诗作。但殷璠、高仲武、芮挺章，均为开元天宝时代的人物，因而他们的选本只涉及初唐和盛唐的作品，不宜作为本文量化标准。清人王世禛编《唐贤三昧集》，特别偏向严羽的"性灵"说，对诗作神韵尤为看重，因而推崇王维、孟浩然等，多选取盛唐诗作却不收入李、杜作品，具有强烈个人喜好，因而也不采用。至于王渔洋选编的《唐人万首绝句》，仅局限于绝句一种体裁，显然不宜选用。

3. "国家不幸"的度量

瓯北所称的"国家不幸"，应当指国家的干戈战乱或朝代鼎革。唐代虽然与突厥、吐蕃、高句丽的边境战争不断，宗室、藩镇等内部因素不少，但详究其中历时甚久、能够震动全境、广泛影响民众的战乱则有三处：初唐开国戡乱（612～626 年）；中唐安史之乱（755～763 年）；晚唐五代之藩镇作乱（875～960 年）。这三段"国家不幸"，相比于其他如牛李党争、永王叛乱等事件，对政治的影响更为重大，同时也给黎民带来极为深重的苦难。

本文基于此使用二分变量（Dual Dummy）构建"国家不幸"的测量指标。具体为凡是在十五岁以后经历过前述三场战乱不幸之一的唐代诗人，即认定为有身逢"国家不幸"的遭遇，其变量取数值为 1；反之取 0。《礼记·曲礼》中记载周朝制度，男子二十而冠，天子诸侯往往提早行礼，如文王十二而冠，成王十五而冠[①]。《朱子家礼》中定冠年为年十五至二十："若敦厚好古之君子，俟其子年十五以上，能通《孝经》《论语》，粗知礼义之方，然后冠之，斯其美矣。"故而以十五岁作为"经历"乱离的起始。当然，十五岁的标准固然带有主观判断，因而本篇中同时使用其他年龄标准作为稳健性（Robustness）的检验和佐证，如十岁以上、五岁以上等。如果不同标准的"国家不幸"变量能够得到相同或相近的结论，则结论的可信度自然极大。

---

① 《仪礼·士冠礼》贾公彦疏："诸侯十二而冠也。若天子，亦与诸侯同，十二而冠……《大戴礼》云：'文王十三生伯邑考'，《左传》云：'冠而生子，礼也。'"

4. 其他度量

本文设置的其他控制变量，包括时代、科举、籍贯、寿命和品级[①]，其详细分布情况已展示于表 1，并在下文简要说明。

时代即前述初唐、盛唐、中唐、晚唐的四分变量，并以盛唐为参照组。科举为是否出身进士的二分变量，以进士及第者取 1，余者取 0。在分析的八百余位唐代诗人中，有进士五百余人，已占其大半。寿命同样与诗作情况相关，在这些样本中，寿命最短者仅 20 岁（李重茂，695～714 年），年齿最长者达到 119 岁（据记载从谂禅师，778～897年）。籍贯变量根据唐代的玄宗十五道疆域划分，为虚拟变量，并以京畿道作为参照组。根据谭其骧《中国历史地图集（第五册）》中开元二十九年（741 年）标示文学家的地理分布可知，产出诗人最多的地方，应为河南与江南东两道，其次为河北、河东、京畿诸道。与现代行政区域对应，则主要与河南、山东、东北及安徽、江苏等相对应。叶持跃（1999）曾使用 46 种唐诗选本所涉诗人，取《元和郡县图志》的十一道划分为行政畛域，作唐五代诗人地理分布考。其结果与本篇分布情况颇为相似，可互为征信的依据。（叶文中的关内道范围对应本篇的关内道、京畿道和都畿道）

品级变量取诗人仕途达到的最高品级。本文根据《旧唐书·职官志》和《新唐书·百官志》所载，勘定从"正从一品"至"正从九品"共九值的计数变量。《旧唐书》出自后晋刘昫等，编撰时间距唐代不远，考略有据。《新唐书》由宋祁、欧阳修等主持修订，曾公亮评价称"其事则增于前，其文则省其旧"，其中包括《百官志》五篇，使后人对唐代职官设置情况更为清晰。本篇附录二给出了唐代官职与品级对应表，并将样本涉及的职官名称予以斜体标注。此外，对皇帝、宗室和无官秩者，分别另计于一品之上和九品之下。

各项控制变量中，考查籍贯对"诗工"的影响，可以检验唐代文化分

[①]　本文所选样本中的 810 位唐文学家，仅得女子 11，故未纳入性别考量。

布的地缘因素；科举变量可参照唐代以诗文取士的实质效果。宋人严羽在《沧浪诗话·诗评》中称："或问唐诗何以胜我朝？唐以诗取士，故多专门之学，我朝之诗所以不及也。"至于品级变量，可以推测唐代仕途经历与文学声誉间的关联。尤其重要的是，判断"国家不幸"对"诗家幸"的因果作用时，必须将寿命和时代两项控制变量加入模型。这是因为寿命的长短，应当与诗作数量的多少有较强关联，同时也会影响到经历"国家不幸"时段的概率，如果将其忽略，显然会造成模型的内生性问题。时代变量亦与之同理。

以上各项变量中，被解释变量"诗家幸"即选本的诗歌数，主解释变量为是否经历"国家不幸"的时代，其余控制变量则包括时代、籍贯、科举、寿命、品级。考虑到除寿命外，从以上信息均可获知的共 810 位诗家，包含寿命信息各种变量均可获知的共 481 位诗家，则本文中设置了不纳入寿命变量的"基准模型"，计样本有 810 人；纳入寿命变量及其他变量的"进阶模型"，计样本有 481 人。

表 1　本篇涉及的唐代诗家主要变量（共计 810 人）

国家不幸					
遭遇战乱（15 岁后）	374 人	46.17%	遭遇战乱（10 岁后）	377 人	46.54%
未遭遇战乱（15 岁后）	436 人	53.83%	未遭遇战乱（10 岁后）	433 人	53.46%
诗家幸					
《全唐诗》		《唐诗三百首》		《唐诗别裁集》	《河岳英灵集》
样本人均 35.77 篇		样本人均 0.31 篇		样本人均 1.47 篇	样本人均 0.12 篇
标准误差 144.60 篇		标准误差 2.37 篇		标准误差 10.43 篇	标准误差 1.17 篇
最少 0 篇		最少 0 篇		最少 0 篇	最少 0 篇
最多 2741 篇		最多 39 篇		最多 255 篇	最多 16 篇
无存诗者 329 人		无人选者 761 人		无人选者 693 人	无人选者 800 人
时代			科举		
初唐	228 人	28.15%	进士	547 人	67.53%
盛唐	148 人	18.27%	非进士	263 人	32.47%
中唐	186 人	22.96%			
晚唐	248 人	30.62%	年寿	（年寿信息明晰者 481 人）	
			30 岁以下	32 人	6.65%

			年寿		
籍贯			31~50 岁	76 人	15.80%
关内道	2 人	0.25%	51~70 岁	219 人	45.53%
河南道	146 人	18.02%	71 岁以上	154 人	32.02%
河东道	102 人	12.59%			
河北道	114 人	14.07%	官秩		
山南东道	22 人	2.72%	皇室	14 人	1.73%
山南西道	1 人	0.12%	一品	43 人	5.31%
陇右道	52 人	6.42%	二品	126 人	15.56%
淮南道	27 人	3.33%	三品	102 人	12.59%
江南东道	146 人	18.02%	四品	91 人	11.23%
江南西道	21 人	2.59%	五品	82 人	10.12%
岭南道	8 人	0.99%	六品	31 人	3.83%
剑南道	18 人	2.22%	七品	25 人	3.09%
京畿道	112 人	13.83%	八品	34 人	4.20%
都畿道	39 人	4.81%	九品	22 人	2.72%
			无官秩	240 人	29.63%

5. 数量模型选取

"诗家幸"指的是八百余位唐代诗家诗作在唐诗选本中出现的数量，因而均为零及正整数的离散变量。故应当选取泊松分布、负二项模型或零膨胀模型来进行回归拟合，而普通最小二乘法（OLS）模型并不适当。再根据表1所显示，"诗家幸"变量的均值远小于标准误差，因而泊松模型成立的前提可能并不满足；根据表2的模型结果，负二项模型的 LR 检验显示，过度分散参数 alpha 显著不为零，即期望与方差取值相近的假设不能成立，由此可确知应当舍弃泊松分布而取用负二项模型。另外按照表1中呈现的，"诗家幸"变量中取值为零的情况颇多，所以同时采用零膨胀模型作为比较。按照表2结果，判断零膨胀模型的 Vuong 参数对应 Z 值不能排除标准负二项模型分布的假设。因而，负二项模型的结果是最为可靠的。因篇幅所限，以上涉及各项模型的数学表达及指标意义，均见于附录三。此外，泊松模型的结果可以与作者联系获取。

四　模型结果

1. 基准模型八百位诗家的结果

表 2 中呈现了基于 810 位唐代诗家信息的基准模型回归结果。其结果为以负二项和零膨胀负二项模型对三种诗家成就变量的回归。表中系数均为概率发生比（IRR）而非原始系数或边际效应，其含义为加入对应变量后因变量效用与无此变量时因变量效用间的比例。倘令"国家不幸"对应"诗家幸"的概率发生比为 A，则平均而言，诗家一旦身逢兵戈战乱，则诗作获录于《全唐诗》或入选对应选本的诗作数量将为未经历战乱的 A 倍。于是，当 A 值大于 1，且具有统计显著性时，则赵翼"国家不幸诗家幸"的论点可以成立。否则赵翼的观点就不成立。同时，考虑到残差项或许存在异方差问题，而诗家籍贯的地域分布也可能存在内生性问题，因而标准误均以玄宗十五道划分为聚簇标准，并取簇（Cluster）稳健项。

考察表 2 获得的结果，以三种选本构建的六项模型中，有五项模型的主解释变量概率发生比小于 1，而唯一大于 1 的模型中也显示并不具备 5% 水平的统计显著性。由是知对于唐代诗家而言赵翼的观点恐怕难以成立[①]。考虑三项零膨胀模型的 Vuong 参数，其 Z 值均未能在 0.05 统计水平上体现显著性，因此在本篇负二项模型要比零膨胀负二项模型更为合适。以下根据模型参数结果详细讨论。

从"诗家幸"的"量"的维度，《全唐诗》存诗数对应的负二项模型所得概率发生比为 0.490，并且具有 5% 水平的统计显著性。这显示只要在身世中有兵戈乱离遭遇的诗家，其所存于《全唐诗》的诗歌数量，仅为身处太平年代诗家的 49%，其削减程度竟达一半有余。据此而言，从"量"的维度，国家的康乐祸患，与诗家的幸否，其实具有相同的趋势。

---

① 作者也仅以"国家不幸"与"诗家幸"的两项变量作负二项和零膨胀负二项模型回归，此时样本量扩充至一千余人，结果仍然显示两者间并无统计意义的关系。

《全唐诗》存诗数的零膨胀负二项模型概率发生比为 2.507，其值要大于 1，所指示的"国家不幸"和"诗家幸"的关系方向与其他模型结果迥异，似乎可以作为支持赵翼观点的证据。但这一结果完全没有体现出统计显著性，其实际含义，其实是"国家不幸"与"诗家幸"之间并不存在显著性关系。

而当从"质"的维度来看，则不论《唐诗别裁集》还是《唐诗三百首》对应四项模型所得概率发生比均小于1。具体来说，《唐诗别裁集》的负二项模型概率发生比为0.588，但不具统计显著性，因而有过战乱经历的诗家作品被选入《唐诗别裁集》的数量，较无战乱经历的诗人选入数量并无差异，那么赵翼的观点在此情况下不能成立。该因变量对应的零膨胀模型结果与此相同。但《唐诗三百首》的负二项模型概率发生比为0.423，并具有10%水平的统计显著性；对应零膨胀模型概率发生比为0.383，并具有5%水平的显著性。因而可知如果经历战乱，诗家选入《唐诗三百首》的作品数仅为承平时期的四成左右。这些结果反而是赵翼"国家不幸诗家幸"观点的反面证明！

表2　基准回归模型结果（唐代诗家共810人）

诗家幸 诗歌成就	全唐诗 存诗数	全唐诗 存诗数	唐诗别裁集 选诗数	唐诗别裁集 选诗数	唐诗三百首 选诗数	唐诗三百首 选诗数
	负二项模型	零膨胀模型	负二项模型	零膨胀模型	负二项模型	零膨胀模型
	概率发生比	概率发生比	概率发生比	概率发生比	概率发生比	概率发生比
国家不幸						
遭逢战乱	0.490 **	2.507	0.588	0.740	0.423 +	0.383 *
科举						
进士	1.537 *	2.539 ***	2.921 +	3.033 *	6.040 ***	4.941 ***
官秩	1.041 +	1.175 **	1.110 *	1.134 *	1.239 **	1.254 **
时代(盛唐参照)						
初唐	0.229 ***	1.631	0.175 ***	0.229 ***	0.080 ***	0.073 ***
中唐	0.886	5.760 **	0.426 *	0.539	0.199 ***	0.200 ***
晚唐	0.633	2.703 *	0.108 ***	0.125 ***	0.112 ***	0.122 ***

续表

诗家幸诗歌成就	全唐诗存诗数	全唐诗存诗数	唐诗别裁集选诗数	唐诗别裁集选诗数	唐诗三百首选诗数	唐诗三百首选诗数
	负二项模型	零膨胀模型	负二项模型	零膨胀模型	负二项模型	零膨胀模型
	概率发生比	概率发生比	概率发生比	概率发生比	概率发生比	概率发生比
籍贯（京畿道参照）						
关内道	0.058 ***	0.090 ***	1.10e−07 ***	7.99e−19 ***	1.24e−07 ***	9.84e−14 ***
河南道	0.753 ***	2.292 *	0.458 +	0.539	0.691	0.626
河东道	1.506 *	6.150 ***	1.970 *	2.552 ***	1.698	1.456
河北道	0.568 **	1.749	0.415 **	0.522 **	0.049 ***	0.035 ***
山南东道	4.165 ***	9.678 ***	7.752 ***	9.218 ***	8.965 ***	6.267 ***
山南西道	9.87e−10 ***	7.87e−19 ***	3.04e−08 ***	1.92e−18 ***	2.18e−08 ***	1.06e−14 ***
陇右道	0.725 +	5.087 ***	0.682 +	0.834	0.957	0.815
淮南道	2.350 ***	3.329	0.357 *	0.425 +	0.110 ***	0.087 **
江南东道	1.477 ***	3.657 **	0.613 **	0.748 +	0.476 *	0.335 *
江南西道	3.535 ***	2.931	3.341 ***	3.589 ***	2.604 *	2.867 *
岭南道	1.481	4.500 **	2.617	3.397 *	2.548	2.584
剑南道	0.416 ***	0.642	0.8388	0.953	0.145 **	0.1262 **
都畿道	0.372 ***	1.332	0.304 ***	0.383 **	0.069 ***	0.0684 ***
过度分布参数 alpha 之 LR 检验	6.693 *** (0.348)	7.516 *** (0.539)	16.213 *** (2.625)	16.263 *** (2.579)	19.489 *** (4.472)	13.429 *** (3.147)
Vuong Z		−5.11		−0.37		0.25
Pr > z		1.000		0.644		0.402
N	810	810	810	810	810	810

$p \leqslant 0.1$；* $p \leqslant 0.05$；** $p \leqslant 0.01$；*** $p \leqslant 0.001$。

对其他控制变量而言，从科举变量来看，获得进士身份对诗人的创作往往有显著的正向影响。按负二项模型结果来看，相较未能及第的诗家，凡获得进士身份者在《全唐诗》中存诗数会多一半以上（53.7%），入选《唐诗别裁集》的诗作数量几乎为其一倍之多（192.1%），《唐诗三百首》选诗数甚至有五倍（504%）的差异，而且皆体现出一定水平的统计显著性。由此不仅于"量"与"质"两个维度均可获得进士与诗作成就间有密切的正向关系，更可获知进士出身者写出传世名篇的比例较未获得进士身份的诗家要高得多。

相较是否出身进士变量，职官品级变量对诗人成就的作用程度要更为温和。六项模型结果对应的概率发生比中，职官品级升高一阶，则诗作的质、量增幅皆在4%至25%。各模型体现的趋势均一致，有五项模型体现5%水平的显著性，一项模型具有10%水平的显著性。以上可证实宦途的穷达与诗名高低具有一致的趋势。按其中理路，应当表现为官职愈高，则名声愈畅达，获得流传保存的诗作也越多。

而在时空因素中，按照负二项模型结果，以盛唐作为参照组，初唐、中唐、晚唐之际，《全唐诗》中所存诗作的概率发生比分别为盛唐的22%、89%和63%；获选《唐诗别裁集》和《唐诗三百首》的概率比在盛唐与其他三个时代中相差更巨，可见"诗必盛唐"之说实非虚言。

从籍贯的地理分布来看，以京畿道作为参照组，并与表1描述统计的诗人地理分布情况相对照。因京畿道涵括的是长安三辅，本即为唐代政治文化重心，其诗文鼎盛的景况可想而知。因而在"质""量"两个维度的概率发生比较大部分唐"道"均要更高（仅山南东、江南西、岭南及河东四道为例外）。前文也提及，诗人分布从江南东、河南、河北、京畿、河东诸道次第下降。因而有所出诗人虽多，但所存所选诗作比例甚少的情况；也有罕有诗人出现，但所出诗人却佳作众多的情况。

2. 进阶模型五百位诗家的结果

理论上来说诗人的寿命与诗作质量和遭遇战乱的概率均有关联，会影响到因果判断结论的得出，因而实为一项重要的控制变量。这是因为当寿命较高时，诗人产出诗歌数量可能会更多，遭逢战乱的概率也会更大，也即寿命颇可能作为一项干扰项（Confounding）因素或遗漏变量（Omitted Variables），应将其纳入模型的控制变量中来加以避免其内生性问题。故表3呈现了加入寿命变量后的进阶之模型，其样本量为寿命信息均齐全的481位唐代诗家。

按照表3进阶模型的结果，国家不幸的概率发生比系数仍然均小于1。

以《全唐诗》中存诗数的负二项模型为例，则遭逢战乱者所存诗数不到承平诗家的三分之一（27.7%），并且具有1%水平的显著性，此处所得的结论可谓是"国家不幸即是诗家不幸"。若以《唐诗别裁集》入选诗作数量论，国家不幸与诗家幸之间在统计上并无具备显著性的关联；以《唐诗三百首》获选诗作论，则国家不幸同样是诗家的不幸。因此从"量"和"质"的两项维度来看，赵翼的观点均不得成立。在各项控制变量中，进士身份及官秩品级对因变量均具有正向效应；盛唐时代诗人的诗作量尤多而质尤佳。整体来看，表3的近500位诗家所得结果，均与表2中800余位诗家的结果相类似，在此不再赘述。只是不同于前文所考虑的，重新添加的寿命变量与因变量之间并不具有统计显著性的关系。换言之，寿命对于诗人的诗作"质""量"，均无明显、确切的影响。

3. 结果总论

根据以上所得结果，无论从"质""量"的维度，还是从三种不同的诗选诗集来细致考量，其量化结果，不仅不能充作赵翼论点的佐证，反而皆为该项观点的伪证。对于这样结果背后的逻辑，或将遵循于前文的分析。而且前文一并提及的，唐代诗风的炽烈，可能有赖于科举考核的倡导；而实证结果中具有进士身份对诗人的诗作成就影响颇大，也足以作为呼应证明这点。这应当由于当时科举及第的机会极小，能够在其中获取功名的人，其学识才力往往远在普通人之上。而且唐代科举涉及"试帖诗"的写作，举子在应试导向中戮力浸淫诗学，自然易获成就。在已控制进士因素后，品级变量可以作为当世享有地位声名的指标。地位愈崇，声名愈显，则将作品刻印付梓的能力也会愈大，所存留的诗作也将愈多。由于本篇中依据的诗集均由清人编修拣选，不会存在千年之后还有为前朝高位者"谀诗"的可能，则诗家官秩品级的高低与诗作获选多少之间，当无隐性因果存在的可能。可见在唐代，仕宦品级也会对后世的诗名有所裨益。寿命的长幼，对存诗数量、获选诗数均无显著影响。这虽然与预设有所异趣，但因之思考，则亦非不可理解。杜甫固然说过"晚节渐于诗律细"，但柳宗元、李商隐等只获享中等寿命；而李贺、王勃更悲早逝。清代诗人黄仲则，年寿只获三十五岁，且在而立以后，身世哀零，奇气消磨，已不再有当年意态。《两当轩集》中流传后世，允为佳作者，篇什多于十五六年间呕心写就。因此对诗人而言，创作的高峰期实不拘于年龄的长幼，其诗文的质量也并不一定因寿命长久而得以提升。

表3　进阶回归模型结果（唐代诗家共481人）

诗家幸 诗歌成就	全唐诗 存诗数	全唐诗 存诗数	唐诗别裁集 选诗数	唐诗别裁集 选诗数	唐诗三百首 选诗数	唐诗三百首 选诗数
	负二项模型	零膨胀模型	负二项模型	零膨胀模型	负二项模型	零膨胀模型
	概率发生比	概率发生比	概率发生比	概率发生比	概率发生比	概率发生比
国家不幸						
遭逢战乱	0.277 ***	0.402 *	0.483	0.530	0.245 *	0.239 **
年寿	1.005	1.037 ***	0.978	0.989	0.984	0.999
科举						
进士	1.705	2.426 *	3.446	3.636	6.879 ***	3.835 *
官秩	1.051 *	1.110 **	1.155	1.173	1.239 **	1.233 *
时代（盛唐参照）						
初唐	0.189 ***	0.442 *	0.235 *	0.277 *	0.103 ***	0.065 ***
中唐	0.691	1.636	0.604	0.723	0.265 ***	0.213 ***
晚唐	1.002	1.794	0.254	0.284	0.371	0.344 *
籍贯（京畿道参照）						
关内道	0.058 ***	0.134 ***	8.230e−10 ***	8.40e−19 ***	5.22e−10 ***	2.36e−14 ***
河南道	0.846 *	1.470	0.605	0.755	1.374	1.785
河东道	2.075 *	3.373 **	4.063 *	4.960 **	4.176 ***	3.235 ***
河北道	0.972	1.670 +	0.896	1.126	0.142 ***	0.122 ***
山南东道	8.434 ***	20.501 ***	21.755 ***	28.844 ***	39.783 ***	20.728 ***
山南西道	1.130	2.675 **	1.525	1.750 *	3.321 ***	3.122 +
陇右道	2.879 ***	3.252 **	0.287 **	0.358 **	3.17e−10 ***	2.85e−14 ***
淮南道	1.652 **	2.283 ***	1.037	1.212	1.363 +	0.715
江南东道	3.650 ***	3.052 **	3.035 ***	2.919 **	0.848	0.650
江南西道						
岭南道	1.818 *	2.556 *	4.995 *	6.217 **	5.768 **	7.563 *
剑南道	1.292	2.522 *	1.873	2.604	0.579	0.630
都畿道	0.683	2.061 **	0.723	1.017	0.299 *	0.378 +

续表

诗家幸诗歌成就	全唐诗存诗数	全唐诗存诗数	唐诗别裁集选诗数	唐诗别裁集选诗数	唐诗三百首选诗数	唐诗三百首选诗数
	负二项模型	零膨胀模型	负二项模型	零膨胀模型	负二项模型	零膨胀模型
	概率发生比	概率发生比	概率发生比	概率发生比	概率发生比	概率发生比
过度分布参数 alpha 之 LR 检验	6.421 *** (0.679)	6.727 *** (0.672)	13.664 *** (1.756)	13.726 *** (1.779)	12.632 *** (1.921)	14.473 *** (1.476)
Vuong Z		−3.24		−0.53		1.08
Pr > z		0.9994		0.701		0.140
N	481	481	481	481	481	481

$p \leqslant 0.1$；* $p \leqslant 0.05$；** $p \leqslant 0.01$；*** $p \leqslant 0.001$。

为结论之可靠，本文同时检验了由唐人所选的唐诗集《河岳英灵集》，其所得结果仍一致。同时针对前文提及的建构"国家不幸"时以十五岁作为标准具有主观性的问题，本文中同时检测了以十岁、五岁等作为标准，所得的结果也与文中展示的含义相同。更考虑到如果"文章憎命达"为确实，可能诗才大者仕途往往塞塞，生卒年也更易不详等，表2、表3中的样本可能因此出现样本选择偏误（Sample Selection Bias），本篇也使用线性模型的赫克曼二阶段法（Heckman Two-stage Method）将八百诗家的总样本作为选择模型（Selection Model），以 500 位诗家作为实质模型（Substantial Model）的样本，所得的线性回归结果，仍和表 3 中没有差异。以上诸项检验，囿于篇幅均不展示，如有兴趣详参者可与作者联系。

五　结语

使用量化方法进行文史研究的案例，截至当前尚不常见，而在历史学中已有一些尝试与成果。关于文史概念可否用量化表征，一些本专业的学者往往非常谨慎。国内陈志武教授很早开始提倡量化历史的概念，他在讨论历史材料的量化时称"许多历史现象和因素确实难以量化……但难以量化不等于都不能量化……许多表面看上去不能量化的研究课题，其实只要我们发挥想象力，还是可以找到代理变量，或者通过创造性研究设计把不容易量化的研究变得可以量化"（陈志武，2016），这样的观点也同样适用于用宏观视角审视文学现象的尝试。

本文想要用计量的标尺，统筹唐代的整体诗歌风尚，为赵翼"国家不幸诗家幸"的论点寻求客观公允的依据。因从个例的角度，既存在处于国家不幸的环境中，诗作"工"，名声振的案例，如杜甫、岑参等；也有在国家兴盛、生活富足时，作品文辞清越，流传后世者，如晏殊、纳兰性德等。综合来看，国家不幸，既可激发诗人的家国情怀，从而有助于诗作；也会让陷入生活的困窘，对创作起到反作用。同时国家兴盛期宏大兴盛的气象，也会促使诗人抒发壮怀，写出佳作。

本文以周祖譔编著的《中国文学家大辞典（唐五代卷）》为材料来源，详细整理其中诗家的姓名、籍贯、寿命、品级、科举等资料信息，划分初唐、盛唐、中唐、晚唐四处时代标准，以玄宗十五道划分畛域；并取初唐开国戡乱、中唐安史之乱、晚唐五代藩镇作乱三期为具体的"国家不幸"时期；与《全唐诗》《唐诗别裁集》《唐诗三百首》中的材料相参照，获得诸多变量信息均可考诗家 800 余位，连通寿命信息也完整可查者 500 余位，来作为量化检验的样本。

根据数据的实际结构，选取专门用以处理计数变量的负二项模型、零膨胀负二项模型进行回归。依据结果中的过度分散参数 alpha、零膨胀参数 Vuong 可以判断本文中选用负二项模型最为合适。详细考量基准模型和进阶模型所得的 12 组证据，各模型之间显示的概率发生比固然存在差异，但所指结论方向的一致性却尤为可观。计量结论的指向非常明确：遭遇兵戈战乱者的诗作无论"质"还是"量"均与无此乱离遭际者没有差别，甚至观测出其对创作具有负面作用。因而赵翼所谓"国家不幸诗家幸"的观点，从唐朝诗家来看，不仅不能够成立，反而与真实情况相背离。

其间原因，或在于"国家不幸"虽然能激奋诗人对国家的忠贞与对人民的感念，但也会令诗家陷入生计的困苦中。这两种不同的作用方向导致"国家不幸"对唐人诗作的总体效应难以有明确指向。这也启发研究者，如能分别剖析两条逻辑路径，将其具体抽离为"家国情怀"与"个人际遇"两个部分，则诗人的成就或将会因"国家不幸"受到正向影响。而其情况，也将体现在相应的统计分析中。这是研究者希望追踪继续的。

另外，唐代雕版印刷尚未普及，手抄诗作散佚颇多。傅璇琮曾质疑尚永亮、张娟（2003）的唐五代诗人层级考中李绅的诗作多不获存。即便用《全唐诗》的海量文本也不可避免覆盖不全的问题。因此，即使包纳现存的全部唐人诗歌作者，实际仍为选择性样本，何况本篇中各类变量信息均可获得的八百位诗家呢？按前文所叙，研究者也尝试使用赫克曼二阶段法纠偏。但按照计量方法要求，选择模型中需要存在一项和诗文存世情况相关联但与存世数量无关的变量（用以排除限定 Exclusion Restriction），而这一变量的获取难度甚大。因而本篇中只能将八百位诗家选择模型本身的非线性作为识别五百家实质模型的额外信息，这的确会给结论的判断带来一定问题。然而，这些历经千年，迄今尚可考察的古人，多为当时出类拔萃者。如果"国家不幸"对于这些人尚且不能激发其佳作，更何况其余芸芸侪辈？由此而言，本文对赵翼论点的反证驳斥，不会因为选择性样本问题而削弱论证的力度。

参考文献

（唐）殷璠，2006，《河岳英灵集校注》，巴蜀书社。

（后晋）刘昫等，1975，《旧唐书》，中华书局。

（宋）宋祁、欧阳修等，1975，《新唐书》，中华书局。

（宋）宋祁，1985，《宋景文公笔记》，中华书局。

（宋）葛立方，1979，《韵语阳秋》，上海古籍出版社。

（宋）计有功，1987，《唐诗纪事》，上海古籍出版社

（宋）严羽，1961，《沧浪诗话校释》，人民文学出版社。

（宋）黎靖德（编），1986，《朱子语类》，中华书局。

（宋）尤袤，1985，《全唐诗话》，中华书局。

（宋）刘克庄，1985，《后村诗话》，中华书局。

（宋）魏泰，2001，《临汉隐居诗话校注》，巴蜀书社。

（宋）胡仔，1993，《苕溪渔隐丛话》，人民文学出版社。

（元）脱脱，1975，《金史》，中华书局。

（元）蒋正子，1991，《山房随笔》，中华书局。

（明）叶燮，2006，《原诗》，人民文学出版社。

（明）高棅，1982，《唐诗品汇》，上海古籍出版社。

（明）顾元庆，1985，《夷白斋诗话》，中华书局。

（明）黄宗羲，1959，《黄梨洲文集》，中华书局。

（清）仇兆鳌，1978，《杜诗详注》，中华书局。

（清）沈德潜，1979，《唐诗别裁集》，中华书局。

（清）蘅塘退士，1980，《唐诗三百首》，金性尧新注，中华书局。

（清）赵翼，1997，《瓯北集》，上海古籍出版社。

（清）方东树，1961，《昭昧詹言》，人民文学出版社。

（清）黄叔灿，《唐诗笺注》。

（清）况周颐，2009，《蕙风词话》，上海古籍出版社。

（清）谭献，2015，《箧中词》，人民文学出版社。

王国维，2012，《人间词话》，中华书局。

龙榆生，2010，《中国韵文史》，商务印书馆。

陈寅恪，1982，《元白诗笺证稿》，上海古籍出版社。

周祖譔，1992，《中国文学家大辞典（唐五代卷）》（第 1 版），中华书局。

王向峰，2014，《政治动荡中的唐代诗人》，《社会科学》第 3 期，第 171～178 页。

陈友康，2004，《论"国家不幸诗家幸"》，《云南民族大学学报》第 3 期，第 104～109页。

叶持跃，1999，《论人物地理分布计量分析的若干问题——以唐五代时期诗人分布为例》，《宁波大学学报》第 3 期，第 45～50 页。

叶持跃，1998，《根据 46 种唐诗选本统计出的唐代著名诗人》，《宁波大学学报》第 11期，第 29～32 页。

尚永亮、张娟，2003，《唐知名诗人之层级分布与代群发展的定量分析》，《文学遗产》第 6 期，第 50～59 页。

陈志武，2016，《量化历史研究的过去与未来》，《清史研究》第 4 期，第 1～16页。

附 录

一 《全唐诗》单字词频表 （前100位）

字	序	频数	字	序	频数	字	序	频数	字	序	频数	字	序	频数
不	1	26390	年	21	9534	空	41	7347	三	61	6032	深	81	5356
人	2	20888	为	22	9473	得	42	7297	家	62	5996	新	82	5316
山	3	15979	生	23	9387	下	43	7297	今	63	5973	与	83	5312
无	4	15756	君	24	9318	高	44	7171	雨	64	5933	流	84	5299
风	5	15621	长	25	9145	里	45	6990	道	65	5891	烟	85	5293
一	6	15193	心	26	9040	未	46	6979	远	66	5871	树	86	5266
日	7	14877	自	27	9002	明	47	6799	事	67	5867	开	87	5263
云	8	13347	如	28	8719	金	48	6613	朝	68	5768	思	88	5233
有	9	12653	知	29	8640	多	49	6588	前	69	5757	别	89	5082
何	10	12348	白	30	8433	门	50	6536	南	70	5733	已	90	5066
来	11	12270	归	31	8329	青	51	6474	万	71	5729	回	91	5052
天	12	12151	此	32	8098	处	52	6439	出	72	5642	地	92	5028
中	13	11400	秋	33	8073	是	53	6430	路	73	5554	酒	93	4989
时	14	11340	行	34	7930	客	54	6405	飞	74	5529	欲	94	4989
花	15	11272	见	35	7819	寒	55	6286	入	75	5513	将	95	4976
上	16	11085	去	36	7750	落	56	6201	东	76	5492	色	96	4970
春	17	11046	清	37	7503	子	57	6196	我	77	5487	谁	97	4969
水	18	11032	夜	38	7464	声	58	6191	城	78	5432	马	98	4964
月	19	10918	在	39	7410	玉	59	6137	草	79	5415	西	99	4964
相	20	9649	江	40	7406	千	60	6085	尽	80	5386	还	100	4939

二　唐代职官品级表

职官品级对照表

一品	正一品	太师、太傅、太保、太尉、司徒、司空
	从一品	开府仪同三司、太子太师、太子太傅、太子太保、骠骑大将军
二品	正二品	特进、辅国大将军、上柱国
	从二品	尚书左仆射、尚书右仆射、太子少师、太子少傅、太子少保、京兆府牧、河南府牧、太原府牧、大都督、大都护、光禄大夫、镇军大将军、柱国
三品	正三品	侍中、中书令、六部尚书、门下侍郎、中书侍郎、各卫大将军（含左右卫、骁卫、武卫、威卫、领军卫、金吾卫、监门卫、羽林卫、千牛卫）太子宾客、太常卿、宗正卿、太子詹事、散骑常侍、金紫光禄大夫、冠军大将军
	从三品	御史大夫、秘书监、光禄卿、卫尉卿、太仆卿、大理卿、鸿胪卿、太府卿、司农卿、国子祭酒、少府监、殿中监、将作监、各卫将军、上州刺史、京兆府尹、河南府尹、太原府尹、大都督府长史、亲王傅、银青光禄大夫
四品	正四品上	尚书左丞、吏部侍郎、太常少卿、太子左庶子、黄门侍郎、太子少詹事、太子左卫率、太子右卫率、太子左内率、太子右内率、太子左监门率、太子右监门率、中州刺史、上府折冲都尉
	正四品下	尚书右丞、户礼兵刑工之五部侍郎、太子右庶子、太子左谕德、太子右谕德、各卫中郎将、下州刺史
	从四品上	秘书少监、光禄少卿、卫尉少卿、宗正少卿、太仆少卿、大理少卿、鸿胪少卿、司农少卿、太府少卿、太子左卫副率、太子右卫副率、太子右内副率、太子左内副率、太子左监门副率、太子右监门副率、太子亲卫中郎将、太子勋卫中郎将、太子翊卫中郎将、太子率更令、大都护府长史、亲王府长史
	从四品下	国子司业、少府少监、将作少监、京兆府少尹、河南府少尹、太原府少尹、大都督府司马、大都护府司马、亲王府司马、上州别驾、中府折冲都尉
五品	正五品上	谏议大夫、御史中丞、国子博士、中书舍人、太子中允、给事中、都水使者、万年令、长安令、河南令、洛阳令、太原令、晋阳令、奉先令、亲王府谘议参军事、亲王府典军
	正五品下	太子中舍人、尚食奉御、尚药奉御、中州别驾、下府折冲都尉
	从五品上	左、右司郎中、吏部郎中、司封郎中、考功郎中、户部郎中、度支郎中、礼部郎中、祠部郎中、主客郎中、兵部郎中、职方郎中、驾部郎中、库部郎中、刑部郎中、都官郎中、比部郎中、工部郎中、屯田郎中、虞部郎中、水部郎中、秘书丞、著作郎、太子洗马、尚衣奉御、尚舍奉御、尚乘奉御、尚辇奉御、诸陵令、亲王府副典军、上州长史、下州别驾
	从五品下	大理正、太常丞、太史令、上州司马、亲王友、上府果毅都尉、驸马都尉

续表

六品	正六品上	太学博士、太子舍人、中州长史、太子典膳郎、太子药藏郎、京兆府诸县县令、河南府诸县县令、太原府诸县县令、中府果毅都尉、亲卫校尉、勋卫校尉、翊卫校尉
	正六品下	千牛备身、备身左右、太子文学、下州长史、*中州司马*
	从六品上	*起居郎*、*起居舍人*、*员外郎*、光禄丞、卫尉丞、宗正丞、太仆丞、*大理丞*、鸿胪丞、司农丞、太府丞、国子助教、符宝郎、通事舍人、*秘书郎*、著作佐郎、侍御医、诸卫长史、*下州司马*、亲王文学、*亲王府主簿*、亲王府记室参军、上县县令
	从六品下	*侍御史*、少府监丞、将作监丞、*国子监丞*、太子内直郎、太子宫门郎、下府果毅都尉、亲王府校尉
七品	正七品上	四门博士、太子左卫率府长史、太子右卫真府长史、*上中县县令*、大都督府录事参军、大都护府录事参军、*亲王府诸曹参军*、太子千牛
	正七品下	尚衣直长、尚舍直长、尚乘直长、太子通事舍人、上府别将
	从七品上	殿中侍御史、*左补阙*、*右补阙*、太常博士、太学助教、九寺主簿、太子左内率府长史、太子右内率府长史、太子左监门率长史、太子右监门率长史、太子侍医、太子率更丞、*中县县令*、京县县丞、*上州录事参军*、中府别将
	从七品下	太史丞、少府监主簿、将作监主簿、国子监主簿、掖庭局令、上署(太乐、太医、太官、左藏、典客、上林、太仓、左尚、右尚等署)令、下县令、下将别将、诸陵丞、公主家令、*上州诸司参军*
八品	正八品上	监察御史、协律郎、诸卫录事参军、中署(右藏、织染署)令、*中州录事参军*、太医博士
	正八品下	内仆局令、下署(太卜、珍羞、良酝、守宫、武器、司仪、河渠、甲坊等署)令、各卫诸曹参军、中州诸司参军、亲王府参军、京兆府参军、太原府参军、*河南府参军*、大都督府参军、大都护府参军、*府辖诸县县丞*、备身
	从八品上	左拾遗、右拾遗、四门助教、*下州录事参军*、上县县丞、*府辖各县主簿*、太子左卫率府录事参军、太子右卫率府录事参军、折冲府旅帅
	从八品下	*大理评事*、太医丞、太子左春坊录事、太子右春坊录事、太子食官署令、太子典仓署令、掖庭局丞、上署丞、*下州诸司参军*、*中县县丞*、亲王府典签、府辖各县县尉、公主家丞、太子备身
九品	正九品上	*校书郎*、太祝、太子左内率府录事参军、太子右内率府录事参军、太子左监门率府录事参军、太子右监门率府录事参军、太子内坊典直、中署丞、下县县丞
	正九品下	*正字*、太子校书、内仆局丞、下署丞、上县主簿、折冲府队正
	从九品上	御史台主事、秘书省主事、殿中省主事、奉礼郎、*太子正字*、弘文馆校书、太医署助教、京兆府录事、河南府录事、太原府录事、九寺录事、少府监录事、将作监录事、都督府录事、都护府录事、上州录事、*上下县主簿*、上中县县尉

九品	从九品下	内寺省主簿、国子监录事、亲王府录事、*崇文馆校书*、算学博士、太医署*按摩博士*、太医署医正、太卜署卜正、太官署监膳、太乐署乐正、大理寺*狱丞*、*下州参军*、*下县县尉*、折冲府队副

注：本文所涉及的唐代 800 位诗家职官，均以斜体标出。

资料来源：《旧唐书·职官志一》。

三　泊松、负二项及零膨胀模型数学表达及意义

本文考虑到唐代诗家的诗作数量均为非负整数，因而选取计数模型中的泊松模型、负二项模型及零膨胀模型进行拟合。其中，泊松分布的数学公式为：

$$P(Y_i = y_i \mid x_i) = \frac{e^{-\lambda}\lambda_i^{y_i}}{y_i!}(y_i = 0,1,2\cdots)$$

λ_i 指泊松到达率（Poisson arrival rate），即事件发生的平均次数，由解释变量 x_i 决定。泊松分布成立的前提是期望和方差均与泊松到达率接近：

$$E(Y_i \mid x_i) = \mathrm{Var}(Y_i \mid x_i) = \lambda_i = \exp(x_i'\beta) > 0$$

而负二项模型或则对此条件予以放松。在负二项模型中，λ 与解释变量关系为 $\ln(\lambda_i) = x_i'\beta + \varepsilon_i$，即 $\lambda_i = \exp(x_i'\beta) \cdot \exp(\varepsilon_i) \equiv u_iv_i$。其中，$v_i$ 为随机变量，服从 Gamma 分布，概率密度函数为 $g(v_i)$。将 v_i 积分，可以得到在 x_i 条件下的 y_i 密度函数：

$$P(Y_i = y_i \mid x_i) = \int_0^\infty \frac{e^{-u_iv_i}(u_iv_i)^{y_i}}{y_i!}g(v_i)\mathrm{d}v_i$$

通过过度分散参数 alpha（over-dispersion parameter），可以判断期望与方差相等的假定是否成立，从而确定泊松与负二项模型的取舍。

当计数数据中"0"值情况较多时，可尝试使用零膨胀负二项回归模型

(Zero inflated Negative Binomial Regression)：

$$\lambda_i = \exp(x_i^{'}\beta) \cdot \exp(\varepsilon_i) \equiv u_i v_i$$

即在前文的预设条件下，解释变量 y 会服从如下混合分布（mixed distribution）：

$$\begin{cases} P(y_i = 0 \mid x_i) = \theta \\ P(y_i = j \mid x_i, v_i) = \dfrac{(1-\theta)e^{-u_i v_i}(u_i v_i)^j}{j!(1-e_i^u v_j)}(j = 1,2,) \end{cases}$$

通过 Vuong 参数可确定标准负二项模型与零膨胀负二项模型的取舍。Vuong 参数统计量的 Z 值所对应 P 值在既定统计水平上显著时，应当取用零膨胀模型。

《清华社会学评论》第十辑
第 107～152 页
© SSAP，2018

活化"社会嵌入性"的内容：一项关于中国人寿保险交易的民族志[*]

陈纯菁 著　　姚泽麟 译[**]

摘　要：本文基于在中国 14 个月的民族志调查，引入文化和符号互动的相关理论，来理解经济交易中的社会嵌入性。首先，笔者构建了一个以关系强度为基础，并综合定义原则、关系属性和互动行为的分析框架，用来分析中国人寿保险交易的变化。田野资料显示，直到销售者的经济收益公开之前，交易都非常普遍地发生在强关系中。笔者认为，界定这些强关系的道义－感情性原则，和构成这些强关系的高度信任、感情和不对称的义务，对经济交易来说，是一把双刃剑。随着制度环境的变化，经济交易更多地发生在中等强度或弱强度的关系中，因为这些关系有互补性的元素（尽管在极端的制度条件或偶然性条件下，强关系之间仍然会有直接的经济交易）。此外，笔者还展现了拟剧互动，经济行动者借此发挥他们的能动性，这是嵌入的经济交易的一个组成部分。

格拉诺维特的"弱关系的强度"理论（Granovetter，1973，1974）已经

---

[*] 原文参见" Invigorating the content in social embeddedness: An ethnography of life insurance transaction in China," *American Journal of Sociology* , Vol. 115 , No. 3（ Nov. 2009）:712－754.

[**] 陈纯菁，香港大学社会学系副教授；译者，姚泽麟，华东师范大学社会发展学院副教授；校对，陈纯菁。

引发了许多关于经济活动的结构嵌入性的研究（Bonacich，1987；Baker，1990；Burt，1992；Romo and Schwarz，1995）。方法上的新技术，包括应用精密的数学方法，已经将社会网络分析变成了一个严格形式化的科学领域（White，1981；Watts and Strogatz，1998）。根据定义，网络分析是形式主义的，且只对关系的模式而非实质的内容感兴趣（Burt，1986）。由此，学界越来越担心结构分析技术的精巧化在无意间所导致的网络分析的"黑箱问题"（Emirbayer and Goodwin，1994）。斯威德伯格（Swedberg，1997）惋惜道，社会嵌入性已经被简化为缺乏实质性内容的网络分析（亦可参见White，1992）。因此，部分经济社会学家都热切地呼吁要找回社会联结的内容（Stinchcombe，1990；Powell and Smith-Doerr，1994；Gerlach and Lincoln，1998），尤其是文化和意义，因为这二者界定、实现和执行了嵌入性的关系内容（Zelizer 1988；DiMaggio，1992；White，1992；Emirbayer and Goodwin，1994；Biggart and Beamish，2003）。本文聚焦于社会联结的关系内容，以此将文化、意义和互动带到分析的最前沿。

　　格拉诺维特早已认为具体的私人关系和人际关系的结构（或网络）同等重要（Granovetter，1973）。在其一篇较少被人引用的文章中，他通过区分关系嵌入性（relational embeddedness）和结构嵌入性（structural embeddedness），详细说明并巩固了嵌入性的概念（Granovetter，1990）。结构嵌入性被定义为人际关系的网络，而关系嵌入性则是指具体的人际关系。这些人际关系存在于个体经济行动者之间，存在于关系类型的意义当中，也存在于互动的历史以及互动之后相互的期望之中。格拉诺维特指出，关系嵌入性会直接作用于经济行为，所以理应受到与结构嵌入性同等的关注（Granovetter，1990）。幸好越来越多的学者已经将此作为他们关注的中心。规范、信任、义务和期望都已经被整合到嵌入性的文献当中（比如 Wellman and Wortley，1990；Gerlach，1992；Davis and Greve，1997；Podolny and Baron，1997；Brinton and Nee，1998；Wellman，1999；Uzzi and Lancaster，2003）。就连怀特这个结构决定论的领军人物，最近也强调网络分析中"意义"的核心作用。用他的话来讲，一个社会网络即是"一个意义的网络"

（White，1992：65）。

基于一项关于中国人寿保险交易的民族志个案研究，本文呈现了一幅关系内容如何影响经济交易的微观画面。"关系内容"（relational content）是指定义原则（defining principles）和关系属性（relational properties），它们赋予了关系强度，并且影响到这些关系中行动者之间的互动。本文的理论框架采用了以下各派学说的一些观点，其中包括集中讨论社会关系实质性内容的"关系嵌入性"理论（Dore，1983；Sako，1992；Uzzi，1997；Uzzi and Lancaster，2003），在定义不同类型的关系时特别强调意义的文化经济社会学（cultural economic sociology）（Biggart，1989；Zelizer，1996，2005），对经济交往中互惠的作用有着深入了解的社会交换理论（Gouldner，1960；Homans，1974），以及符号互动论，尤其是戈夫曼（Goffman，1959，1967，1983）的"互动秩序"，这一概念强调处于不同结构位置中的个体的策略能力。尽管有关嵌入性的研究多数都使用定量方法［Powell（1985）、Uzzi（1997）是两个例外］，此项研究却另辟蹊径。笔者在一个自然场景即经济交易发生的环境中进行研究，以超过一年的时间全面进行访谈及参与观察。透过这种过程导向的田野研究，本文考察了在一个非西方的背景中，关系强度与直接的经济交易相联结的动态过程。

销售与购买人寿保险属于一种协商式的直接经济交易，在此过程中，为了达成一个在经济上双赢的协议，买卖双方都参与了明确的讨价还价（Blau，1964；Homans，1974；Emerson，1981；Molm，Peterson，and Takahashi，1999）。与"协商式交换"相对的是"互惠性交换"。后一种行动者的行为有益于对方，但并不知晓对方是否、何时，以及如何报答（Molm et al.，1999）。在商业性的人寿保险交易中，销售者和购买者就某个保险范围的价格和条款进行协商，其依据就是周围潜在的购买者的购买行为和销售者对利润率的计算。协商之所以发生，是因为一方重大的收益可以是另一方的损失。因此，人寿保险交易代表了在货币市场经济中一种普遍的经济交易方式。但同时，在人寿保险交易中，社会嵌入性的程度特别高。人寿保险中把生命价值数量化（commensuating）的逻辑（Zelizer，1979；

Espeland and Stevens, 1998) 会遭到公众的抗拒, 这使得保险公司需通过保险代理人策略地与准客户进行互动, 以便能运用进取的个人劝诱的方法来达到销售保险产品的目标 (Oakes, 1990; Leidner, 1993)。人寿保险这种高度嵌入性的本质, 为表征社会嵌入交易的不同形式提供了丰富的田野材料。中国大陆的人寿保险产业正处于其初生期, 因此这项研究为一个动态的剖析提供了更为丰富的细节, 从而对今后的研究具有指导性的意义。

中国由计划经济向市场经济转变的同时, 商业性的人寿保险也趁着保险业在全球的扩张而登陆中国。虽然早在 19 世纪末的帝国主义扩张时期, 许多欧洲和北美的人寿保险公司就进入中国, 但这个产业未能在中国大陆全面发展 (吴申元、郑韫瑜, 1993)。新中国成立到改革开放跨越了整整一代人 (20 世纪 50 ~ 80 年代), 在此期间, 商业性的人寿保险完全消失。直到 1992年, 友邦保险公司 (AIA) [附属于美国国际集团 (AIG)] 进驻上海, 纯商业性的人寿保险才第一次在中华人民共和国出现。然而, 作为一种新概念和新商品, 人寿保险遇到不少来自当地的阻力 (Chan, 2009)。为了开拓市场, 友邦最先使用了代理销售制度, 即以佣金制为基础、个人主动推销保险的方式。在接下来的几年, 大批国内和中外合资的人寿保险公司相继在上海和其他大城市成立。他们都采取了这种进取的、销售提成的方法来催生一个人寿保险市场。

虽然佣金销售制度对当地人来说是一种新方式, 但利用私人关系达至经济交易却并不新鲜。关系 (guanxi) 遍布于中国的经济活动中, 并占有支配地位, 诸多社会学家和人类学家对此都有很好的记录 (Walder, 1986; Bian, 1994, 1997; Yang, 1994; Wank, 1996; Yan, 1996; Wong and Salaff, 1998)。毫无疑问, 关系对人寿保险的销售也起着关键的作用。然而, 在观察关系在人寿保险销售中的运用时, 我却发现了一个实证上的谜题。人寿保险刚被介绍进来的时候, 其交易普遍发生在亲密关系之间。而到了 20 世纪 90 年代后期和 21 世纪早期, 保险代理人就避免直接卖保险产品给他们的至亲好友。反而, 他们耗费更多的时间和精力去推销自己, 试图给相识但不相熟的人留下深刻的印象, 或者与现有的客户建立友谊以通过他们的介绍而获得新的客户。所以，人寿保险交易经历了销售者和购买者之间的关系强度的转换，即从强关系变成了中等强度和弱强度的关系。为什么会发生这样的转换呢？

一个可能的解释是根据"弱关系的强度"在结构方面的假设，认为保险代理人已经用光了他们的亲密关系圈，所以他们就需要通过联系较为疏远的朋友和客户的关系网来扩大潜在的客户群（Granovetter，1973，1974；Baker，1990；Burt，1992）。毫无疑问，销售人员不能仅靠他们的亲密关系圈。到某一点之后，他们需要扩展他们的潜在客户群。不过，这种解释并不充分。第一，保险代理人穷尽其亲密关系圈的问题并没有发生，因为在中国，保险代理人每年的流动率高达80%[1]。所以，保险代理人并不是一个固定的人群，而新的代理人总是能够带来新的亲密关系圈。更为重要的是，如果保险代理只是想扩大他们的准客户群体，他们亦可同时卖保险给这些与他们有亲密关系的人。但为什么这些保险代理人要避免卖产品给他们的好朋友和亲戚？再者，为什么这个趋势会在20世纪90年代末开始？

从我搜集的资料发现，当人寿保险对一个人群来说是陌生的商品，当市场规范还没有建立，当销售代理人的经济利益是隐蔽的时候，交易就多发生在强关系之间。在强关系中，信任、感情和不对称的义务（asymmetric obligation）是核心的关系属性。但是，当销售者的经济收益变得可见而且明显时，他们售卖这一商品的动机就显得公然是为了自己的利益。与亲密关系圈的人进行利己的互动，违反了界定亲密关系的道义 – 感情性原则。于是，为了维持其已经存在的关系，双方都会避免参与直接的交易。因而我认为，强关系对直接的经济交易是一把双刃剑。对经济交易而言，强关系天生就是一种不太合适的关系类型，这不仅是因为它们结构的限制，也是因为文化规则对强关系的定义，不利于对经济利益有明确讨价还价的交易活动。中等强

---

① 我并没有找到关于代理人流动率的官方数据。不过，几乎所有受访者（包括管理人员和资历老的代理人）都不约而同地提供了80%这个数字。美国的人寿保险业也有同样高的流动率。雷德纳（Leidner，1993：95）曾报告说，在美国的人寿保险业中，销售代理平均每5年的留存率仅为18%。

度或弱强度的关系对于经济交易会更好些，因为他们具有关系互补性（relational complementarity）。它们由较为均衡的关系属性组成，其中的定义原则也比较混合，因而导致其关系内容比较灵活，从而为利己的经济交易的合法性留出了更多的空间。不过，在某些极端的制度条件或偶然条件下，经济交易却多发生在强关系之间，因为其中的信任、感情和义务会使交易更加顺利。但无论嵌入的交易在何种强度的关系中发生，拟剧的努力都是必要的，这对寻求达成交易的一方而言更是如此。笔者认为，正是通过拟剧行为和互动，个体经济行动者发挥其能动性，为了他们自身的经济目的而巧妙地操控他们在一个网络中的关系特性和结构位置。

接下来，笔者首先发展出一个分析框架，以此将关系强度和它们的定义原则、关系属性以及为经济交易而发生的预期的互动行为联系起来。然后，这个分析框架会被应用于中国人的“关系”。在介绍方法和资料搜集之后，本文借助这个分析框架来说明在中国的人寿保险交易中，销售者和购买者关系强度变化的一种可能解释。就三种不同形式的社会嵌入的人寿保险交易，即反射性信任（reflexive trust）的交易、义务性（obligatory）交易和人殊性（personage）交易，本文会分析这些交易如何以及为何在不同条件下发生在不同的关系强度当中。在概括论述之后，本文会讨论这一研究的普遍性。结论部分将指出本项研究的理论贡献、不足之处，以及对于未来研究的启示。

一　分析框架：　关系强度与经济交易

为了根据关系内容来定义关系强度，笔者提出一个分析框架。这一框架综合了社会嵌入性、文化社会学、社会交换理论和符号互动论等文献中的有关概念和洞见①。如表1所示，这个分析框架基于两个假设。

---

① 　关于定性研究的分析框架的讨论，参见 Ragin（1994：55－102）。

表1　关系强度分析框架

关系定义原则 关系属性	非常强 道义–感情性 第一列	第二列	第三列	第四列	非常弱 功利–金钱性 第五列	第六列
信任	******	*****	****	***	**	*
感情	******	****	****	***	**	*
不对称的义务	******	*****	****	***	**	*
对称的义务	*	**	***	****	*****	******
算计	*	**	***	****	*****	******

注：这一分析框架将关系强度与定义原则和关系属性联结起来。方格中的星号代表了每一种关系强度中关系属性的假定强度。

第一，意义、操作规则和界限区分了不同的关系，而个体行动者在这些方面有所差别（Zelizer，2005）。根据这个假定，意义和操作规则分别定义和支配了关系强度，我们可以在一个道义–感情性领域和功利–金钱性领域之间的连续体中标示这些关系强度。如此，强关系为高度的感情和道义性的义务所界定，而弱关系则为高度的功利和金钱的成分所定义。不过需要指出的是，尽管亲密关系圈主要在道义–感情性领域起作用，但它也发挥着重要的功利性作用①。因此，定义不同关系的意义和操作原则最重要的元素，是为文化和社会所认可的动机，而非其作用和功能（Uzzi，1997，1999）。由是，越强的关系，对其动机的期望就越是利他的和表达性的。由于亲密关系被认为对道德恰当性有更多的要求，因而强关系的边界是缺乏弹性的。但关系越弱，其边界就越有弹性。

第二，关系强度是一个连续的变量（Granovetter，1973；Krackhardt，1992；Guseva，2008），不同的关系强度意味着信任、感情、不对称的义务、对称的义务和算计（calculation）等这些关系属性的不同组合。图1所呈现的模型就将每一种关系属性与每一种关系强度联结起来。根据这个模型，关系越强，其所具有的信任、感情和不对称的义务的成分就越多，对称的义务

---

①　父母抚养子女和人们借钱给好友是亲密关系发挥工具性作用的两个简单例子。

和算计的成分就越少。有关社会网络和社会交换的文献已认定相互的信任和感情是亲密关系的基本要素。越是亲密的关系，双方之间的信任感和感情就越强（Wellman and Wortley，1990；Molm，Takahashi，and Peterson，2000）。另一个维持强关系的关键因素是不对称的义务，这界定了互惠的规范。古德纳（Gouldner，1960）认为，互惠意味着每一方都有权利和义务，一方的权利就是另一方的义务。信任和感情是双方同时拥有的，与此不同的是，互惠常常是一种带有时间差的权利与义务的交换。古德纳论证说，亏欠（indebtedness）就产生于自我（Ego）的满足和他人（Alter）的回报之间的时间差。亏欠是一种"道德黏合剂"，它维系社会关系，也不断再生产社会关系（Gouldner，1960：175）。通常来说，一种关系越是亲密，如亲子关系，那么他们之间权利与义务的交换，其所被允许和期望的时间差就越长[①]。这就意味着在亲密关系中，义务的交付常常是不对称的。但在保持一定距离的关系之间如果发生不掺杂个人感情的交易，那么权利与义务之间的交换就被期望立即实现。显然，许多社会与经济交往发生在亲子关系与疏远关系之间。但是我们可以预料不对称的义务是强关系的一个构成要素，而对称的义务则是弱关系的一个重要因素。最终，为了利己而进行的成本与收益的算计更有可能出现在弱关系当中。对于强关系而言，过多的功利性的算计会贬低亲密关系的意义。

在利用这个分析框架推断什么样的关系会更利于经济交易时，笔者发现伍兹（Uzzi，1999）的互补性概念非常有用。在其对企业融资的研究中，伍兹发现，一种同时含有嵌入的与疏远的关系的网络对于企业的业绩来说是最佳的，因为这样的网络能够综合不同关系的优势，从而形成伍兹所谓的"网络互补性"。根据这一逻辑，我们就能推断由各种关系属性较为均衡地组成的关系强度，对于两方（dyadic）直接的经济交易来说是最好的关系类型。通过综合不同关系属性的优势，这种关系能够达至关系互补性。所以，

---

① 比如，父母抚养孩子直到长大成人，这期间两者之间的关系属性就包含了典型的不对称义务。但父母年老而需要子女的照顾时，这个孩子会（也可能不会）回报。

对经济交易来说，最好的关系类型就是中间的两种（表 1 当中的第三列和第四列），比如校友、同事、邻居、普通朋友和远亲。这些中间强度的关系允许算计的和为经济目的而发生的交易，但其中也具备一定程度的信任、感情和义务。这些圈子的人通常期望较为公平的交往，但亦不过于斤斤计较。相对地，对协商式的经济交易而言，为道义 - 感情性原则所界定的强关系（表 1 当中的第一列）并不是最好的类型。虽然强烈的信任感必定能够减少交易成本（Granovetter，1985；Uzzi，1996；DiMaggio and Louch，1998；Sako and Helper，1998；Guseva，2008），但其中所包含的感情和不对称的义务等因素，对功利的和利己取向的经济交易并不适合。而弱关系（表 1 中的第六列和超过第六列的部分）同样不是商业交易的最好类型。这些关系因为缺乏信任，以及对成本和收益的斤斤算计而有可能增加交易成本。这种情况在一种发展落后或效率低下的制度环境中尤其如此，因为缺乏正式的法律和规则将不能确保交易的公平 [参见 Guseva and Rona-Tas（2001）和 Guseva（2008）关于俄罗斯的讨论以及 Peng（2004）关于中国的讨论]。

　　然而，以上预测建立在一个静态模型之上。当经济行动者和他们的互动被整合进这个分析框架时，经济交易就有可能在很强或很弱的关系中发生，因为行动者采用了拟剧策略。在戈夫曼（1959）看来，自我要去影响他人对情境的定义，自我就必须给出某个印象，使其能控制他人的行为。戈夫曼的互动理论对考察在个体行动者的结构位置和经济结果之间的"黑箱"特别有用。戈夫曼不认同把行动者从结构中抽离出来，再去分析其收益成本，而是聚焦于"在社会结构中的个人位置"的重要性，以此来理解行动者的互动（Goffman，1983：6）。在这一点上，他与嵌入性理论是一致的。因此，如果把戈夫曼的洞见加入这个分析框架当中，那么在与他们的强关系进行交易时，销售者能隐藏或是减少他们自身的经济收益，从而使得这种协商式的交易变得像互惠一样。或者，他们能与关系较弱的潜在购买者之间培养高度的信任和义务感，以使交易变得顺利。

　　这个分析框架在何种程度上可以被应用到不同的文化和制度设置当中？韩格理（Hamilton，1996）曾认为，从西方的关系网发展而来的理论工具一般难以被应用于亚洲的关系网。他对比了亚洲与西方的关系网，认为前者的组织原则的基础是规范、关系、等级以及意义内容，而后者则是唯意志论（voluntarism）和个人主义。笔者同意他对亚洲关系网组织原则特性的概括，但是却不赞同他将西方的关系网置于亚洲的反面。正如麦克尼尔（Macneil，1985）所指出的，即使在最为市场化的美国，亦不能假定人们在缔结契约时的选择是唯意志论的。是关系的规范使义务得以执行，并且迫使人们达成合约安排，这在市场经济中也是显而易见的（Macneil，1985：503 - 504）。我认为，西方的关系网之所以看起来是唯意志论的和个人主义的，是因为在传统的网络分析当中，人们对于规范和关系的动态过程缺乏深入的描述。麦考利（Macaulay，1963）对于规范、期望和声誉的执行力的经典研究，以及近来回归到对关系网的实质内容的研究，都表明了相互的信任、感情和互惠的规范对不同国家中人们的市场行为有着重大的影响（Dore，1983；Gerlach，1992；Krackhardt，1992；Uzzi，1997，1999；Sako and Helper，1998；Guseva and Rona-Tas，2001）。因此我认为，对于西方和亚洲来讲，以上的分析框架都是适用的。在不同的关系强度中，其定义原则，以及关系属性的强弱变化方向都是普遍的。换句话说，强关系中的信任、感情和不对称的义务肯定比弱关系的更高，而弱关系中对称的义务和算计肯定比强关系的更高。但是，表1中每一方格内关系属性的强弱水平可能在不同的时空背景下有所不同。因而，如果要用到中国社会中，这个分析框架就需要做一些修正。

二　将此分析框架应用于中国人的 "关系"

学术界关于中国社会关系的本质和其在经济生活中的作用的争论围绕着三个核心问题展开。第一，因为中国独特的政治环境与制度，强关系是否总是比弱关系好（Bian，1997；Lin，2002；Wank，2002）？第二，伴随着中国的经济改革，关系在经济生活中的重要性会式微、持续，还是加强（Gold，1985；Guthrie，1998；Lin，2001；Bian，2002；Hanser，

2002）？第三，中国人关系的特性与基本性质是独特的还是普遍的（Hwang，1987；Lin，2001；Wellman，Chen，and Dong，2002）？本文就这些问题讨论如下。

首先，本文并非要挑战或支持"强关系重要"的假设，而是想探究在何种条件下以及为什么强关系会促进或妨碍直接的经济交易。边燕杰等（Bian and Ang，1997）对新加坡和天津在工作流动方面的比较研究发现，中等强度的关系在两个城市中都是最有用的。他们呼吁要对中等强度的社会联结的意义和内涵做进一步的研究，以理解有些联结因为太过亲密或是太过疏远而产生的限制。本文将对这方面有所探讨。

其次，伽瑟瑞（Guthrie，1998，1999）发现在中国城市中，法理型的商业活动已经取得了合法性，因此，在商业交易中，私人关系的使用已经式微。他指出，不断加深的制度化会导致关系在中国经济中的重要性下降。本研究则发现，交易先发生在强关系中，后转移到中等和弱强度的关系中。乍一看，这个转变似乎印证了关系的重要性减弱的假设。然而，因为嵌入性会在市场经济中持续存在，而社会关系的效用，即使在确定性较高的市场中亦不会消失（Granovetter，1985；Uzzi and Lancaster，2004），所以在市场化与制度化都不断加深的中国，关系的作用并没有减小，但其表现会发生变化。实际上，关系有不同的类型（Walder，1986；Wank，1996；Michelson，2007），所以一种类型关系的衰落并不代表着关系本身重要性的式微。更重要的是，正如接下来的数据显示，在市场交易中避免强关系正是为了维系亲密关系所承载的重要意义。同时，销售代理人努力与准客户建立更密切的关系以达成交易本身，就说明了关系的重要性。倘若关系的重要性已经式微，那么他们也就没必要这样做了。

对于第三个问题，即中国人的关系在何种程度上是独特的或是普遍的，本文采取了这样一种立场：中国人的关系并不存在根本性的特征。林南（Lin，2001）就指出，以不同的方式运用关系，包括以情感为基础的、义务的交换的和功利性的三种方式，事实上只是展现了霍曼斯社会交换理论的特征而已。因此，无论不同类型的关系是妨碍还是促进中国人的经济交往，其中的机制都不应被假定为中国特有。不过，中国人关系的结构和其内容的各个方面不同于盎格鲁－撒克逊社会网络的常规特征。因此，就中国人关系的这些独特性，笔者修改了分析框架，如图1所示。需要注意的是图1中每一种关系属性的强度（以星号表示）与表1有些差别。

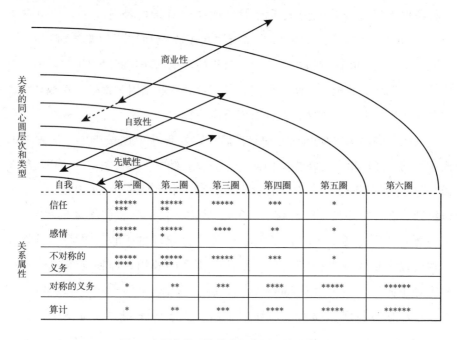

图1 中国人关系的模式与类型及其关系属性

说明：方格中的星号数量有别于表1，它们假设了中国人关系中的各种关系属性的强弱。

这个修正后的分析框架主要来源于现有的关于中国人关系的文献。第一，我借助了费孝通的框架。这一框架已为汉学者所广泛接受，并被用来表征一般意义上中国人社会关系的不同模式（Hamilton，1996；Bian，1997；Zhao，1998；Peng，2004）。根据费孝通的理论观点（1948/1992），一般意义上的中国人的社会关系模式被概括为"差序格局"。费孝通形容这就像一块石头被丢进湖中而形成的涟漪。也就是说，中国人关系的结构是一个以自我为中心、一圈圈嵌套的同心圆模型。同心圆自中心一圈一圈地推开，代表了与自我关系的不同类型按亲密程度顺序排列。亲密的程度意味着可信任的程度、情感的强度和义务的类型。图 1 中四分之一个圆标示的是中国人关系的同心圆与等级特征。

第二，借用王达伟对中国人关系类型的划分。根据王达伟（Wank，1996）的观点，关系的亲密程度从高到低，依次为先赋性私人关系（ascribed）、自致性私人关系（acquired）和商业性关系（business）。先赋性关系指的是那些与生俱来的关系，也即血缘关系。自致性关系是指先于任何商业交易而存在的，因为共同经历而形成的关系。商业性关系则是那些始于商业交易的关系。尽管一些论调认为改革之后的中国已经从一个以群体为基础的社会变为了一个以关系网为基础的社会（Gold，1989；Lin，2001），但亲属关系仍在中国的商业实践中扮演着特别重要的角色（Peng，2004）。韦尔曼和沃特利（Wellman and Wortley，1990）发现在加拿大人的社区中，扩展亲属（extended kin）是所有关系网成员中最不可能提供社会或经济支持的。与此相对，华人社会中的扩展亲属经常是经济支持的来源，并且这种经济支持以需要为基础①。所以，在中国人关系的等级中，血缘关系通常属于强关系类型，即使双方之间的联系并不频繁。如果是配偶关系或拟亲关系，这些自致性的私人关系就可能同先赋性的关系一样亲密（Peng，2004）。图 1 显示了先赋性、自致性和商业性关系根据它们与自我的亲密程度而形成的等级次序。虚线的箭头从商业性关系一直延伸，表示从商业性关系可能变成私人朋友关系，只是总的来说他们仍旧不同于那些先于商业交易就已存在的朋友。

最后，为了表征不同关系强度中的关系属性，图 1 表明了在中国，强关系的信任和感情的水平，以及对不对称的义务的要求，会比原来的假设模型更强。但是，信任、感情和不对称的义务在中国的弱关系或疏远关系中也相对更弱。林南（Lin，2001）认为不对称的义务是中国人所

---

① 比如常见的是，那些生活在较富裕地区的人，例如香港人会汇款给他们在中国大陆的远房亲戚，包括他们很少见面或者根本没有见过的亲戚，以履行“不对称的义务”的原则。借用当地的话来讲，这叫作“血浓于水”。从 20 世纪 70 年代到 21 世纪，我在香港一直观察这些情形。

谓的"关系"的特征与本质。黄光国（Hwang，1987）与林南有着一样的洞见，他认为在中国社会中，亲密关系以需要原则行事，而平等原则只对疏远的或者非私人的关系适用。不对称的义务是区分关系亲近程度的关键要素，而这一元素在弱关系中很少。信任和感情也是同样的逻辑。中国人的社会关系以家庭或亲属为中心（Fei，1992；Kao，1996；Wank，1996；Hamilton，1998），这一特质使先赋性关系和拟亲的朋友关系具有分享超水平的信任和感情的优越性。此外，研究发现，在中国，制度性的信任往往建立于个人的信任之上（Hamilton，1985；Wong，1996；Tang，2005）。因此，亲密关系与陌生人之间的等级区隔意味着弱关系只具有较低水平的信任与感情。

在上一部分，分析框架中对关系强度与经济交易的相关推定，大致可以被应用到中国的人寿保险销售的案例当中。但是，这个中国案例有两个独特性：其一，因为不对称的义务在建构中国人的关系中至为重要，并提供了非常丰富的符号意义，因此当行动者应用和构建关系去实现经济交易时，这一关系属性将会发挥特别关键的作用；其二，因为血缘关系具有要求不对称的义务的优越性，且对信任是一种想当然的状态，所以在中等和弱的关系强度中，行动者将通过拟剧来构筑拟亲关系。

三　民族志方法与资料收集

本文源自一项有关中国城市中人寿保险市场形成的研究。2000～2004年，笔者在上海进行了为期 14 个月的民族志调查。资料收集分为三个阶段。最早在 2000 年的夏天，笔者做了一些初步调查，据此选择了四家代表不同类型的人寿保险公司。2001～2002 年，笔者集中在这些公司搜集田野资料。2004 年的冬天，笔者又做了一次跟踪研究。这些保险公司包括一家美资企业——友邦保险公司、一家业绩显著增长的本土企业——中国平安人寿保险有限公司、一家似乎高度本土化的中美合资企业——太平洋安泰人寿保险有限公司，以及一家似乎低度本土化的中德合资企业——安联大众人寿保险有限公司。

　　我通过正式和非正式的访谈、参与观察、问卷，以及公开的档案和保险公司出版物来搜集材料。我在每一个保险公司的代理办公室都做了为期两到三个月的参与观察，参加了代理人的培训、早会和例行的小组会议等。同时，在获得一些代理人的首肯后，我跟随他们去寻找潜在的购买者、销售产品和拜访客户①。2000～2004 年，我观察了 46 次早会、48 次小组会议、28 次培训和 43 次代理人与客户之间或与准客户之间的互动。在上海，我总共访问了 99 位销售代理人、44 位管理人员、96 位客户和 35 位准客户（关于他们的社会经济状况，参见文后附录）。除此之外，我非随机地发放了问卷，共有 179 位作答（66 位销售代理人、63 位客户、50 位准客户）②。我还访谈了北京的 13 位保险业人士，以评估上海的案例多大程度上可以被推论到中国的城市地区。

　　由于在研究期间恰好是保险公司竞争非常激烈的时候，笔者决定在访谈销售代理人和管理人员时不录音，以令他/她们可以畅所欲言。但为准确起见，笔者会征询他们的同意，记下他们所提及的日期、数字和姓名。而对客户和准客户的访谈，在征得他们同意的前提下，部分会被录音。资料分析与资料收集同步进行。为了识别出"典型"（Schneiberg and Clemens，2006），比如销售代理人所使用的典型的营销策略、客户购买人寿保险的典型动机、代理人与准客户之间的典型互动，我大致统计了访谈中涉及的和我观察到的各种事件的频次。然而，一部分分析的洞见来自一些小概率事件，比如代理人与准客户偶尔的冲突，以及客户对代理人的抱怨等。除了参与观察和访谈资料之外，我充分利用了保险年鉴、报纸、杂志、以及保险

---

① 这种方法的一个局限是要去拜访顽固的准客户时，销售代理一般都很犹豫是否带着笔者去。一个代理人毫不隐讳地说，如果笔者在场，他在使用某些策略性的销售话语时就会感到不自在。幸运的是，在早会、小组会和培训中，销售代理们会分享他们与不愿购买保险的准客户周旋的故事。尽管在重述与准客户的互动时，他们已经夹带了追溯性的认知过程，但倾听不同的销售代理人的大量故事，是取得资料的一种有效的、可靠的方法，而这些资料是无法通过直接的观察获得的。

② 对于销售代理人，笔者在 9 个代理办公室分发了问卷，包括并没有去做参与观察的保险公司。而对于客户和准客户，笔者则是向这 9 个不同的工作单位的雇员分发问卷。问卷回答者与被访人并不重叠。

公司的出版物和培训材料。这些档案提供了友邦进驻上海之后的历史信息，主要涉及保险销售者的实践和他们所经历的变化。而且，被访人的口述史和资料提供者的社区记忆也提供了丰富的历史资料。相对于偶然碰到的观察者，我更看重一部分被访人与资料提供者（比如资历老的管理人员和销售代理人，以及已经离开这一行的原保险从业人员）所提供的历史资料。

四　在不同的关系强度中进行的社会嵌入的交易

笔者的民族志资料显示，中国的人寿保险交易明显是社会嵌入的，它们嵌入在不同的形式当中。笔者观察到三种不同的嵌入交易形式，分别是反射性信任的交易、义务性交易和人殊性交易。反射性信任的交易指购买人寿保险的主要驱动力是一种极强的信任感，这是一种不加考虑的、对亲密关系文化图式（cultural schemas）的自然反应。这种交易只发生在强关系中（图 1 中的第一圈和第二圈）。义务性交易的主要驱动力是互惠的规范和人情的礼仪。这种交易多发生在强关系中，但也发生在中等强度的关系中（图 1 中的第一至第四圈）。人殊性交易则指购买人寿保险是因为代理人个人的吸引力和给人的好感。这种交易类型发生在中等或弱强度的关系中（图 1 中的第四至第六圈）。有意思的是，每一种嵌入的交易只在一个特定的时期流行，而每一次转换都发生在一个关键条件变化的时候。刚开始，公众并不清楚人寿保险是一种什么商品，反射性信任的交易非常普遍。而后，人们对这种商品有了一点认识，但感到并不需要，这时候反射性信任的交易就让位于义务性交易。义务性交易持续了一段时间，但是当代理人的佣金销售制度公开之后，这种交易就被人殊性交易所取代。在佣金销售制度曝光之后，强关系对于人寿保险的销售来说就好像成了一个禁区。在这一部分，我会分析这些构成关系强度的关系属性如何实现每一种嵌入的交易，以及为什么会发生转变。这一分析将揭示出在每一种嵌入的交易以及他们之间的转换过程中，文化、意义和符号互动的关键作用。

（一）发生在强关系中的反射性信任交易

购买保险的刹那并不意味着交易的完成。保险是一种存在时间差的金钱交易（即今天买家付钱，将来卖家才提供金钱服务），因而信任是个关键问题（Carruthers，2005）。而保险合同中隐晦的术语更使首次购买保险的人感到困惑和害怕。所以，购买人寿保险本身就是一种担风险的活动。当友邦在1992年末第一次进驻上海时，其所面对的是一群对人寿保险一无所知的人。这所外国保险公司首先提供传统的风险管理产品，通过训练中国的销售代理人来唤醒人们的风险意识，使他们认识到人寿保险具有保护功能。然而，对中国人来说，死亡是一个忌讳，尤其是早夭，更是可怕的。因此，代理们很难去谈论这个话题（Chan，即出）。而事实上，许多代理人自己都不完全理解人寿保险的概念和其风险管理的逻辑。友邦的培训官是一个在英国长大的华裔，他反复地告诉这些代理人，人寿保险关涉家庭的爱和责任、保障、尊重、尊严，而且也有益于社会。他们被教导说，销售人寿保险就是销售爱和安全，就是帮助人们，而并非简单地从人们那里赚钱。换句话说，保险公司努力地将这种新商品神圣化，以消除这些新代理人的"心理障碍"。这种心理障碍源于这些代理人向非常信任他们的强关系销售保险（Chan，2007）。但是，并非所有的代理人都向他们的强关系销售这种难以理解的商品。许多代理人很快离开了这一行，还有一些人努力地向陌生人卖保险①。不过，有相当一部分人开始相信人寿保险具有慈善功能，所以他们便向亲密关系圈销售这种新商品。这些代理人内化了友邦对他们的教导，即如果他们的亲友遭遇了不幸，如果他们恰恰没有向这些亲友介绍保险产品，因而其亲友得不到人寿保险的帮助，那么他们就会感到内疚。

代理们向亲密关系圈销售保险通常都能取得成功，因为亲密关系的文化图式能解决人寿保险的信任问题。正如迪马吉奥（DiMaggio，1997）所定义

---

①　一些在1992~1993年就加入了友邦保险公司的资历较老的代理人，在访谈时向笔者描述了当初的艰难。

的，图式既是知识的表征，也是信息处理的机制。它们以牺牲绝对准确度为代价简化了认知，并提高了效率。"至亲好友"的文化图式提供了认知的捷径，从而简化了对这类人动机和行为的阐释。面对不确定性，这些图式产生了积极的预期，而在难以预料的情况下，它们使决策变得容易。

在所访谈的客户当中，大约有四分之一在1995年或之前购买了第一份保单。在这四分之一被访者中，超过80%的人告诉笔者他们在购买时"并不知道人寿保险是什么"。那么，是什么驱使他们购买第一份保单呢？邓丽丽①（46岁）1995年从友邦买了第一份保单。她回忆说，"坦白来讲，我并不知道我买了什么。小甄是我的好朋友。我们互相认识已经10多年了。我对保险知道得不多。有天她打电话给我，告诉我她在友邦工作。我当时已经听说过友邦了。一些代理来过我们小区做宣传……我一点都不感兴趣。但是小甄是我的好友。她告诉我保险是好东西。如果她认为这对我好，那么我想这一定不坏"（2002，上海访谈）。邓丽丽对保险代理人的信任是建立在经验推测而非算计的基础上。伍兹详细说明了嵌入的关系中的信任是以经验推测为基础的，也即"将另一个人的动机和行为设想成最好的一种偏好"（Uzzi，1997：43）。由此再进一步，我认为以经验推测为基础的信任，或是将另一方的动机往积极面去解释的倾向，是通过一组界定了好友关系或者亲密关系的文化图式来实现的。这些图式的例子包括"一个好朋友不会欺骗我"，"一个好朋友不会把不好的东西卖给我"，以及"一个好朋友关心我的利益"。通过这些"好朋友"的文化图式，邓丽丽将代理人的动机阐释为一种无私的恩惠。而因为相信这个代理人，邓丽丽也就相信其所销售的产品。

反射性信任的交易大多发生在公众对人寿保险一无所知的时候，因为20世纪90年代的前几年几乎没有什么法规限制销售者的市场行为或者保护购买者的利益。在如此高度不确定的条件下，亲密关系的文化图式促进了面对信任问题的人寿保险交易。然而，亲密关系的文化图式要想发挥作用，其关键条件是购买者不知晓佣金销售制度，不了解部分保险费进入代理人的腰

---

① 为了保护被访者，文中出现的名字均为化名。

包这一事实。在稍后我们将会看到,佣金制度的隐蔽,是购买者阐释代理人的动机为利他性的必要条件。

(二) 发生在强关系和中等强度关系中的义务性交易

反射性信任的交易并没有持续多久。人寿保险有其内在的风险,即如果购买者没有发生不幸,则他们所支付的保费就会一去不复返了。很快,在公众知晓了这一点之后,他们对这种新商品的兴趣也就大大减少了。于是,"未知的商品"变成了"无需的商品"。针对当地人对人寿保险的抗拒,友邦努力地想把人寿保险的风险管理功能灌输给民众。但是平安这家新成立的国内保险公司却将人寿保险定义为金钱管理,并且提供了一些以储蓄为主要功能的产品,由此回避了有关死亡的禁忌话题。不过,其所提供的产品的利率无法令公众动心。所以,无论友邦还是平安的产品都缺乏吸引力。那么代理人如何销售这些产品呢?

答案是人情的礼仪。礼仪包含了一组风俗习惯和规范,它们定义了社会所能接受或认为恰当的行为。通过广为普及的规范,礼仪认可行为,而这些规范产生了对他人文化方面的具体期望(Zukin and DiMaggio,1990;Nee and Ingram,1998)。人情包含了给予方和接收方,给予方在某一时刻施予接收方一些帮助,这一刻接收方便欠了给予方一个人情。所以,虽然人情在总体上是互惠的,但在某个时刻多是不对称的。有着良好关系的各方为了维持和巩固现有关系,大家得互相展现不对称的义务,给予对方同情、感情、面子及恩惠等。

在20世纪90年代中期,为了遵从人情的礼仪而购买保单的情况非常普遍。当时上海民众称人寿保险市场为"人情保单市场",以此表明大多数交易都是被人情所驱动的。人情的三种不同表现催生了三种不同形式的义务性交易,即同情感(sympathetic-affective)、给面子(face-giving)和欠人情(indebted)。

1. 同情感的交易

赵安佩(38岁)和魏景冈(43岁)以前是一家国有工厂的同事。他们离开工厂之后，彼此还是非常好的朋友。赵安佩是单身母亲，有一个 8 岁大的女儿，魏景冈很同情她的处境。赵安佩做了保险代理人之后，一开始对于向自己的亲密关系圈推销保险感到不大自在。然而，当她在试用期还没有达到销售额度时，她便向魏景冈推销产品。她告诉魏她需要完成一个销售额，魏就毫不犹豫地从她那里购买了一份保单。"小赵和我是 20 多年的好朋友了。我总是把她当作自己的妹妹一样看待。……之所以从她那里购买了一份保单，是因为我想帮她。你知道，当一个保险代理人很难……但是我其实不知道我买的是什么。我真的不在乎产品。我只想帮她。"（2000－08，上海访谈）

社会心理学家一直在讨论情感（emotions）如何能维持社会关系（Lawler and Yoon，1998；Lawler，2001）。强关系当中的感情因素常常是推动恩惠传递的一个重要力量。在上述案例中，魏景冈把赵安佩看作自己的拟亲，正是这一情谊驱使他从她那里购买了一份人寿保险。魏景冈的主要动机是要帮助这个代理人而不是从这份保单中获利。这种主要为同情感和感情所驱使的交易往往发生在强关系之中（图 1 中的第一圈和第二圈）。

2. 给面子的交易

尽管中国人的"面子"概念在不同的情境中有多种意义，但戈夫曼（Goffman，1967：5－12）提供了"面子"和"给面子"的普遍化定义，而这正源于中国的用法。根据戈夫曼的观点，"面子"是社会所认可的一些属性，而一个人获得这些属性需要通过别人的正面认定。"给面子"则是指给一个人或一群人一些社会认可的属性。中国的销售代理普遍利用"给面子"的方法来诱导亲戚朋友购买保险。然而，在中国人的关系中，对面子和恩惠的回报不是任意的，而是要遵照同心圆和等级结构，并且需要运用文化知识和拟剧的技能。下面的例子就说明了这一点。

蔡晓津（25 岁）是胡坚（45 岁）的外甥。成为平安的代理人后，蔡晓津两个月内三次登门拜访胡坚。每一次他都没有明确地建议其舅舅购买一份保险。第三次上门时，他巧妙地以其母亲作为给面子的来源。"妈妈很高兴我做这个新工作。……她相信做一个代理人很有意义，因为我能够给我所关心的人带来重要的东西。"①

因为蔡晓津的母亲是胡坚的姐姐，所以习俗上胡坚应该对她有所尊敬。相反地，由于蔡晓津比胡坚年轻很多，他在讨面子方面就没有那么大的权力。为了保险起见，蔡晓津搬出他母亲来。当他说他的妈妈认为卖保险是一项有意义和重要的使命时，他巧妙地暗示他的舅舅要给他妈妈面子。胡坚早已从友邦购买了一份保单，因此他觉得没有必要再从平安购买另一份。然而，他还是从蔡晓津那里买了一份，他说，因为"晓津是我的外甥。我很难对他说'不'。你知道，他是我外甥。我需要给他和我姐姐一点面子。假如他不是我外甥，我就不会购买这份保险"（2001 - 10，上海访谈）。另一方面，蔡晓津为了表达其舅舅的重要地位而给了胡坚一个保费折扣。胡坚继续说道："当我给他（晓津）钱时，他说我只需要给他一半的钱。他说他会付第一个月保费的另一半。……他说：'你是我舅舅。我应该给你优惠。'我告诉他没必要这样做。但是他还是坚持。"（2010 - 10，上海访谈）这个恩惠的交换——一方给面子，另一方给一点金钱或物质回报——在维系和巩固已有的关系时是有作用的。应该指出，这个保费折扣并非为了诱导购买，因为这个折扣发生在胡坚已经同意购买之后。胡坚之所以购买这份保险，是因为要给面子，以及要遵从规范，以体现人与人之间的义务，这些义务界定了关系的重要性。同样，蔡晓津所提供的折扣也是为了表达这个关系的独特性质。任何一方违背这些规范不仅会引发尴尬或歉疚的感觉（Elster，1989），而且也会损害这个关系的重要性。

给面子通常发生在那些双方都可以结束关系但缺乏弹性和自由去这样做的关系中。亲属就属于这个范畴。分享一些共同利益和社会圈子的朋友，且如果朋友关系终结就会危及他们的利益和声誉，也属于这一范畴。当一个关系中不对称的义务多于对称的义务，那么给面子的交易就更容易发生（图1中的第二圈和第三圈）②。

---

① 引自对胡坚的访谈（2001年10月），其间他大概复述了蔡晓津对他说的话。

② 给面子的交易很少发生在最强的关系当中（图1中的第一圈），因为非常亲密的关系的维系和巩固，比如亲子关系、夫妻关系和兄弟姐妹关系，更多的是依靠感情而非面子交换。

3. 欠人情的交易

在上述两种交易中，都是购买者首先向代理人施予不对称的义务，而一些代理人就以折扣或礼物作为回报。另一种义务性交易则开始于代理人首先向准客户提供恩惠。在收到恩惠之后，准客户就感觉对代理人有所亏欠。也就是说，代理人首先向准客户履行了不对称的义务，从而获得了义务的赊账。这赊账条（credit slip）（Coleman，1988）往往促成准客户购买保险，以偿还代理人的恩惠。

李飞（35岁左右）和杨基（35岁左右）以前是同事，直到杨基离开原单位去友邦做了保险代理。李飞马上从杨基那里买了两份保险。当被问到是什么使他买保险时，他说"这个代理人小杨是我以前的同事。他非常乐于助人，是个非常好的人。以前他帮我的儿子进了我们想进的高中。……我总是感到欠他什么。这次他来向我推销保险。我不管什么保险不保险。我就从他那里买了一些。……这就算是报答他的恩惠罢"（2002-04，上海访谈）。很明显，这个交易的主要驱动力是李飞对杨基的亏欠感。为以前的同事、校友、朋友和现有的客户提供帮助以制造一种亏欠感，借此销售保险产品，这是中国的销售代理人的普遍做法。但是，有些代理人比较成功，有些则不大成功，其关键是有些代理人在给准客户提供帮助时，给人感觉很真心，而不是为了卖保险而做的，这样就更有效地激发了准客户的亏欠感。在上述案例中，李飞认为杨基的帮忙是因为其"乐于助人和好人"的本性，而非为了向他销售保险。因此，销售者的姿态和表现在很大程度上影响结果。欠人情的交易通常发生在中等强度的关系中，其中一方所提供的不对称的恩惠不久便会被接收方以另一种方式来回报（图1中的第三圈和第四圈）。

（三）强关系变成禁区

1995～1996年，以关系驱动的义务性交易最为普遍，因为各人寿保险公司提供的产品都没有什么吸引力。从1997年至1999年，随着人寿保险产品逐渐变得吸引人，交易也就发生在所有的关系强度中，包括疏远的关系。从1996年中期开始，中国连续7次降息。为了占领人寿保险市场，平安和其他国内的保险公司并没有随着降息而立即调整产品的利率，从而使得其产品成了具有竞争力的储蓄计划（Chan，2009）。当这些产品变得具有吸引力时，那就没有必要依靠人情的礼仪去销售，虽然此时把保险卖给强关系仍然非常普遍。然而，临近 1999 年末，嵌入于关系的交易有了一个新的转折。强关系变成了人寿保险销售的一种约束。笔者在搜集资料时，观察到保险代理们在向好友和亲属推销保险时经常感到心情矛盾。这时，卖保险给关系亲密的人变得不宜，而且被贴上了"不专业"的负面标签。代理人反而努力地与一些较疏远的朋友和经人介绍的准客户建立朋友或拟亲关系。为什么这样的转变会在 1999 年底发生呢？

当保险代理人开始避免向亲密关系的人销售保险时，笔者观察到了三个相关的背景变化。第一个变化支持了伽瑟瑞的论调，即法理模式变得越来越重要。官方的管理机构——中国保险业监督委员会于 1998 年成立。保监会负责制定和推行保险的法律法规，监督保险业的运作，保护投保人的利益，维持保险市场的秩序。当市场被规管之后，公众对保险业的普遍信任逐渐增加。这减少了对只发生于亲密关系中的反射性信任的依赖。

但是，制度化程度的提高并不能完全解释目标群体突然由强关系转变为弱关系。尽管市场的规管越来越多，但人寿保险和保险销售者并不具有一个良好的形象。这构成了第二个背景因素，这个因素阻碍了亲密的私人关系之间的交易。保监会虽然成立，但民众仍未广泛接受人寿保险是一种现代的风险管理机制这一理念。为了应对这种阻力，一些保险销售代理人，尤其是那些来自国内保险公司的代理人，将人寿保险变成了一种金钱管理的策略，并且夸大了其产品的好处。结果，销售代理人给人一种压迫感，而人寿保险公司则给人一种贪财的印象。这些负面的公共形象和保险代理人较低的社会地位，使他们打消了向其至亲密友推销保险的念头，因为他们怕丢面子。

而第三个背景因素又加剧了保险代理的这些负面形象：佣金销售制度的曝光。笔者认为，这一制度的曝光是导致交易从强关系突然转到弱关系的最为关键的因素。代理人的收入主要是佣金，这是友邦带来的概念，但对当地人来说是个新的概念①。保险公司和其代理人知道当地人也许不大接受这个概念，所以努力掩盖其薪酬制度②。但是，一些代理人在给予他们的准客户折扣时，却无意间泄露了一些有关佣金制度的信息。不过，人们仍旧未能确切地知道佣金制度如何运作，或者代理收到的佣金数量。到 20 世纪 90 年代末，更多的人寿保险公司进入上海市场，于是提高了对保险代理人的需求。为了招募进取的和有雄心的代理人，这些公司在当地最畅销的报纸刊登招聘广告，其中极力夸大保险代理人的收入。它们不但使佣金制度变得透明，而且散布谣言说有些保险代理还因此发了财。这些广告改变了人们对那些卖保险给他们亲友的动机的看法。

在佣金制度曝光之前，正是亲密关系的文化图式构成了准客户对代理人动机的正面诠释。当佣金制度曝光以后，另一组界定商业销售的文化图式开始起作用了。这组图式包括"商业销售是利益导向的"、"商业销售就是为了赚钱"以及"商业销售夸大了产品的价值"，这些都与从道义－感情性来界定的亲密关系产生了冲突。

一个人可以是利益导向的，但她或他不应该将此用到其好友和亲戚身上。一些之前不知道佣金制度的客户就感觉被欺骗了。几年前，马晓君（45 岁左右）从她好朋友那里购买了两份保险。现在她就觉得她的朋友是从其口袋里拿钱："我购买这些保险的时候，我并不知道它们是什么。我相信这个代理人。她是我最好的几个朋友之一。……我就买了她推荐给我的。……那时候我不知道她竟然从我的保费中拿到了 40% 的提成放进了她自己的腰包。……说实话，我有点震惊。怎么说……如果她卖保险是为了谋生，这没问题。但是她从我这里赚钱，我就感觉不舒服。"（2002－08，上海访谈）马晓君因为对这个代理人有反射性信任而购买了保险。但佣金

---

① 在市场经济兴起以前，国有企业中也有销售工作，但销售员有固定工资。如果有佣金，也是工资之外的额外奖金。

② 2000～2004 年笔者做田野调研期间，平安和中国人寿的代理人并没有得到任何关于各种不同的保险产品的佣金比例的文字信息，因为公司担心代理人可能会无意中将这些信息透露给他们的客户。

制度的曝光就像"不合时宜的闯入"（inopportune intrusion），暴露了代理人表演的后台（Goffman，1959：209）。因为反射性信任扎根于亲密关系的文化图式，因此曝光这种关系中一方的经济收益打破了这种信任的基础。（Molm et al.，2000）佣金制度的曝光不但改变了准客户对销售代理人动机的感受和诠释，而且改变了代理人行为的符号意义，也影响代理人自己向好友推销保险时的感受和自我形象。当代理人依靠佣金生存变得透明之后，代理人感觉到，用他们自己的话来讲，他们向亲友销售保险时是在"讨钱"。同时，他们担心佣金会损害到他们已有的强关系。所以，代理人主动从其亲密关系圈中撤出。换句话说，在销售压力下，代理人一开始曾违背反射性信任所依据的文化规则。不过，这做法并没有持续多久①。

当然，向至亲密友卖保险并非完全不可能。如果代理人愿意提供与他们将会收到的佣金比例相当的折扣，则他们就不再是为了经济收益而销售保险了。这合乎至亲密友的定义，是可以接受的。一个国内保险公司的保险代理人常平凯，描述了他的亲戚要求与他进行不对称的交换："（招聘广告）说保险代理人可以在 5 年内挣到 100 万。这是一个谎言。……但是我的客户看到这个广告之后就打电话给我。他们说我发财了。……其中一些人，多数是我的亲戚，问我他们是否能得到一些回扣。这搞得我非常尴尬。即使他们不问我要回扣，他们也知道我拿到了他们保费的 40%。这使我感到尴尬和不舒服"（2000 - 09，上海访谈）。常平凯的亲戚对回扣的要求是一种意义的协商（Fine，1996）。当一个代理人向有亲密关系的人卖保险时，他降价的意愿和幅度都承载了对这个关系的评价。代理人越愿意降价，

---

① 感谢一位审稿人洞见性地指出这些保险代理人卖保险给他们的亲密关系圈而没有透露销售之后的经济收益，这事实上违背了文化期望，他们利用了他们的强关系。这位审稿人认为这种违背是经济利益压倒关系嵌入性的文化规则的标志，因而文化规则并没有起多大作用。但笔者仍然认为文化规则的执行力是起作用的；否则，代理人在销售保险给他们强关系的一开始，就不会有"心理障碍"或者在佣金曝光之后，他们也不会避免再接近他们的亲密关系。如果这些代理人一直向他们的至亲好友推销保险，一些亲友就仍旧会遵循（虽然犹豫）人情的礼仪而从他们那里购买一份保单。代理人的行为和他们的撤出，是因为他们关心其活动在强关系的眼中的意义，多于其对经济的算计。

就表明了这个关系越重要。不过，为了不对称的义务而满足象征的和表达性的要求，代理人将承受经济上的代价。毕竟，代理人要靠佣金生存。但不满足这样的要求，则要承受社会意义和情感上的代价。当代理人被认为将其经济利益置于关系之上时，不仅会伤害代理人与卷入交易的亲友的关系，而且会损害代理人的"面子"，破坏他们的社会声誉（Raub and Weesie，1990）。一些代理人说，在他们把保险卖给他们的至亲密友时，他们的感觉是如此的不舒服，以至于他们用佣金买了礼物送给这些客户。所以，由道义－感情性所界定的亲密的私人关系与商业销售之间的冲突，加上大家对不对称交换的期望，最终使得图 1 中的第一圈和第二圈对人寿保险销售来说成了一个问题区域。

（四）发生在中等强度和弱强度关系中的人殊性交易

在 21 世纪初，从中等强度到弱强度的关系，或由客户转介的关系推销保险，成为新趋势。这些中等强度到弱强度的社会关系（图 1 中的第四圈和第五圈）正好是中国人所谓的"来往"圈子。友邦的一个代理人解释为什么来往朋友相比好友或亲属是更好的准客户："我不卖保险给亲戚或好朋友。……卖给校友或以前的邻居会更好。为什么？……他们对我有一定的信任。但是他们不是我的好朋友。我为了生意接近他们，可以跟他们像做生意一样地来谈。"（2002－01，上海访谈）从结构上和关系属性上来说，来往的圈子都是更好的销售保险的目标群体。为什么从中等强度到弱强度的关系在结构上更适合各种经济交易，有关结构嵌入性的文献已经为我们提供了洞见，所以在这里就不重复了。笔者想强调的是这些关系所包含的内容的优势。当亲密关系被界定为具有更多的感情和义务，来往关系则被定义为礼貌和即时的互惠。道义－感情性和功利－金钱性的原则共同支配着来往关系，各种属性，即信任、感情、义务和算计等都较为均衡地存在于来往关系中，因此这些关系具有一种高度的自由，即允许经济利益和私人互动互相掺杂，但不违反这种关系的定义。一个人与其来往的朋友做交易，比起与一个好友做交易，在计算自己的经济利益时，就显得更有合法性。同时，来往关系中的双方有一些彼此的信任感。对于代理人来说，他们就有一些空间去表达他们的自我利益，并且只需花较少的精力去处理信任的问题。而且，在来往关系中，准客户一般较少期望有折扣，因为这种关系包含了相对平衡的义务。而对于准客户来说，他们从代理人那里购买保险的义务亦少了很多。当他们对产品有疑问时，亦可自在地提问及表达意见。所以，这种关系为购买者和销售者提供了更多的空间，允许他们较自由地进出，并且检视对方的可靠性以保护自身的经济利益。

　　然而，不同于向与其有亲密关系的代理人购买保险，向与其只有来往关系的代理人购买保险，准客户必须对人寿保险有某种程度上的需要感。因此，代理人不得不将人寿保险包装成金钱管理，以让准客户更易接受（Chan，2009）。同时，代理人之间亦相互竞争。一个准客户是否向某个代理人购买保险，通常取决于代理人的个人素质以及准客户对代理人的喜欢程度。这可以被看作是一种"人殊性交易"。这一形式既不是纯经济的，也不是纯关系的，而是两者的混合。购买是基于对保险有一定的需要感，但这种感觉是微弱的。而准客户从谁那里买保险往往取决于他们对代理人的个人好恶。在中国，成为一个人见人爱的人的最有效途径是代理们所谓的"感情投资"。保险代理最常用的文化资源是人情的礼仪和亲属关系的纽带。他们的策略是积极地给予准客户不对称的恩惠以令对方产生亏欠感，以及与准客户建立拟亲关系。以下两个例子表明了这些实践。

　　例一：一个孝顺的儿媳。

　　章晴（27 岁）是一名平安的代理人。虽然从业时间不长，但其销售业绩很好。下面的这个片段揭示了她如何与一个客户巩固关系，以让这个客户介绍准客户给她：

　　　　王纯是章晴的一个客户，年过 50，有一条腿残疾。在王纯生日那天的一大清早，章晴带着她 3 岁的儿子登门贺寿。在路上，她已经教他儿子要向王阿姨说"祝您身体健康、长命百岁"。她并带了一条价值 10 块钱的围巾作为送给王纯的生日礼物。当王纯看到这个代理人和她的小孩，她已经觉得感动了。小男孩才刚刚能够说出"祝您身体健康"。王纯弯下腰慈爱地摸摸小孩的脸。……她非常感动。就在两周前三八妇女节前夕，章晴刚刚来看过她，还送来一束康乃馨。对于章晴的好意，王纯感到非常感激。接着她进去卧室几分钟，出来时已经满眼泪光。她走向这个小男孩，给他的口袋里塞了 100 块钱。……在与章晴交谈的过程中，王纯说她这一辈子最后的心愿就是给她 25 岁的儿子找一个媳妇。她说如果能有一个像章晴一样的儿媳妇，那她这辈子就可以安心了①。

王纯在一次访谈中谈到她对章晴和其他接近她的保险代理人的看法。总共有四个不同的代理人向她推销过保险，她们都是直接上门。她对其中两个印象深刻：一个来自安泰，一个就是章晴。她们第一次见王纯，就与她聊了一个多小时，但丝毫没有涉及保险。她喜欢她们的不着急和关怀人的态度。王纯回忆说，她最后决定在章晴那里购买保单，是因为章晴在春节时给她寄来了一张写着热情洋溢的祝福的贺卡，并且还打电话给她。安泰的那个代理人也有打过一次电话来表示慰问，但她觉得章晴更加真诚、更关心她。她感觉章晴可以是一个真的朋友（2002 - 04，上海访谈）。

从上述例子可见，章晴令王纯有亏欠感。过节时，章晴带着礼物去拜访她，甚至带上她的儿子加入这个拟剧的舞台。通过她儿子的参与，章晴不但有效地引出了王纯的亏欠感，而且还使她对章产生了一种家人的感觉。通过这个拟亲的纽带，王纯不但把自己的亲戚和邻居介绍给章晴，而且更进一步，向这些亲戚邻居讲解保险的好处，使他们确信保险的重要性。

---

① 2002 年 4 月，在平安的一个早会上，章晴向其他代理人分享了她与客户及准客户建立关系的经验。

例二：一个天真的妹妹。

张英（24 岁）是安联的一名顶级代理。她常用的销售策略，是在准客户面前表现成一个天真的女孩，以跟他们建立一种兄妹般的关系。下面一段来自笔者的田野笔记，描述了张英如何成功地向客户销售一张"大单"。

张英通过父亲认识了韩伟，韩曾与张父有过生意往来。为了销售一张大单给韩伟，张英努力了一年多的时间。交易的阻力来自韩的妻子，张英叫她李芸姐姐，李对从张英那里购买保险有点犹豫。……当张得知李芸怀孕后，她买了一本名为《如何抚养你可爱的婴儿》的书。她将书并一张贺卡寄给了李芸。……孩子出生后，张英买了一罐奶粉和一束百合花，到韩伟家拜访。她也带了一份"大单"的保险计划书推荐给这对夫妇。……有时候，当韩伟对计划书有些批评时，张英就表现得一脸可怜的样子……

在她离开前，张英故意走向这对夫妇的结婚照。她用一种天真的语气惊叫道，"李芸姐姐，你真漂亮！……"（但是）两天以后，张英接到总部的一个电话，说李芸想终止她丈夫在安联的保单。这使张英感到非常焦虑和担心。她立即打电话给韩伟，韩约她第二天到他办公室见面。……她坐下来，显得很不安。她没有谈保险，而是谈她的感受："韩伟哥哥，李芸姐姐是不是不喜欢我？请你告诉我。……是不是我有什么做得不好？当我接到总部的电话说李芸姐姐要终止保单时，我感到很惊讶。"韩伟安慰她，说他其实对她那个计划书非常满意。……而且他已经说服了他的妻子，同意从张英那里购买一个新的保单。这保单的年费达三万多元。[①]

张英与韩伟的关系属于弱关系。通过巨大的努力，包括寄送礼物、扮演

① 2002 年 5 月，在中德安联的一个代理办公室里，张英在一次小组会上向其他的代理人分享了她的成功故事。一年超过 30000 块钱的保费，是上海大多数保单价格的十多倍。

一个关心人但却天真的小妹妹，以及谈论个人的感受，张英最后把这一弱关系变成了拟亲关系。在韩伟的妻子面前，张英将自己呈现为一个关心人的角色，而在韩伟面前，她又变成了一个天真的小妹妹。这种方式在诱发韩伟对她的同情时非常有效。这些感觉，加上他对张英所介绍产品的认同，促使他说服妻子购买了这份保单。

　　动用人情的礼仪和亲属关系的纽带，在中国的社会情境中，是一种与客户建立关系的有效途径。中国的销售代理人巧妙地以赠送礼物和提供恩惠的方式，利用互惠的规范使他们的客户和准客户感到亏欠，从而觉得有义务报答保险代理们的恩惠。一个平安的代理说："中国人最怕被别人关心。当一个人一直关心他们，他们就会对那个人产生亏欠感。"报答恩惠的重要性，源自儒家对保持社会秩序的教导。"礼尚往来"这句非常流行的格言就清楚地规定了这一点。并且，人情的礼仪鼓励人们报答的要比接收的多。就像这一句格言：你敬我一尺，我敬你一丈。章晴的例子恰好说明了这一点。她给客户花了一点钱买围巾和康乃馨，换来客户给她儿子 100 块钱。当回报要多于赠予这条原则被应用到保险代理人和准客户之间的交易时，准客户或客户对恩惠的报答多半是购买一份保险或者介绍某人给代理人。

五　概括与推论

　　笔者将上述的民族志资料囊括在表 2 中。这些资料表现了在不同的条件下，嵌入不同关系强度交易的不同形式。当新的商品不为人知或多数人并不需要，加上市场规则还未建立起来以保护购买者，以及销售者的经济利益还是隐蔽的时候，反射性信任交易和义务性交易就主要发生在强关系中。当准客户没有或很少具备这种新商品的知识，而销售者又是他们的至亲好友时，亲密关系的文化图式便被激活，以解决信任问题。当准客户开始对这种新商品知道得更多，但对此仍然没有一种需要感时，感情和互惠的规范或者由来来回回的不对称的义务所构成的人情的礼仪，就被动用起来以促成销售。在反射性信任的交易和义务性交易中，销售者隐藏、减少或者调节他们的经济利益，令准客户购买产品，这就像互惠交换一样。当市场规则开始出现、人寿保险的客户开始受到保护，销售保险就不必仅依靠强关系。但是，佣金销售制度的曝光使强关系成了人寿保险销售的一个约束。销售者会避免卖保险给强关系，其目的是要维系那些关系的重要性。当销售主要集中在中等的和疏远的社会圈子时，销售者便着手于一系列与准客户的拟剧互动，这种互动可以增加信任、感情和不对称的义务成分，这些成分在原来与准客户的疏远关系中相对较少。而迫于相互竞争，销售者努力地与准客户建立更为亲近的关系。

表 2　社会嵌入性交易的不同类型

	嵌入的交易		
	反射性信任的交易	义务性交易	人殊性交易
关系状态	非常强的关系	非常强到中等强度的关系	中等到弱强度的关系
条件	1. 未知的产品 2. 缺乏市场规范 3. 销售者的利润隐蔽	1. 感觉不需要的产品 2. 缺乏市场规范 3. 销售者的利润隐蔽	1. 感觉有点需要的产品 2. 有些市场规范 3. 销售者的利润公开
方式	通过隐藏或调节经济利益来运用亲密关系的文化图式	通过隐藏、减低或调节经济利益来运用感情和互惠的规范	通过搞关系来培养信任、感情和不对称的义务

本文认为，对于直接的经济交易，一般来讲，强关系是一种不适宜的关系类型。界定亲密关系的道义－感情性原则，以及高度的信任、感情和不对称的义务，与经济交易相冲突，因为后者是被经济利益和算计所界定的。对于经济交易来说，中等和弱强度的社会关系类型更好，因为它们具有关系互补性，即它们较均衡地包含信任、感情、义务和算计等属性。信任和感情的成分降低了交易成本，对称的义务和算计的成分则允许利己的经济行为。只有在某些极端的制度条件或偶然条件下，经济交易才会发生在强关系中。无论如何，即使在有利的条件下，交易也不会自动发生。销售者和购买者之间的拟剧互动是社会嵌入性的一个重要组成部分。通过互动，双方在一个网络

中已有的结构位置并不完全决定他们的关系质量，而是会产生出新的结构（emergent structures）（Ibarra，1992）。

　　在多大程度上，上述的分析能超越中国的人寿保险案例本身，而有普遍的意义？正如开篇所说，人寿保险属于协商式的直接交易，其中的各方会有潜在的利益冲突（Molm，Collett，and Schaefer，2007）。人寿保险交易代表着这样的经济活动，即其中的各方就价格和条款进行协商，而一方的过多收益是另一方的损失。大多数的零售业、直销、贸易、承包和雇佣都是协商式的经济交易。对于直接的交易来说，强关系是一种约束，这可以适用于各个国家和文化当中。大量的研究支持了这一点。杰弗里（Jeffery，2001）有关中国直销的民族志研究就注意到，依靠亲密关系网络去营造层压式和金字塔式的佣金抽取结构，招致了公众的不满和国家的打击。在中国以外，维莱丝－依巴涅斯（Velez-Ibanez，1983）对墨西哥社区中银行业的研究表明，从亲密关系中的成员那里挣钱会受谴责，因为墨西哥文化非常重视人与人之间的关系，这些关系是由信任和义务来界定的。在美国，迪马吉奥和劳奇（DiMaggio and Louch，1998）在1996年的综合社会调查（GSS）中发现，多数被调查者都同意在与朋友做生意时，对讨价还价会感到尴尬和不舒服。奥尔德利奇和坂野（Aldrich and Sakano，1998）对日本、美国、意大利、爱尔兰和瑞典的私人商业网络的比较研究发现，这些国家中中小型企业的商业伙伴只有小部分是朋友，且几乎没有家庭成员。所有这些个案研究都表明对于市场取向的经济交易来说，强关系是一种不太理想的交易对象。

　　不过这个推论有其自身的局限。第一，它并没有应用到那些各方有利益合作的经济活动中。对商业伙伴关系（Kao，1996）和共同投资（Lee，1990；Numazaki，1996）来说，强关系可能是首选。对于非营利取向的经济活动来说，强关系也是首选。标会就是一个例子（Biggart，2001）。第二，这个推论也没有应用到一个封闭的或者规模太小的经济体，以至于除了强关系类型，就没有其他关系能够发生协商式的直接的经济交易。一些移民或者飞地（enclave）经济就属于此类（Portes，Castells，and Benton，1989）。最后，因为强关系对风险性的交易起着假设性的保证作用（Biggart and Castanias，2001），所以在一个高度不稳定的环境中，经济交易可能多发生在强关系中。如果交易中的产品和服务非常复杂，或者缺少正式的制度性保护，那么买卖伙伴就可能更多地依靠只有在强关系中才有的反射性信任（Guseva，2008）。

为了理解中国的人寿保险交易从强关系到弱关系的转换，笔者提出了这个分析框架。但这个框架也可以被应用到其他的社会和文化背景中，以理解什么类型的嵌入性交易在什么范围的关系强度中可能发生。这两个假设——其一是道义－感情性原则界定了强关系，信任、感情和不对称的义务是其构成元素；其二是功利－金钱性原则界定了弱关系，对称的义务和算计是其构成元素——能被应用到亚洲以外的地区。我提出拟剧，特别是寻求交易的一方的拟剧，是社会性嵌入交易的一个组成部分。这一点同样也可以应用到亚洲以外的地区。然而，根据这一框架被应用的具体时空，不同关系强度中的每一种关系属性的强度水平需要被修改。比如，一个高度制度化、有着高水平法律保护的经济体会产生高水平的普遍信任。在这样的经济中，表1中第五和第六列的信任水平就比假设模型要高。在一个基督教社区中，人们常常提倡博爱，弱关系中的感情水平就会比较高。在一个高度个人主义的社会，即使在强关系中的不对称的义务也不如假设模型中那么强。此外，不同时空中什么是恰当的互惠是不同的，而行动者的拟剧互动也是不同的。但是，从最强到最弱的各种关系属性的强度变化方向，以及在所有关系强度中都需要策略性的互动，则都具有普遍性的意义。

然而，以上的分析可能有两个方面是中国人（或亚洲人）独有的。第一，义务性交易可能更为普遍，因为中国或亚洲社会强调和谐，而等级秩序是一个核心的社会组织原则（Hamilton，1996）。中国社会中的互惠规范是"普遍的和主导的"（Lin，2001），这一点已为"人情"所证实。正因如此，在中国社会，不对称的义务在至亲密友间的经济交易中可能更具影响力。这一特征也可应用到其他的一些亚洲经济体中。比如，相比盎格鲁－撒克逊经济体，在日本经济中，义务对执行市场行为的作用更为明显（Dore，1983；Lincoln，Gerlach，and Takahashi，1992）。但是，义务这种规范的执行力在中国或日本经济体中较强，并不否定其在其他经济体中的重要作用（Coleman，1988；Uzzi and Lancaster，2003，2004）。第二，由于中国人的关系中血缘与地缘的共同支配地位，所以人与人之间有着更多的信任和不对称义务，而且相比其他地方而言，拟亲的互动更有可能出现在中国。在普遍主义和个人主义盛行的市场经济中，较少出现与准客户拟亲式的互动。比如，莱德纳（Leidner，1993）发现美国的保险代理人很少使用互惠的社会习俗来诱导准客户买保险。反而，他们以笑话来打破僵局，以便为接下来的经济协商创造出一个轻松的氛围。所以，寻求交易的各方进行拟剧以使自己讨人喜欢，这是一个普遍的现象（Oakes，1990；Leidner，1993），但如何讨人喜欢，则要视具体的文化和时空而定。

六　结论：社会嵌入性中的文化

正如迪马吉奥（DiMaggio，1992）所说，网络分析从来都不是单纯地考虑结构，因为有关行动的文化和主观方面的假设是建构社会关系的基础。套用他的话来说，当文化"从前门被丢弃，它便从后门回来"（DiMaggio，1992：121）。因此，本文从"前门"探讨了社会关系在文化和主观意愿方面对经济交易的影响。它将文化社会学和符号互动论综合到社会嵌入性当中，但并没有将文化和网络置于相互对立的境地。尽管格拉诺维特强调信任与规范在组织经济活动中的重要作用，但不幸的是，他认为强调文化规则对人类行为的形塑会导致机动式的分析，漠视人类对情境变化的合理反应（Granovetter，1985）。他担心将经济行为构思成"文化傀儡"，由此导致文化在社会网络中的机制问题处于低水平的理论化状态。我认为强调文化的作用并不一定贬低行动者的能动性。中国人寿保险交易的案例表明文化是社会嵌入性的重要组成部分，并表现为不同的面向，从文化图式到规范法则、意义和一个实用的工具箱（Swidler，1986）。文化同时表现为文化规则和节目单（repertoire），前者根据不同关系强度中的人的结构位置，来界定、指示、组织他们之间的互动；后者则为个体行动者能够为其利益创造性地和有效地掌控互动提供符号和实用的技能。本文所呈现的社会嵌入的交易是由文化构成的，但它们既不是随机的也不是机动的。下文将详细地说明这一点。

在一个现有的私人关系中，商业的逻辑和活动能在多大程度上获得道德上的合法性，受制于界定这一关系的主要原则，这些原则决定了这一关系所属的关系类型。界定的原则由认知的和规范的文化规则组成，它们详细说明了行动者应该如何在一个具体的关系类型中进行互动以维系这一关系。文化规则的执行力是通过意义加以实施的。意义区分了遵守规则的互动和违反规则的互动。现有的网络分析常常认为在嵌入的关系中的期望和义务是给定的。但是，正如鲍威尔和史密斯－多尔（Powell and Smith-Doerr，1994）的疑虑，一个个体在强关系和弱关系当中应该如何互惠？对此应该设定什么样的期望？本文认为关系的强弱与其期望有特定的模式，而这模式建立于文化规则之上。比如在中国，把面子给予自己有着亲近和中等强度私人关系的人是一种文化规则。为了给面子而购买保险就体现了一种特定关系的重要性。拒绝这样做会贬低关系的重要性。同样，如果一个人主要为了利己而交易，则会违背强关系的文化规则。这解释了为什么民众不能接受为了赚取佣金而将保险卖给亲密关系。这些文化规则养成了一种期望的模式，据此，什么样的关系强度就应该担负什么样的义务。如此，通过意义的执行力，文化规则塑造了关系强度与经济交易之间的特定模式。

当经济行动者被他们现有的结构位置和相关的文化规则所限制时，他们却有能力根据个人的利益去运用、创造和更新那些公认的文化类型和行动情势（Emirbayer and Goodwin，1994；Mizrachi，Drori，and Anspach，2007）。符号互动论具有超越静态模型以及展现社会嵌入性动态性质的能力，这是将符合互动论整合为网络分析的一个关键启示。迪马吉奥（DiMaggio，1992）批评嵌入性的结构模型将网络中的成员资格和每一个成员同其他人的关系都看作是固定不变的。中国人寿保险交易清楚地显示，即使一个等级的网络结构就像中国的某种社会关系那么固定，但如果进行恰当的拟剧行为和互动，是能够改变一个网络中的个体行动者与其他人的关系的。这里对文化工具箱的使用，正展现了人是能动者。虽然不同类型的关系承载着不同组合的能动和约束经济交易的各种因素，但巧妙的拟剧能充分利用这些能动因素克服约束因素，或者能够在一定程度上修改个人的结构位置从而促进交易。比如，在亲密关系圈中，利己的经济收益是不合规则的，但代理人可以降低和调节他们从交易中所获得的经济收益，以引导准客户与他们根据道义－感情性原则进行互动。在较为疏远的关系圈，信任和感情的水平较低，算计的因素较高，代理人就努力与准客户拉关系，成为好友或拟亲，以增强其信任、感情和亏欠感，由此与准客户建立关系。如果成功，代理人们就使他们的结构位置与准客户更接近了。

当代理人要克服他们在结构位置上的约束或者修改其位置，他们都会利用地方性知识（local knowledge）作为指导，这是他们文化工具箱的一部分。比如，章晴和张英都选择跟她们的客户进行拟亲式的互动。虽然地方性知识不至于决定她们的选择，但却引导她们的选择，是这种地方性知识令她们认识到亲属之间的联系承载了什么意义和元素。要成功地培养出信任、情感和义务等元素，她们需要选择扮演什么样的拟亲角色，以及如何有效地扮演它们。章晴和张英选择了不同的拟亲角色去培养不同的义务元素。前者扮演成一个孝顺的儿媳，令其客户感动，并产生亏欠感；后者则扮演成一个天真的妹妹，赚取了客户的同情。她们不同的策略选择说明代理人的行为，以及她们的恩惠如何被接收和阐释，决定了她们的客户会有怎样的义务亏欠。换句话说，这取决于代理人如何运用和组织互惠的符号，以及准客户和客户如何读取这些符号。因此，他们的结构位置和现有的关系属性影响他们为达成交易而互动的方式，但这并没有单一的公式。实际上，互动受制于行动者对地方性知识、人际交流的技巧，以及文化符号等的创造和利用能力，他们以此应对来自结构、文化规则和情势的约束力量。通过将文化同时视为文化规则和节目单，本文凸显了意义和能动性在社会嵌入的经济交易中的构建性力量。

　　然而，我应该指出这项研究的局限。第一，此项研究仅仅聚焦在交易发生的时刻，而没有考虑到交易后的长远情况。它并没有考虑通过不同的嵌入性而售出保单的退保问题。一些来自本项田野调查的初步数据显示，通过反射性信任的交易购买保单的客户对保单抱怨最多。因为客户在购买这些保单时一般对其一无所知。我推测这种保单具有最高的退保率，而通过人殊性交易售出的保单的退保率最低。如果真是如此，这将进一步证实强关系不是太理想的交易对象。

　　第二，这项研究集中在双方直接的交易，而并没有调查间接的（mediated）交易①。不同的关系强度在不同的间接交易当中如何起作用？边燕杰（Bian，1997）的求职研究发现，在中国，相比弱关系，强关系是更好的关系"桥梁"。我相信该论点适用于其他类型的间接性经济活动，包括协商式的交易。比如，如果一个中间人跟销售代理和准客户都有强关系，那么这个准客户就更有可能信任代理，并感到有义务从代理人那里购买保险。根据本文所勾画的关系属性来界定各种间接关系的特性，可以产生很多研究问题，例如一个双方强联系（two-strong-link）的联结与一个只有一方强联系（one-strong-link）的联结，对中国的商业交易而言有何不同？同样是一方强联系，中间人和销售者的强联系与中间人和准客户的强联系所产生的效果会有什么不一样？这个将各种关系属性和关系强度联结起来的分析框架，对于考察超越双方交易的可能结果，尤其是关于信任、不对称的义务以及对称的义务的作用，将会非常有用。

　　最后，此项研究虽然呈现了中国人社会关系的不同类型，但只集中于关系强度，没有谈论不同类型的社会关系如何影响交易。亲属关系和朋友关系在反射性信任的交易和义务性交易中有什么不同？与朋友，甚至与关系疏远的人进行交易，跟与长期的商业伙伴进行交易有何不同？多数现有的关于嵌入性的文献聚焦于长期的商业伙伴关系。但考虑到社会关系历史的重要性（Granovetter，1990），同一种关系强度的不同关系类型可能对经济交易有不

---

　　①　对于双方交易与宏观结构以及网络关系的简要讨论，请参见 Emerson（1976）。

同的影响。至少在华人社会里，与始于商业关系的强关系相比，始于朋友的强关系就承载了不同的意义。如果是始于朋友的强关系，直接的经济交易就可能是一个问题。而如果是始于商业关系的强关系，这就可能有利于直接的经济交易。所有这些问题和关系都需要进一步的研究，以将社会关系的内容作为分析的中心。

参考文献

吴申元、郑韫瑜，1993，《中国保险史话》，中国经济管理出版社。

Aldrich, Howard , and TomoakiSakano. 1998. "Unbroken Ties: Comparing Personal Business Networks Cross-nationally. " In *Networks*, *Markets*, *and the Pacificrim*: *Studie in Strategy*, editeld by Market Fruin, pp. 32 – 52. NY and Oxford: Oxford University Press. Baker, Wayne. 1990. "Market Networks and Corporate Behavior. " *American Journal of Sociology* 96: 589 – 625.

Bian, Yanjie and Soon Ang. 1997. "*Guanxi* Networks and Job Mobility in China and Singapore. " *Social Forces* 75: 981 – 1006.

Bian, Yanjie. 1994. "*Guanxi* and the Allocation of Jobs in Urban China. " *The China Quarterly* 140: 971 – 999.

Bian, Yanjie. 1997. "Bringing Strong Ties Back in: Indirect Ties, Network Bridges, and Job Searches in China. " *American Sociological Review* 62: 366 – 385.

Bian, Yanjie. 2002. "Institutional Holes and Job Mobility Processes: *Guanxi* Mechanisms in China's Emergent Labor Markets. " In *Social Connections in China*: *Institutions Culture*, *and the Changing Nature of Guanxi*, edited by Thomas Glod, Doug Guthrie and David Wank, pp. 117 – 136. NY: Cambridge University Press. Biggart, Nicole and Richard Castanias. 2001. "Collateralized Social Relations: The Social in Economic Calculation. " *American Journal of Economics and Sociology* 60: 471 – 500.

Biggart, Nicole and Thomas Beamish. 2003. "The Economic Sociology of Conventions: Habit, Custom, Practice, and Routine in Market Order. " *Annual Review of Sociology* 29: 443 – 464.

Biggart, Nicole Woolsey. 2001. "Banking on Each Other: The Situational Logic of Rotating Savings and Credit Associations. " *Advances in Qualitative Organization Research* 3: 129 – 153.

Biggart, Nicole. 1989. *Charismatic Capitalism*: *Direct Selling Organizations in America*. IL: The University of Chicago Press.

Blau, Peter. 1964. *Exchange and Power in Social Life*. NY: Wiley.

Bonacich, Philip. 1987. "Power and Centrality: A Family of Measures." *American Journal of Sociology* 92: 1170 – 1182.

Brinton, Mary and Victor Nee, eds. 1998. *The New Institutionalism in Sociology*. NY: Russell Sage Foundation.

Burt, Ronald. 1986. "Comment." In *Approaches to Social Theory*, edited by Siegwart Lindenberg, James Coleman, and Stefan Nowak, pp. 105 – 107. NY: Russell Sage.

Burt, Ronald. 1992. *Structural Holes: The Social Structure of Competition*. Cambridge, MA: Harvard University Press.

Carruthers, Bruce. 2005. "The Sociology of Money and Credit." In *Handbook of Economic Sociology*, Second Edition, edited by Neil Smelser and Richard Swedberg, pp. 355 – 378. Princeton, NJ: Princeton University Press.

Chan, Cheris Shun-ching. 2007. "Honing the Desired Attitude: Ideological Work on Insurance Sales Agents." In *Working in China: Ethnographies of Labor and Workplace Transformation*, edited by Ching Kwan Lee, pp. 229 – 246. London and New York: Routledge.

Chan, Cheris Shun-ching. 2009. "How to Create a Market in the Presence of Cultural Resistance: The Case of Life Insurance in China." *Theory and Society* 38: 271 – 305.

Chan, Cheris Shun-ching. Forthcoming. *Marketing Death: Culture and the Making of a Life Insurance Market in China*. New York: Oxford University Press.

Coleman, James. 1988. "Social Capital in the Creation of Human Capital." *American Journal of Sociology* 94: S95 – S120.

Davis, Gerald and HenrichGreve. 1997. "Corporate Elite Networks and Governance Changes in the 1980s." *American Journal of Sociology* 103: 1 – 37.

DiMaggio, Paul and Hugh Louch. 1998. "Socially Embedded Consumer Transactions: For What Kinds of Purchases Do People Most Often Use Networks?" *American Sociological Review* 63: 619 – 637

DiMaggio, Paul. 1992. "Nadel's Paradox Revisited: Relational and Cultural Aspects of Organizational Structure." In *Networks and Organizations: Structure, Form, and Action*, edited by Nitin Nohria and Robert Eccles, pp. 118 – 142. Boston: Harvard Business School Press.

DiMaggio, Paul. 1997. "Culture and Cognition." *Annual Review of Sociology* 23: 263 – 287.

Dore, Ronald. 1983. "Goodwill and the Spirit of Market Capitalism." *British Journal of Sociology* 34 (4): 459 – 482.

Elster, Jon. 1989. "Social Norms and Economic Theory." *Journal of Economic Perspectives* 3: 99 – 117.

Emerson, Richard. 1976. "Social Exchange Theory." *Annual Review of Sociology* 2: 335 – 362.

Emerson, Richard. 1981. "Social Exchange Theory." In *Social Psychology: Sociological*

Perspectives, edited by Morris Rosenberg and Ralph Turner. NY: Basic Books.

Emirbayer, Mustafa and Jeff Goodwin. 1994. "Network Analysis, Culture, and the Problem of Agency." *American Journal of Sociology* 99: 1411 – 1454.

Espeland, Wendy Nelson, and Mitchell Stevens. 1998. "Commensuration as a Social Process." *Annual Review of Sociology* 24: 313 – 343.

Fei Xiaotong. 1992 [1948]. *From the Soil: the Foundations of Chinese Society (Xiangtu Zhongguo)*. CA: University of California Press.

Fine, Gary Alan. 1996. *Kitchens: The Culture of Restaurant Work*. CA: University of California Press.

Gerlach, Michael and James Lincoln. 1998. "Structural Analysis of Japanese Economic Organization: A Conceptual Framework." In *Networks, Markets, and the Pacific Rim*, edited by Mark Fruin, pp. 293 – 321. NY and Oxford: Oxford University Press.

Gerlach, Michael. 1992. *Alliance Capitalism: The Social Organization of Japanese Business*. Berkeley: University of California Press.

Goffman, Erving. 1959. *The Presentation of Self in Everyday Life*. NY: Anchor Books, Doubleday.

Goffman, Erving. 1967. *Interaction Ritual: Essays on Face – to – Face Behavior*. NY: Pantheon Books.

Goffman, Erving. 1983. "The Interaction Order: American Sociological Association, 1982 Presidential Address." *American Sociological Review* 48 (1): 1 – 17.

Gold, Thomas. 1985. "After Comradeship: Personal Relations in China Since the Cultural Revolution." *The China Quarterly* 104: 657 – 675.

Gold, Thomas. 1989. "Guerilla interviewing among thegetihu." In *Unofficial China: Popular Culture and Thongk in the People's Piepubic*, editecl by Perry Link, Pinchand Madsen, and Paul Pickouricz, pp. 175 – 192. Boulder, CO: Westvieu Press. Gouldner, Alvin. 1960. "The Norm of Reciprocity: A Preliminary Statement." *American Sociological Review* 25: 161 – 178.

Granovetter, Mark. 1973. "The Strength of Weak Ties." *American Journal of Sociology* 78: 1360 – 1380.

Granovetter, Mark. 1974. *Getting a Job: A Study of Contacts and Careers*. Cambridge, MA: Harvard University Press.

Granovetter, Mark. 1985. "Economic Action and Social Structure: The Problem of Embeddedness." *American Journal of Sociology* 91: 481 – 510.

Granovetter, Mark. 1990. "The Old and the New Economic Sociology: A History and an Agenda." In *Beyond the Marketplace: Rethinking Economy and Society*, edited by Roger Friedland and A. F. Robertson, pp. 89 – 112. NY: Aldine de Gruyter.

Guseva, Alya and Akos Rona-Tas. 2001. "Uncertainty, Risk, and Trust: Russian and American Credit Card Markets Compared." *American Sociological Review* 66: 623 – 646.

Guseva, Alya. 2008. *Into the Red: The Birth of the Credit Card Market in Postcommunist*

Russia. Stanford：Stanford University Press.

Guthrie，Douglas. 1998. "Declining Significance of*Guanxi* in China's Economic Transition." *The China Quarterly* 154：254 – 282.

Guthrie，Douglas. 1999. *Dragon in a Three-Piece Suit：The Emergence of Capitalism in China*. NJ：Princeton University Press.

Hamilton，Gary. 1985. "Why no Capitalism in China? Negative Questions in Historical, Comparative Research." *Journal of Developing Societies* 1：187 – 211.

Hamilton，Gary. 1996. "The Theoretical Significance of Asian Business Networks." In *Asian Business Networks*，edited by G. Hamilton，pp. 283 – 298. NY：Walter de Gruyter.

Hamilton，Gary. 1998. "Patterns of Asian Network Capitalism：The Cases of Taiwan and South Korea." In *Networks，Markets，and the Pacific Rim：Studies in Strategy*，edited by Markt Fruin，pp. 181 – 199. NY and Oxford：Oxford University Press.

Hanser，Amy. 2002. "Youth Job Searches in Urban China：The use of Social Connections in a Changing Labor Market." In *Social Connections in China：Institutions，Culture，and the Changing Nature of Guanxi*，edited by Thomas Gold，Doug Guthrie and David Wank，pp. 137 – 161. NY：Cambridge University Press.

Hertz，Ellen. 2001. "Face in the Crowd：The Cultural Construction of Anonymity in urban China." In *China Urban*，edited by Nancy Chen and Constance Clark et al. ，274 – 293. NC：Duke University Press.

Homans，George. 1974 [1961] . *Social Behavior：Its Elementary Form*. NY：Harcourt Brace Jovanovich.

Hwang，Kwang-kuo. 1987. "Face and Favor：The Chinese Power Game." *American Journal of Sociology* 92：944 – 974.

Ibarra，Herminia. 1992. "Structural Alignments，Individual Strategies，and Managerial Action：Elements Toward a Network Theory of Getting Things Done." In *Networks and Organizations：Structure，Form，and Action*，edited by Nitin Nohria and Robert Eccles，pp. 165 – 188. Boston：Harvard Business School Press.

In *Networks，Markets，and the Pacific Rim：Studies in Strategy*，edited by Markt Fruin，pp. 32 – 52. NY and Oxford：Oxford University Press.

In *Social Connections in China：Institutions，Culture，and the Changing Nature of Guanxi*，edited by Thomas Gold，Doug Guthrie and David Wank，pp. 117 – 136. NY：Cambridge University Press.

In *Unofficial China：Popular Culture and Thought in the People's Republic*，edited by Perry Link，Richard Madsen，and Paul Pickowicz，pp. 175 – 192. Boulder，CO：Westview Press.

Jeffery，Lyn. 2001. "Placing Practices：Transnational Network Marketing in Mainland China." In *China Urban：Ethnographies of Contemporary Culture*，edited by Nancy Chen，Constance Clark，Suzanne Gottschang and Lyn Jeffery，pp. 23 – 42. Durham and London：Duke University Press.

Kao, Cheng-shu. 1996. "'Personal trust' in the Large Businesses in Taiwan: A Traditional Foundation for Contemporary Economic Activities." In *Asian Business Networks*, edited by Gary Hamilton, pp. 61 – 70. NY: Walter de Gruyter.

Krackhardt, David. 1992. "The Strength of Strong Ties: The Importance of Philos in Organizations." In *Networks and Organizations: Structure, Form, and Action*, edited by Nitin Nohria and Robert Eccles, pp. 216 – 239. Boston: Harvard Business School Press.

Lawler, Edward and Jeongkoo Yoon. 1998. "Network Structure and Emotion in Exchange Relations." *American Sociological Review* 63: 871 – 894.

Lawler, Edward. 2001. "An Affect Theory of Social Exchange." *American Journal of Sociology* 107: 321 – 352.

Lee, Sheng-Yi. 1990. *Money and Finance in the Economic Development of Taiwan*. London: Macmillan.

Leidner, Robin. 1993. *Fast Food, Fast Talk: Services Work and the Routinization of Everyday Life*. CA: University of California Press.

Lin, Nan. 2001. "*Guanxi*: A Conceptual Analysis." In *The Chinese Triangle of Mainland China, Taiwan, and Hong Kong*, edited by Alvin So, Nan Lin, and Dudley Poston, pp. 153 – 166. CT: Greenwood Press.

Lin, Yi-min. 2002. "Beyond Dyadic Social Exchange: *Guanxi* and Third-party Effects." In *Social Connections in China: Institutions, Culture, and the Changing Nature of Guanxi*, edited by Thomas Gold, Doug Guthrie and David Wank, pp. 57 – 74. Cambridge, Cambridge University Press.

Lincoln, James, Michael Gerlach and Peggy Takahashi. 1992. "Keiretsu Networks in the Japanese Economy: A Dyad Analysis Ofintercorporate Ties." *American Sociological Review* 57: 561 – 585.

Macaulay, Stewart. 1963. "Non-contractual Relations in Business: A Preliminary Study." *American Sociological Review* 28: 55 – 67.

Macneil, Ian. 1985. "Relational Contract: What We Do and Do not Know." *Wisconsin Law Review* 1985: 483 – 525.

Michelson, Ethan. 2007. "Lawyers, Politicalembeddedness, and Institutional Continuity in China's Transition from Socialism." *American Journal of Sociology* 113 (2): forthcoming.

Mizrachi, Nissim, Israel Drori and Renee Anspach. 2007. "Repertories of Trust: The Practice of Trust in a Multinational Organization Amid Political Conflict." *American Sociological Review* 72: 143 – 165.

Molm, Linda, Gretchen Peterson, and Nobuyuki Takahashi. 1999. "Power in Negotiated and Reciprocal Exchange." *American Sociological Review* 64: 876 – 890.

Molm, Linda, Jessica Collett, and David Schaefer. 2007. "Building Solidarity Through Generalized Exchange: A Theory of Reciprocity." *American Journal of Sociology* 113: 205 – 242.

Molm, Linda, Nobuyuki Takahashi, and Gretchen Peterson. 2000. "Risk and Trust in Social

Exchange: An Experimental Test of a Classical Proposition. " *American Journal of Sociology* 105: 1396 – 1427.

Nee, Victor and Paul Ingram. 1998. "Embeddedness and Beyond: Institutions, Exchange, and Social Structures. " In *The New Institutionalism in Sociology*, edited by Mary Brinton and Victor Nee, pp. 19 – 45. NY: Russell Sage Foundation.

Numazaki, Ichiro. 1996. "The Role of Personal Networks in the Making of Taiwan's Guanxiqiye (related enterprise) . " In *Asian Business Networks*, edited by Gary Hamilton, pp. 71 – 86. NY: Walter de Gruyter.

Oakes, Guy. 1990. *The Soul of the Salesman: The Moral Ethos of Personal Sales*. Atlantic. NJ: Humanities Press International, Inc.

Peng, Yusheng. 2004. "Kinship Networks and Entrepreneurs in China's Transitional Economy. " *American Journal of Sociology* 109: 1045 – 1074.

Podolny, Joel and James Baron. 1997. "Resources and Relationships: Social Networks and Mobility in the Workplace. " *American Sociological Review* 62: 673 – 693.

Portes, Alejandro, Manuel Castells, and Lauren A. Benton, eds. 1989. *The Informal Economy: Studies in Advanced and Less Developed Countries*. MD: Johns Hopkins University Press.

Powell, Walter and Laurel Smith-Doerr. 1994. "Networks and Economic Life. " In *Handbook of Economic Sociology*, edited by Neil J. Smelser and Richard Swedberg, pp. 368 – 402. NJ: Princeton University Press.

Powell, Walter. 1985. *Getting Into Print: The Decision-Making Process in Scholarly Publishing*. Chicago: University of Chicago Press.

Ragin, Charles. 1994. *Constructing Social Research*. Thousand Oaks, CA: Pine Forge Press.

Raub, Werner and Jeroen Weesie. 1990. "Reputation and Efficiency in Social Interactions: An Example of Network Effects. " *American Journal of Sociology* 96: 626 – 654.

Romo, Frank and Michael Schwartz. 1995. "The Structural Embeddedness of Business Decisions: The Migration of Manufacturing Plants in New York state, 1960 to 1985. " *American Sociological Review* 66: 382 – 403.

Sako, Mari and Susan Helper. 1998. "Determinants of Trust in Supplier Relations: Evidence from the Automotive Industry in Japan and the United States. " *Journal of Economic Behavior and Organization* 34: 387 – 417.

Sako, Mari. 1992. *Price, Quality and Trust: Inter-firm Relations in Britain and Japan*. Cambridge: Cambridge University Press.

Schneiberg, Marc and Elisabeth Clemens. 2006. "The Typical Tools for the Job: Research Strategies in Institutional Analysis. " *Sociological Theory* 24: 195 – 227.

Stinchcombe, Arthur. 1990. "Weak Structural Data (Review of Mizruchi and Schwartz) . " *Contemporary Sociology* 19: 380 – 382.

Swedberg, Richard. 1997. "New Economic Sociology: What Has Been Accomplished, What is Ahead?" *Acta Sociologica* 40: 161 – 182.

Swidler, Ann. 1986. "Culture in Action: Symbols and Strategies. " *American Sociological*

Review 51: 273 – 286.

Tang, Wenfang. 2005. "Interpersonal Trust and Socio-political Change." In *Public Opinion and Political Change in China*, edited by Wenfang Tang, pp. 101 – 117. CA: Stanford University Press.

Uzzi, Brian and Ryon Lancaster. 2003. "Relational Embeddedness and Learning: The Case of Bank Loan Managers and Their Clients." *Management Science* 49 (4): 383 – 399.

Uzzi, Brian and Ryon Lancaster. 2004. "Embeddedness and the Price of Legal Services." *American Sociological Review* 69 (3): 319 – 344.

Uzzi, Brian. 1996. "The Sources and Consequences of Embeddedness for the Economic Performance of Organizations: The Network Effect." *American Sociological Review* 61: 674 – 698.

Uzzi, Brian. 1997. "Social Structure and Competition in Interfirm Networks: The Paradox of Embeddedness." *Administrative Science Quarterly*, 42: 35 – 67.

Uzzi, Brian. 1999. "Embeddedness in the Making of Financial Capital: How Social Relations and Networks Benefit Firms Seeking Financing." *American Sociological Review* 64: 481 – 505.

Velez-Ibanez, Carlos. 1983. *Rituals of Marginality: Politics, Process, and Culture Change in Urban Central Mexico*, 1969 – 1974. Berkeley: University of California Press.

Walder, Andrew. 1986. *Communist Neo-Traditionalism: Work and Authority in Chinese Society*. CA: University of California Press.

Wank, David. 1996. "The Institutional Process of Marketclientalism: *Guanxi* and Private Business in a South China City." *The China Quarterly* 147: 820 – 838.

Wank, David. 2002. "Business-stateclientelism in China: Decline or Evolution?" In *Social Connections in China: Institutions, Culture, and the Changing Nature of Guanxi*, edited by Thomas Gold, Doug Guthrie and David Wank, pp. 97 – 116. NY: Cambridge University Press.

Watts, Duncan and StevenStrogatz. 1998. "Collective Dynamics of Small-world Networks." *Nature* 363: 202 – 204.

Wellman, Barry and ScotWortley. 1990. "Different Strokes from Different Folks: Community Ties and Social Support." *American Journal of Sociology* 96: 558 – 588.

Wellman, Barry, Wenhong Chen, and Weizhen Dong. 2002. "Networking *Guanxi* and Dong Weizhen." In *Social Connections in China: Institutions, Culture, and the Changing Nature of Guanxi*, edited by Thomas Gold, Doug Guthrie and David Wank, pp. 224 – 241. Cambridge, Cambridge University Press.

Wellman, Barry. 1999. "The network community." In *Networks in the Global Village*, edited by Barry Wellman, pp. 1 – 48. Boulder, CO: Westview.

White, Harrison. 1981. "Where Do Markets Come From?" *American Journal of Sociology* 87: 517 – 547.

White, Harrison. 1992. *Identity and Control*. Princeton, NJ: Princeton University Press.

Wong, Siu-lun and JanetSalaff. 1998. "Network Capital: Emigration from Hong Kong." *British*

Journal of Sociology 49: 358 – 374.

Wong, Siu-lun. 1996. "Chinese Entrepreneurs and Business trust." In *Asian Business Networks*, edited by Gary Hamilton, pp. 13 – 26. NY: Walter de Gruyter.

Yan, Yunxiang. 1996. *The Flow of Gifts: Reciprocity and Social Networks in a Chinese Village*. CA: Stanford University Press.

Yang, Mayfair Mei-hui. 1994. *Gifts, Favors, and Banquets: The Art of Social Relationships in China*. NY: Cornell University Press.

Zelizer, Viviana. 1979. *Morals and Markets: The Development of Life Insurance in the United States*. NY: Columbia University Press.

Zelizer, Viviana. 1988. "Beyond the Polemics on the Market: Establishing a Theoretical and Empirical Agenda." *Sociological Forum* 3: 614 – 634.

Zelizer, Viviana. 1996. "Payments and social ties." *Sociological Forum* 11: 481 – 495.

Zelizer, Viviana. 2005. *The Purchase of Intimacy*. Princeton and Oxford: Princeton University Press.

Zhao, Dingxin. 1998. "Ecologies of Social Movements: Student Mobilization During the 1989 Prodemocracy Movement in Beijing." *American Journal of Sociology* 103: 1493 – 1529.

Zukin, Sharon and Paul DiMaggio. 1990. "Introduction." In *Structures of Capital: The Social Organization of the Economy*, edited by Sharon Zukin and Paul DiMaggio, pp. 1 – 36. NY: Cambridge University Press.

附　录

上海被访者的社会经济情况梗概

	保险业从业人员(人)	
	销售代理	管理人员
性别		
男	52	33
女	47	11
年龄(岁)		
20 ~ 29	19	4
30 ~ 39	46	19
40 ~ 49	24	19
50 ~ 59	10	2
资历		
资历深	52	不适用
资历浅	47	不适用

续表

	保险业从业人员（人）	
	销售代理	管理人员
分工		
综合管理	不适用	8
营销和代理管理	不适用	18
培训	不适用	7
产品开发	不适用	8
公关	不适用	3
性别		
男	46	16
女	50	19
年龄（岁）		
20～29	20	8
30～39	37	16
40～49	28	6
50～59	10	5
60 以上	4	—
年收入（元）		
少于 18000	18	9
18000～36000	28	12
36000～84000	26	10
84000～120000	14	3
大于 120000	10	1
职业		
蓝领	10	13
低职位白领	40	10
高职位白领	34	9
自我雇佣/老板	12	3

注：“资历深”指的是那些从事保险销售代理行业已经两年或以上的人，“资历浅”是指从业少于两年的人；“低职位白领”指的是低级的办公室文员，比如办事员、秘书和销售代表等。“高职位白领”是指各种管理人员和专业人员。

《清华社会学评论》第十辑
第 153~179 页
© SSAP，2018

权力政治、纠纷解决与秩序回摆

——中国基层社会自治的一个解释框架[*]

易　军[**]

摘　要： 针对特定乡村的田野调查，利用乡村家族作为分析对象，采用空间人类学的分析方法，对乡村内部的纠纷进行过程分析，发现一起波及全村的乡村纠纷会破坏传统的地缘伦理和家族伦理，从而打破了既有的关系格局，导致秩序分裂，并基于利益共同体再造了一种新的关系秩序。但这种秩序不是长久的，而是即时的，村民通过适当的行动，在自觉或不自觉的关系往来中再次修复伦理秩序的损伤，又回到原来的秩序结构上。这样就形成了摆动效应，一种权力修复机制，它不需要法律就能把内生性乡村长久地维持下来。它具有高度的内生性、可控性和稳定性。依赖于这种自治原理，中国乡村保持了几千年自治的格调。

关键词： 权力　地势　乡村纠纷解决　秩序回摆　自治

一　乡村的空间、地势与家族

家族是中国传统乡村社会的基本组织，也是中国的基本政治单位和社会

---

* 本文为国家社科基金项目"宗教解决纠纷机制研究"（项目编号：14CFX029）、教育部人文社科项目"法治视野下当代村落家族制度研究"（项目编号：13YJC820096）、北方民族大学2017年度科研启动金项目"乡村非正式纠纷解决机制研究"研究成果。

** 易军，北方民族大学法学院副教授。

单元，在乡村政治秩序和日常生活中有重要影响。生活在乡村的家族大多聚族而居，个别情况下多姓家户聚落位于同一村居空间。单一家族乡村或多姓家族乡村居多数。笔者调查的云南省永善县坝村由多个寨子构成，每个寨子要么是被一个家族占据，要么是主导家族聚居的多姓寨子聚落。坝村家族在血缘伦理基础上，又有地缘伦理倾向。这种区别于制度划分的乡村空间结构，通过自然条件自动类聚形成的村居伦理秩序，基本上可以归类为一种自然—地理的社会空间（亨利·列斐伏尔，2003：47）。地理空间是家族的物理条件和载体形式。在交通较为传统的地方社会中，距离远近对伦理关系有一定限制和影响。正如秦晖指出的，如果人们不住一处，仅凭所谓共同祖先的伦理基础是很难保持稳定交往、发展公共认同并形成功能性组织的。（秦晖，2003：29）当家族在某自然地理空间聚居时，家族便衍生于该地理空间并建构家族秩序、生活群落和社会关系。家族相对于地理空间有其独立的一面，家族作为社会结构反过来会赋予地理空间以意义和文化，使其从单纯的自然空间上升到社会空间，即当有家族聚落化的地理空间被植入一种秩序而转变为社会空间和抽象空间。以坝村的易、刘、胡、袁四个大家族为例，他们都是依某一个山梁子或坪子（即地势较平的小坝）集群，形成一个家族寨子。一个梁子或坪子有一个家族，个别梁子有两个家族或独姓家庭。

　　坝村有三种自然地貌：西梁子、沙坪子、马蹄岩。这既是三个地理单元也是三个秩序单元，共计 80 户，220 人。西梁子从南到北呈 30 度斜坡型地貌变化，梁子西北是唐家河沟，东边是一条未命名的沟谷。西梁子住有袁氏家族 21 家，计 72 人。袁氏家族在清末民初从外地迁移至此，从高祖算起至今已有 5 代。高祖之下又分四房，现四房分裂为不同小家户。这是一个一百年来从一个祖先派发形成的完整世系。西梁子成为一个独立的血缘家族与"地缘家族"结合的空间结构。各个房系的家屋相对紧密，限制外来者定居。20 世纪 60 年代四兄弟定居于此，再也没有变动过，作为袁氏族人的地缘势力范围已成为村人共识。沙坪子位于坝村东边，其与西梁子仅隔着那条无名小河沟，东面是永善有名的顺河大峡谷。坪子在乌蒙山区是指仅次于坝子的小型平坝。从无名小河到顺河峡谷约 250 米。沙坪子平均宽度 15 米。

坪子又分三个小坪子。大坪子住的易氏家族，共有四房九家户。大坪子有两房彭姓家庭。另一曾姓家庭从 20 世纪 80 年代初从马蹄岩迁移上来，不属于大坪子群落。二坪子住着胡氏家族。胡氏家族共有三房，其中一房于 20 世纪 90 年代末期搬到昆明居住。另两房共有四家户，如把老人单过算入，则是六个家户。小坪子住的刘氏家族，共四房七个家户。油坊另一地理空间是马蹄岩，靠近金沙江，紧挨着顺河大峡谷。马蹄岩偏安一隅，中间有一道高50 米左右的崖与西梁子和沙坪子隔开，实际上是两个悬崖之间的岩坎。十年前这个地方住有易姓两房五个家庭、欧氏三房三个家庭、曾氏两房一个家庭。现在欧氏中只留了一房一个在此了居住，另外两个家庭一个搬到了园堡自然村，一个搬到了小坪子居住。易氏两房中，大房有两个家庭搬到了大坪子。小房三个儿子全部在外地工作，只有两个老人居住。现在新搬来的罗氏家庭，因在县城活动，基本不常住。离马蹄岩较远的一些有两户贺姓家庭。其从地理上看属于马蹄岩。

空间人类学意义上的"地"的关联派生于社会关系。费孝通指出血缘与地缘关系一致正是文化与空间融合形成的对村民的结构性制约。（费孝通，1998：70）"地"的空间、位置都依赖于社会结构。朱晓阳的地势理论实际也借用了费孝通的社会空间理论。"地势"指人类/有机体与环境之间相互关联而形成的、对人及事（包括社会地位）的变迁有影响的地理形势。"地势"是政治的内在部分。这种地势学可被称为"政治地势学"。这里将引入与"地势"相关联的本土政治概念。例如对于政治社会学/人类学中常面对的"国家"或类似政治组织和力量，可用汉语词汇——"势力"来描述。"势力"应被视为政治地势学核心概念（朱晓阳，2015：1~10）。从地缘到社群，这是朱晓阳所说的从地势到势力的转变。这种势力是地缘的意义所在，一旦超出这种地缘空间，势力明显减弱。势力是乡村权力的重要组成部分（李守经，2000：100）。朱晓阳的地势学把地势融入"人—物"的二元结构内，认为无论"地势"还是"人事"都是"地理形势"的混融。地势直接影响政治。"势力"既是地理和环境，又是人力；既是自然又是文化；既是势又是人。以传统社会学的术语说，"势力"既是系统或结构，又是行动者（朱晓阳，2015：1~10）。地势理论实际指出了地势是在地理基础上渗透着文化、观念和秩序的地缘，即习俗化或血缘化的地理空间。地理空间不完全指向自然构造，还渗透、嵌入了社会秩序和观念结构，实际上是文化建构。地势即为文化、社会建构的结果。当人们指向特定梁子、坪子或崖边地势时，他们所指的不再是这个地貌，而是对特定文化与社会空间的隐喻，成为这个空间结构的代称和符号。这里的"势"从地貌到被文化和社会意义的"势力、权势"、家族及其社会结构、群的性格和行为取向等不同情境的文化表达所替代。人们所称的"沙坪子"包括地理上的沙坪子和那儿的人，还意指这些人的共同观念和他们作为共同体的某种人格特征。这种从地理空间到社会空间的文化转变，正是地缘与血缘相互融汇形成的结果。总之，聚落格局以家族为中心，进而促使不同家族对不同空间进行阐释，并赋予不同意义。村民寄托的象征是村落空间格局的反映（刘晓春，2003：59~60）。这种意义秩序的建构，既是争议的焦点，又是解决问题的力量之源。

首先，地势既是家族势力的关键力量，又是家族在地缘结构上的一种态势。家族权力与家族势力有着直接关系。家族权力是家族势力的核心，是一种可以直接产生力量的支配性和控制手段的能力。家族权力要比家族势力范围小，家族权力是家族势力的一部分，但不能等同于家族权力。其次，家族势力是当地人对家族外围结构和社会影响力及其态势的认知。家族权力是具体地把这种态势运作于乡村社会的力量，是家族势力的表征。从某种意义上说，地势是家族势力的代名词，形成一种实力对比后的动态性呈现。最后，引发势力变化、调整的因素主要是被称为"事件"的村落公共问题，从而地势实际上与村落事件呈现对应变化。其中的重要事件便是纠纷。

问题是，伦理共同体发生利益争议时，利益对家族伦理共同体有何影响？它是如何分裂又是如何修正这种被分裂的地势秩序的？这需要在一个调查的基础上予以过程性分析，进而寻求基层社会的内部运作机制，寻找一个基层自治的解释框架。本文的分析方法主要基于空间理论，对纠纷进行政治人类学和法人类学的分析，希冀建构一套符合中国基层的社会自治理论。本文的命题是，家族在纠纷中充斥着权力的策略和利益博弈，反过来又整合家族内部结构。地势上的利益共同体与伦理上的家族共同体发生冲突时，伦理实际上在纠纷期间让位于地缘关系结构。一旦纠纷过后，家族关系就又回到伦理共同体方面，这种回摆现象构成了乡村自治的一种机制，并解释了秩序无须法律的理由。这种回摆规律反映了乡村自治机制可以成为法治的有效补充，即使国家不在场时也能维持其稳定，或进行自我修复。

二　地势 + 婚姻：乡村权力结构的生成

坝村一直存在以地缘内婚为主的婚姻交换结构。地缘内婚是在同一地理空间内（几个自然村的集合空间或同一自然村内的几个村民小组）实行内部通婚，而不实行跨地域外婚。以 1970 年代后 80 对结婚夫妇为例，坝村 55% 的通婚实行地缘内婚。同一地理空间主要指以村为单位或以自然村落（可能比行政村小）为划分单位。坝村地缘内婚在比行政分区村庄稍大的紧邻村落内部通婚，且通行于上一辈，越往外，通婚概率和比例越小。

地缘内婚与族缘或血缘内婚不同，后者是在同一族缘关系或血缘关系圈内通婚，地缘内婚排斥血缘和族缘关系，而是在同村内不同姓、不同家族之间通婚。地缘内婚致使村落内关系网络过密化。以地理为空间的通婚习惯，久而久之便形成枝蔓相连的以姻亲为核心的关系权力。关系权力过密，一是能化解严重的社会矛盾；二是形成封闭型结构，使外部力量难以介入，形成血缘与亲缘结合的社会圈子；三是这种情形极易产生更多日常生活争议。当这种关系权力过密以至于人们习以为常时，社会网络又返回到原本的自然关系状态，亲疏性不一定与血缘远近有关。所以这种影响不是实质性的，多是交往行为上的。地缘内婚另一转化形式是家族联婚。家族联婚并非指"亲上加亲"的近亲婚，而是有通婚传统的家族间形成的联婚制。坝村家族几乎都存在族际通婚：

（1）同一村民小组内通婚

第二代：易—曾①

第三代：易—胡　贺—刘　袁—王

第四代：易—彭　彭—刘　王—刘　刘—袁　袁—曾

曾—易　袁—易

（2）同一自然村内通婚

第二代：陈—欧　刘—易

第三代：周—易　周—刘　周—胡　周—袁　陆—欧

陆—袁

第四代：陆—易　陈—彭　刘—胡　陈—刘　夏—王

　　家族联婚只占自然村通婚圈系统的一部分，却能比其他通婚模式建构更复杂的亲属网络。所有婚姻网络其实都依附于四个主要家族，甚至四个家族相互间联婚并延伸到第四代，进而形成同一村内的家族世婚谱系，以家族联婚形成村落权力网络垄断内部事务，建构村庄的家族控制结构。家族世婚即乡村权力生产的必要方式。当代村落中，单一家族控制已基本不存在了，主要以婚姻为纽带形成多姓家族的联合控制。基于地理村居的传统格局被地缘内婚网络打破了。

　　沙坪子的社会结构分三部分：易氏家族、刘氏家族和胡氏家族，以及个别他姓家户。其中易氏家族与本地域的彭姓家庭联姻。由于本地域曾姓家庭与马蹄岩一户易姓家庭联姻，因而其社会网络归入马蹄岩而不是沙坪子。马蹄岩两户易氏也归入易氏家族内。这样，坝村易氏家族具备多重地缘和婚姻的连接关系。地缘上，大坪子易氏族人、彭家构成地势权力；血缘上有马蹄岩易氏族人与沙坪子一并构成家族势力。这两个地缘意义家族凝聚比较松散。袁氏家族成员自始至终在西梁子，未分散居住，由于与刘氏家族成员通婚，他们的家族势力还包括这个家庭。曾姓一家与袁氏家族通婚也被包括进

---

① 前姓表示嫁，后姓表示娶。

来。刘氏家族结构包括与之联姻的贺家。胡氏家族的一户家庭与马蹄岩易家构成社会网络。另一户曾姓家庭与马蹄岩易家通婚也被纳入马蹄岩易氏的权力范围之中。

地势并非构成权力的唯一部分，而是关键部分。"地势 + 婚姻"塑造了当地的权力网络。婚姻网络建构的亲属结构超越地势形成跨越血缘的家族权力。这样家族地缘政治又多了一份婚姻网络力量，但地势权力可能不统一甚至被分割，同一地缘权力体系可能分属不同家族圈，即存在不同权力体系。换言之，虽然家族的地势权力还在，但家族权力结构不再依附于地理意义上的空间权力，而是从属于以婚姻为核心建构的亲属权力体系。"地势 + 婚姻"权力结构成为坝村家族权力的关键支柱。这种权力的结构有边缘但并无明确边界。如果 A 作为某家族成员与 B 通婚，B 的其他家庭成员与 C 通婚，那么 A 与 C 之间的亲戚关系远不如 A 与 B 和 B 与 C 之间的亲戚关系。这构成了这个家族权力的递减原则，随着通婚链往外传递，亲戚关系紧密性逐渐减弱，相互间影响也减小。通婚互动链之外围结构对家族权力塑造极为羸弱，越往内权力塑造力越强。虽无法确定消失的边界，但通过第二链结构（如上述的 B 与 C 通婚链），权力基本可以忽略不计。

这种权力结构的内部凝聚关系因各个家族差异而有所不同。四大家族内部凝聚关系较强的是袁氏家族，几十年来始终有共同体化的集体行动。对外关系上都会形成一致意见，他们属于紧密家族。次之者是刘氏家族，家族集体性很强，但对外关系方面较为分散。最后是胡氏家族和易氏家族。尤其是易氏家族，分散在沙坪子和马蹄岩两大地理空间内，内部关系极为分散，他们可以看成是不具有家庭关系伦理的自家人。松散家族和紧密家族之差异正是家族权力级别和强弱的关键所在，尤其是松散家族极易因利益争议使家族的权力体系瓦解。紧密家族权力的社会影响力很大，控制力度较强，属于本地强势家族；松散家族权力的社会影响力较弱，控制力也较弱，属于本地弱势家族，唯一例外是家族自身体量较大，家户多、人口也多的家族即使属于松散家族，也具备强大的社会影响力。

三　纠纷过程中的秩序重构

离永善县城不到三公里的金沙江溪洛渡，地势险要，两岸绝壁千仞。
2003年3月溪洛渡水电站外围基础设施开工，2005年12月完工。同月，溪
洛渡水电站正式开工，2014年6月正式建成投产。从2003年外围基础设施
开建之日起，同时开工的是溪洛渡水电站的建设用电工程。由于永善一直是
缺电县城，县城大部分用电来自于永善县团结白水孔水电站，以往输电线路
破旧不堪，要利用这条线作为电站建设用电线路，需要大规模改造。为在改
造时让沿线村民共享电力资源，各个村开始对自己村内农网进行改造，以用
上白水孔水电站输送过来的电。坝村最早用电来自佛滩广桥湾小电站，后该
电站因向家坝水电站修建而被淹没拆迁。坝村的电站改造摒弃了原有的电站
线路，直接利用从溪洛渡镇传输下来的白水孔电。这样一来，新的电线杆、
电线、电表以及线路走向都要彻底改变。

原来的旧线路从佛滩沿着马蹄岩直到村中央的凉水井，现新改路线从坝
村村委会直到油坊。旧线路是从北往南，新线路是从南往北，路线刚好相
反。线路改造不仅是路线选择问题，而且意味着利益格局重整。之前最近路
线的马蹄岩现在变成离村委会最远；以前线路最远的西梁子、沙坪子现在离
村委会最近。线路越远意味着电线、电杆越多，支出越大，这些支出只能由
用得上这个线路的人家支出，同时它的漏电损失也最大，因为村民约定每月
漏电公摊依赖于线路长短比例。线路越长公摊越大，线路越短公摊越小。要
改变这个问题也不难，就是共同确定变压器最终建在何处。因为漏电损失的
线路长短直接从变压器处开始计算。所有问题的焦点集中于变压器安装空间
的位置选择。空间位置决定村民漏电分摊的公平性，也涉及不同的权力博弈
问题。这样一来，变压器的符号意义塑造了一种空间权力。而空间位置选择
恰恰又与地势格局相联系。空间在这里成为利益关注的焦点和重心，进一步
说，这个空间已经从单纯的地理选择变成被注入利益、权力、结构、伦理和
行动目标等多重社会因素的具有高度符号化意义的乡村空间。

在安装变压器之前，位于凉水井不远处的"刘家坡"有一个建筑，建于 1996 年，正好处在这个自然村的地理中心，专门用来安装变压器。那个坡周围没有人家，坡度较陡，运输困难，安全无法保障，后被废弃。在第一次家庭代表会议上，① 西梁子提出把变压器安装在队长房子旁的台地上，从地理位置看已经远离沙坪子和马蹄岩，意味着他们的线路成本很高，而漏电损失也由自己承担。这遭到刘氏、易氏和胡氏以及其他独姓家庭的反对。村民认为他有利用职务之便而为自己考虑的嫌疑，村民对此表示反对。这次会议不欢而散。在乡村村民小组事务的处理中，小组组长是个尴尬角色，他因考虑到村民感受，而不得不做出较明显的家族或个人偏向。另一方面，他的权力主要是上传下达，因某些政治信息不对称而可以利用一些权力优势。恰恰是这种优势，又被他所在的袁氏家族与其他家族为争夺变压器的空间位置所影响，若在其他场合，这种权力无实际影响，但在这种情形下，村民就自然地想到他作为袁氏家族一员，变压器放他那儿不是为了村民，而是为了他及他所在家族服务。村民还认为队长做得不太好的一点在于未经过会议同意，就先行把变压器位置确定的报告提交给村委会，村民表示不满后，他重新把报告撤了回来。这一来一往引起了很多村民尤其是各个家庭、家族间相互生怨，一时闲言蜚语到处流传。村民开始私下串合。一个变压器成为坝村的政治符号及其权力表达的策略中心，它激发了人们对利益的追求，并进而改变内生性结构和权力机制。

串合意即寻求共同认可安装地点的那些人，私下达成默契，在会议上形成一致意见，从而塑造了一种集合化社会权力和利益共生体。由于地缘结构的先天决定性，串合者都是同一地缘空间的人。串合显然是从个人权力到社会权力整合的一种策略选择和塑造过程。变压器位置选择

---

① 村民小组的会议机制是每个家庭派一个代表出席，家庭代表的意见便是家庭的意见。有多少家庭就有多少投票权，但村民从不投票决定，大多数采取协商一致机制。这种过程隐藏着权力的不公平，协商并不等于每个人都能在会上表达。我多次参加村民小组会议，过程性的控制几乎被队长（村民小组组长）和村上几个头人掌握。有的软弱之人发言机会很少，村落强人声调很大，说通过就通过了。但遇到重大问题，如变压器安装，这些弱势者也开始发声，表达自己的意见，结果权力越来越出现多重化的趋势，权威弥散了，问题还是得不到解决。

与一般村民纠纷不同，它任何位置空间的确定都涉及地缘群落而不是个人利益。对聚落化村居的秩序来说，对某家有利的安装意味着对这个地缘群落有利，同时也可能对其他任何村居群落不利。变压器位置确定的不是个人的关系，而是群的关系，是一种社会权力之间博弈的关系。反过来说，村民又不可能以个人力量推动变压器最终落位。正因如此，这才导致了家族权力与地势权力的对立。

如果说第一次会议是单个人的主张，针对队长提出的那个方案，他们无法形成有声势的集群要求，那么后来的第二次会议则是串合后社会权力的社群表达。会上有人提出，还是把变压器安装在原"刘家坡"那个小屋内，既公平又不影响任何人，但问题是无人看管，易被盗窃，而且运不过去，所以被多数人否决。这次会议充满了火药味，西梁子与沙坪子曾经因小河沟沿的大理石所有权发生过群体争斗，虽然最终因刘袁两家联姻而消解，但这个问题仍成为群落分隔的关键事件。村民虽在一个具有基层政治单元的社区内生活，但这个单元分为不同社区单位，从血缘伦理上划为不同的身份认同的社群，尤其袁氏家族自成一系，似乎与本队关联性不大，很难在心理上合群，在村民小组的重大事务上都存在与其他家族相左的意见。袁家人提议把变压器安装到村内的政治和文化场域中心——凉水井。这个地点正好处于西梁子和沙坪子之间的中间点上，它远离马蹄岩，意味着很难照顾到比较偏远的贺姓、易姓、曾姓、欧姓的利益，这个方案遭到强烈的反对。几番激烈的争吵后，分歧越闹越大，矛盾越积越深，甚至人们开始指着鼻子骂街。一个小型的变压器问题，最终经过人们不断地争吵以及对立情绪的塑造，演变成坝村的社会政治事件。此意味着它超越了变压器安装本身，影响到整个村的内生性结构。比如这个问题引发了矛盾，又激起村民对曾经不愉快事件的回忆，延伸出历史纠纷。社会记忆产生的情感偏向影响到对当前问题的价值判断，甚至累积为更大的问题，导致新仇旧恨一起迸发。比如，会议上西梁子与沙坪子的两个中年人因曾经的打架事件再度被提及，西梁子的那个人认为当时他吃亏了，"今天要把那一拳还给你！"他便向对方打去，结果反而被踢了一脚，会议讨论结果不欢而散。随着情势的扩散，纠纷已经演变为坝村的社会事件和公共政治，超出了村落社区边界。

根据电线形成的地势权力，各个地理空间内部都具有利益一致性。其结果是通过婚姻网络建构的传统权力秩序被打破和撕裂。虽然空间距离与同等序列亲戚关系没有关联性，近邻化的亲戚关系经常见面，小型利益扯不清，相互间交往过密影响到礼俗和客套，内在心理却有些很不自在的因素使双方陌生化，反而影响相互间的紧密关系，导致次生性的纠纷发生。有两亲家为此变压器争议开始指着鼻子互骂。贺姓家庭与刘姓家庭之间的姐弟关系因这事发生争吵，开会见面时两家人也经常黑着脸，相互不理睬。三十年来马蹄岩易家与沙坪子易氏家族间的族内互助关系，因为这一次争议而解体，杀猪请吃、建屋互助、邻里合作、家族修谱等都不复存在。坝村电改纠纷经过乡村利益格局的"事件化"塑造及其溢出效应，具备了超越纠纷的社会影响力和渗透性，或者说事件构成一种社会意义的权力支配关系，影响家族关系、邻里协作和亲缘网络，重塑了村落内生秩序。

地势在这种情境下显示出它的决定性意义，当事人在这种情境中被迫选择与之同地域的聚落形成共生利益关系群。地势超越了通过婚姻建立的亲属关系，尤其是亲戚网络被利益分歧割裂时，家族权力结构开始内缩，退回以地势为归属的血缘秩序之中。各自从血缘、亲缘、族缘群中"脱域"（安东尼·吉登斯，2009：56），回归地缘关系结构，地势权力成为利益重组的主要结果。罗维在研究伊佛高人时指出，从理论上说来，分裂作用尽可达到一点，即使这个社会碎裂为全无联络的若干亲属群（罗维，2006：244）。亲缘网络分裂导致家族权力回归地势结构。（1）袁氏家族原本就是内聚性强的权力体系，经过此次纠纷更加深了相互间的凝聚关系。与之有姻亲关系的域外权力被切割，如与之有婚姻关联的马蹄岩曾姓家户因利益分歧，各自归属于他们所居聚落。曾姓家庭脱离袁氏家族。袁氏家族与刘姓家庭的姻亲关系权力断裂，刘氏家族回到沙坪子的秩序之中；（2）沙坪子地势权力切割他们的域外关联。本地域内易氏家族与马蹄岩两户易氏实际已经脱离了利益联盟；沙坪子曾姓家庭与马蹄岩曾姓家庭也各自回到地域上的社会权力之中。沙坪子曾姓与易姓家庭也因利益共同体归属而不再以姻亲表达他们的关联性。由于贺家属于马蹄岩地势权力的一部分，其与刘氏家族的姻亲权力结构也被打破了。

上述关系秩序重组，使原来的姻亲网络分化，地势权力开始回归，共同地势重新分配社会权力并使之再体系化。纳德提到，纠纷具有同震效应，纠纷导致社会中的权力控制、限制、扩展及分配（Laura，1997：715）。这正是纠纷对秩序的生产性导致的结果。类似的观点，费孝通也曾指出，地域上的靠近可以说是血缘上亲疏的一种反映，区位是社会化了的空间。空间是浑然的，但是我们却用血缘的坐标确定空间方向和位置。当我们用"地位"两字来描写一个人在社会中所占的据点时，这个原是指空间的名词却有了社会价值的意义（费孝通，1998：70）。费先生的话明确表明了个人在社群中的位置不以单一身份来衡量，而是多重身份影响的结果，从而形成多重和可变的认同标准。正如本例，纠纷的利益重构了村民的社区身份和地位，改变了血缘和族缘的关系定位。纳德的研究已经说明纠纷实际导致了权力秩序的变迁，如坝村电线纠纷，他们的权力结构又呈现出与地缘的相同表达。原来错综复杂的亲戚网络因血缘、地缘再结构化变得简单起来。地势"能使分属政治、法律、经济或地理的材料重新涌现而出，获得新的意义"（朱晓阳，2006：93）。地势的空间重塑发挥了显著功能，空间不再是简单的地理意义上的活动/行动场景，而是一种包容各种社会因素的支配性场域（黄应贵，2002：9～21）。地势空间被社区赋予意义时，一种地势结构的权力得以生产（亨利·列斐伏尔，2003：48）。这种意义就是地缘与血缘双重组合，地缘是利益共同体建构的，血缘是伦理共同体建构的。地缘伦理与血缘伦理共同建构的权力当然具有可塑性，甚至与正式界定的权力都有很大分别，之前婚姻网络作为家族权力边缘通过内缩得以确定，不再作为家族权力的一部分而以血缘和地缘界定。地缘与血缘并合构成地势权力，即一种地缘政治联盟关系。权力秩序分裂也是多元地势并合，并再次回到三大地势结构：西梁子、沙坪子和马蹄岩。这种从原结构分化形成的联盟关系，在纠纷过程中集合为一个强大的对外群力，会支配或影响其他地势空间，甚至引发不同地势空间的对立。总之，纠纷使特定社会中个人与个人、群体与群体间结合更为稳固，或促使不和谐强化，导致新派系发展（Laura，1965：2）。

　　表现在会议空间政治方面的一个核心问题是，空间分裂与生产致使中心空间发生转移。比如按照习惯，30年来该村开会地点选择固定的地理中间点：一户门前的大坝内。家庭主人是村落的权威人物，作为政治空间的中心所在，他经常协调村中事务；地理上也是该村几大山头间的交界点、村落半径起点，是村落日常活动的主要空间；更由于该家户在村内未曾得罪过人，交往关系极为和谐，是社会关系空间的连接点。电线纠纷发生后村落开会的场所从原来的中心空间转移到一处集体所有的公共场坝处。开会空间变化是三方纠纷派系在一个场域内的缩影。此时之空间场域是通过斗争、权力等生产出来的多元内生秩序，通过分裂而以三个中心为主轴形成的三类秩序结构。用之于开会时，社会空间的建构改变了身体物理的变化，各方在场的位置表现出身体—地理的微妙性。分成三类集体组织，各自坐在属于自己派系的那一方，行为的自觉性安排并表现了物理空间的位置结构。"空间记忆中物体位置与空间关系的心理表征也同样需要选择特定的空间参照系"（赵民涛，2006：321～327）。这就是纠纷导致的个人空间身份归属的地理参照。社会空间身份的归属决定了他/她的位置空间。

四　会议解纷过程

　　乡村家族权力是一种实力对比，乡村事务处理有时是家族间势力政治博弈的结果。具体地看，这是家族势力在乡村整体意义上的影响力、支配性和操作程度的综合力量差异。三个地势集团的斗争明显存在差异，从居家户数和人数看，沙坪子最多，西梁子次之，马蹄岩最少；从内部凝聚关系看，袁氏家族内部统一性很强，刘氏和胡氏次之，而易氏最弱；从经济成本上看，西梁子离村委会最近，沙坪子次之，而马蹄岩最远。就地势权力影响来说，沙坪子和西梁子接近，马蹄岩最弱。

　　坝村电改纠纷之权力运作有个人权力参与，但个人权力不足以形成与地势权力对决的能力和力量。三大地势权力恰恰以一种社会性、集团/集体性权力的形式出现。古立弗指出，纠纷解决取决于纠纷双方所聚集的支持品质和数量，依赖于社会组织的基础。相反，规范是不重要的，虽然在纠纷解决过程的连续讨论中，规范常常被引用，但是团体的相对势力在结案时比规范更重要（Moore，1980：205）。可见，社群或社团性的非正式影响力对纠纷解决极为重要。由于乡村内发性、自治性能力很强，绝大部分内部事务都依赖于自力而不是外力，国家权力被排除在外，这一点从纠纷发生直至结束都未扩展到国家权力边界就可看出，个人权力与国家权力阙如，证明内生性地势权力操控纠纷过程，约制纠纷扩张，并隐含着结束这些矛盾的内在动力。

社会权力是一种组织化权力，有内部性和外部性因素，因而权力运作也是从内部性到外部性的运作逻辑。桑托斯指出组织权力是以双面模式呈现的：组织内采用橡胶笼权力（软权力、共享权力、非权力），而组织外，则使用铁笼权力（赤裸裸的权力、恐怖）（苏萨·桑托斯，2009：467）。组织内外的权力行使表现出一种软硬不同的权力观。如三大权力集团形成的对外合力依赖于内部关系的紧密和合意。只有达成内部一致意见时，对外话语权才可能形成。纠纷解决虽然需要村民小组整体的力量，但各自必须在内部进行权力规训之后，才可能完成最后决议。而内部权力规训也是为实现本地缘集团的利益而做的必要准备。袁氏家族早在半年前就秘密地召开了一次小型会议，一致同意变压器安装在队长家门口。沙坪子的内部协调也差不多同时期完成。后来胡、曾、刘、彭、易等五姓达成一致，同意安装在曾姓家户与刘家之间的一块平地上，既不是沙坪子的中央，又离袁家不远。马蹄岩由于地处坝村边缘，不可能为几户人家把变压器安装在马蹄岩，他们没有任何安装位置的内部计划，只要求降低承担的误差公摊费用。

纠纷博弈最后演变为一场家族和地势政治的权力斗争。势力强大家族的话语权多于势力弱小家族。独姓家户或没有话语权之小家庭，除抗争外别无他法。由于经常开会讨论变压器且都无法达成一致意见，村民感觉很累，相互间心生怨恨，时常采取与纠纷无关的边缘行动。西梁子埋怨马蹄岩故意捣乱，办不成事。沙坪子指责西梁子不妥协，而一定要放在队长家门口。马蹄岩认为两大集团以强欺弱，相互之间对立性非常大。结果，转机出现在 2011 年 6 月初的一天，马蹄岩欧氏的母亲生病，袁氏几个族人提着贵重礼物去欧家慰问，说了些好话，并对变压器安装进行商量，说服欧家人同意了袁家要求。欧家受到袁氏家族不断的好处和好话笼络后，不再与本地的马蹄岩地势权力立场一致，开会时也表示沉默。对于沙坪子来说，这种拉拢不起作用，因为这个集团人数众多，一两家人反对不足以改变地势权力整体情势，而且背叛带来的好处远低于内部制裁。强势家族对摇摆不定的家户进行渗透、拉拢，从而分化其他集团的权力表达策略，极为有效。遇到不好拉拢的家户而分化不奏效时，个人间的强制是时常有的事，这种强制甚至暴力不但不能使对方妥协，还可能被反强制。采取强制手段的人之间平时关系都很要好，会互助合作，但用村民的话说，就是"纠纷把关系打回原形"。实际上，乡村存在两种关系结构：基于亲族制度建构的亲缘关系和血缘关系，这是一种制度的关系结构；另一种是交往中产生的实际关系，这是一种实质的关系结构。形式关系结构不能代表真正的亲密性，只有问题化过程中才能发现他们的关系程度，实质即纠纷反映社会关系结构的外在与内在。"一个纠纷可能会提供给他展示他政治上的睿智和他的支持者的力量，或允许他去测试和重申他的追随者与反对者的关系。"（约翰·科马洛夫、西蒙·罗伯茨，2016：127）只在有事情发生的时候，才能看出谁和谁远、谁和谁近。只有在这样的时候，社会关系才能真正地展示出来（孙立平，2005：343～356）。两种关系结构有可能重叠，也可能错位。在重叠情况下，关系结构体现出它正常展现中国伦理的一面。当纠纷使关系结构错位时，伦理与功利、利益并不协调，从而出现矛盾的一面。

　　长时间对同一问题的"耗"消解他们对这个问题的激情，如果不是在某一时空节点上处理好，乡村内生秩序的非正常状态将一直延续下去，非正常生活秩序也难以为继，超出了日常伦理及其关系运作的正常范围，更超出了村民对纠纷情势的不确定而无法把控带来的心理承受力。因此纠纷必须解决。在 2011 年 6 月下旬的会议上，袁氏家族仍坚持安装在原位置，但对村上做出承诺，负责日常管理和维修，拉闸和检查的义务交由队长负责。其他电杆和电线的成本由全队所有家庭公摊。找不到其他替代办法，大家只得同意这种相互妥协的方式。一起复杂的纠纷在最终会议上达成一致意见，各个家庭代表签字后，问题得到解决。

会议解纷虽然是乡村政治的日常形式，它却日复一日建构着地方政治的表象，它是透视地方权力运作的重要窗口。开会作为一种"微小实践"，在某种程度上可以把它看作地方权力运作的缩影，它本身就体现着诸多地方权力运作的技术和特征（樊红敏，2007：152）。因此，会议是所有政治机制，包括纠纷政治、权力机制的一种常见的合意解决方式，属于弥合秩序紧张、共谋过程及结果、协商性民主等基本政治过程。会议解纷的投票过程也是家族族政治的博弈过程。这种过程表面形式是民主投票，实质上是强势家族拥有较多的亲缘网络和家户数，决定投票量。即使这些数量不够，仍然可以通过做手脚获得家族预期，会议的民主政治过程又回归于政治专制，一种微观政治的权力方式与表达过程。它绝不是单一政治——如投票——解决，围绕着会议解纷外围、边缘行动、强制、制造声势、联盟等一系列策略。各种各样的权力博弈行动使得纠纷这个核心逐渐从事实转变为充满乡村社会秩序、观念、政治秩序和伦理图式的浓缩，而作为纠纷节点的电线及变压器成为势力政治符号。会议之群体合意结果隐含着势力政治和权力支配在过程中的嵌入，看似合意的形式及结果实际被这种势力政治所支配，并通过群体合意来掩盖这样的权力过程。会议解决纠纷既表现出形式之结果与实质之过程之间的逻辑关系，又反映了背后的关系结构、社会力量变化和过程性安排等整体性博弈的社会表象。

五　非常态秩序的修复

从纠纷发生到最终处理大约有七个月的时间，其间经历了人们不断争吵、各个地势集团你争我夺、权力相互博弈和策略选择性使用，并最终让位于村民日常用电这个大事件。然而，即使是纠纷这个非常态性问题已被解决，仍不能说坝村社会秩序回归正常，坝村社会秩序被纠纷撕裂后仍处于非正常状态。这意味着，解决纠纷只是自治的目的之一，解决秩序的非常态是与解决纠纷并列的两个关键任务。解决纠纷容易，解决非正常秩序却要难得多。

　　为什么有的纠纷会无限放大，而有的纠纷又总是维持在一定程度上徘徊不定。这些都要从当事人的社会关系结构来确定自身策略，相互竞争博弈的结果总是处于平衡而不是失衡状态，才能把握。这表明社会冲突功能既有反向功能，又有正向功能。美国社会学家科赛指出了社会冲突中的群体保护、凝聚力和社会整合功用。这些因素有利于社会秩序的调适与变迁。换言之，社会冲突并非是消极否定的（L. 科塞，1989：24）。事件化的纠纷的确会撕裂乡村社会，对于小型社会的权力网络，这种分裂不是绝对的。空间分裂形成新型地缘空间又导致原有血缘、亲缘社会的空间分割，空间分裂不能维持既有的村居生活和关系交往。基于纠纷利益塑造的沙坪子、西梁子、马蹄岩三大地势空间建构他们的地势权力。这种空间又格式化了他们既定的其他空间（如婚姻、血缘等）安排。只有从地理空间回归于多重结构的空间秩序才是正常的社会情态。也即，缺乏其他权力机制的地势权力反而不是正常的秩序表达，只有回归他们的自然秩序状态，才是乡村正常生活的立足点。纠纷撕裂秩序的根本伤害在于互惠机制打破。互惠机制丧失使村民在遇到重大问题时无法依赖自身力量解决，比如庄稼收割、房屋建筑、重物运输、人情仪式等，反而严重打乱他们的日常生活。秩序的非常态性不是他们想要的生活格局，不是村民意欲建构的社会空间，甚至是反传统、习俗和常识逻辑空间。正如勒菲弗指出，"空间既不是一个起点，也不是一个终点"（勒菲弗，2008：29）。如同本案中，地缘空间/地势权力建构是为实现最小成本的电线路向安排，只是他们利益表达的工具和手段。"它是每个人手中持有的工具，不管是个人或是群体，也就说它是某个权力的工具（勒菲弗，2008：29～30）。"按照勒菲弗的空间理论，只有纠纷前的空间才是一种正义、目的和习俗空间，因纠纷利益塑造的地缘空间则是工具性和即时性空间。这样一来，恢复日常秩序成为纠纷解决之后的另一重要工作。

　　只要不是严重的人身伤害或其他暴力，大多数纠纷解决都不会发展到不可收拾的地步，一定要打得头破血流或极端敌对都是很罕见的。他们处理问题时都会"自动"留后路，以便将来进行秩序修复，即给对方一个台阶下来为自己留一手，为今后可能再次互惠、正常交往、保持传统关系留有余地。"留后路"塑造的情势，建构并得以恢复一种既定秩序的动力学机制，具有以下特征。

（1）长时性。比纠纷更耗时的是秩序修复，争议背后不仅是利益争夺，而且还有这种争夺导致的伦理秩序的损害。很多村民想不通，为何为安装一个变压器把几十年交情搞没了。这种损伤需要一个长时间的改变过程，通过点点滴滴的小型事件来修复、弥补这种伤害。长时间性可能需要半年，或一年或两年。总之，短时间内不可能把原始感情拉回到自然起点，他需要相互间的磨合与适应。（2）日常生活化。非正常秩序修复来自日常生活，而不是故意为之。日常生活乃是再简单的生活秩序注入修补秩序的伦理行为。如重新恢复杀猪请客仪式，人情仪式上主动帮忙，送礼并未少于平时自然关系程度的预期，见面主动打招呼，有困难时给予帮扶。这些日常生活正是从微观的个人互动中表现出来，是在简单生活中通过传统的那一套方式实现。（3）心理学机制。非常态秩序修复机制乃是一种心理现象学，他们不是故意去解决这个问题，是非故意性、无意识的社会行动。传统固化机制演变为习俗性的非正式制度，这种文化权力自始至终都在影响，或潜藏在个人或社会心理的最深处，是一种习俗化的社会控制系统。习俗构成一种强调社会权力的制约（埃里克森，2003：276）。（4）戏谑性。修正秩序需要日常化，事件也渗透到日常生活并演变为日常生活的一部分。正如变压器成为村民话语中心、政治议题的核心话题，甚至演变为日常生活的隐喻性、表征性符号。直到现在坝村调研，还能听到当年纠纷遗留的习俗性、本地化、戏谑性的"谚语"表达。① 戏谑归戏谑，恰恰说明这个问题转变为乡村事件后的一

---

① 一些村民分家时，总会提及"你想学变压器啊！你当我是变压器啊"等言语，前一句意即追求极端个人利益，是不顾亲情自私自利表征；后一句意即他人手中玩偶，被玩来玩去。家庭纠纷中也经常提到"你以为你是西梁子啊！"意指过于强势，自以为很强大；"你当你是袁××"，意指当个小队长，自以为是，觉得自己是个官，讽刺家里男人之意味很强。

种日常生活化语系，而日常生活化是避免事件再升级的自动控制手段。由于坝村缺乏传统意义上的权力垄断权威，这种自治型秩序在面对重大问题时有自适应地溶解冲突的能力。如果是一个极为严肃、敏感或紧张的话题，则不可能用之于日常生活并以戏谑性、玩笑式语言表达。这表明，人们这样做是不想使这个问题引起敌对情绪。

不可否认的是，对友好关系的修复也许是双方诉讼参与人一方获胜的目的之一，它并不是一个必要的甚至不是一个经常被表达的机会（约翰·科马洛夫、西蒙·罗伯茨，2016：144）。通过"留后路"实践发现，沙坪子、西梁子和马蹄岩通过某些事件的关联，自从纠纷发生以来的两年时间内，实现了日常生活的再建构，回归到自然的地缘和亲缘关系。如2012年沙坪子易姓老人去逝，恢复了纠纷以来的人情交换仪式；当年南方大旱时对贫困户的援助，虽然是村上号召，但村民小组内部对贫困者支持是一种典型的人情加负行动。后来一年时间内，沙坪子老人祝寿仪式、袁氏家族娶亲等通过这些互惠机制、人情交换机制和面子再造，原来纠纷导致的裂痕消失，社会秩序又恢复到原来的样子。尤其是，村里需要共同参与的集体活动，如修路、修渠，议证低保户，选举村民代表及讨论荒山出租，需要所有家庭参与民主协商，此时集体主义原则超越了个人、社群间的功利主义追求，不论有意无意，实际上进一步消弭了之前的对立情绪和分裂结构。几年后已经感觉不到他们发生过的重大内部纠纷。从纠纷发生，到秩序非正常状态再到秩序常规化，其实是从地势权力恢复到地缘/血缘与姻亲权力网络的原始状态。它可以自由形塑、伸缩内部修治的结构。

可以这样认为，有何种作为非常态的纠纷秩序，就必然对应存在另一种关系事实，纠纷秩序是分裂、背离的秩序，关系事实恰好弥合、修补这种秩序。结果，乡村纠纷暗示了今后会出现另一种事实，实现两种事实正反二元的对应与契合。如果没有这样的事实出现，村民会等待，等待适当的机会（苏力，1996：23～37）。若机会并未出现，非常态秩序修正时间会无限延长，对双方关系极为不利，无助于互惠合作解决复杂问题，在延伸到某种尴尬并无以持续之临界点时，当事人亦会制造事实或给予机会。纠纷对应之后起事实也一定会发生，差异在于时间先后及当事人关系对这种非常态秩序之承受程度。纠纷为负结构或反结构（－），是销蚀社会机体的负能量，后起事实为正结构（＋），是弥补、修正社会瑕疵性机体的正能量。正负相合反映了小型社会的内部运行规律。比如（1）两家因田地纠纷发生矛盾，一年后一方建房另一方主动帮忙。纠纷与建房构成这种正反的二元对应，后起事实正好与纠纷延续的关系秩序契合起来，使原本走下坡路的关系趋向平衡。（2）有时可能后起事实并非一起，是多起或多例事实的逐一累加，形成整体性的事实集合，才抵消纠纷的负向影响。（3）或者多种纠纷累积形成更多负向秩序，这种整体的纠纷集合亦对应多种事实的正向因素才得以抵消。（4）还有情形为多重纠纷的负面集合被一起事实所修正，但极为少见。下面图示可以清楚说明上述四个问题：

（1）纠纷 A（－）——事实 B（＋）

（2）纠纷 A（－）——〔事实 B（＋）、事实 C（＋）、事实 D（＋）〕

（3）〔纠纷 A（－）、纠纷 B（－）、纠纷 C（－）〕——〔事实 D（＋）、事实 E（＋）、事实 F（＋）、事实 G（＋）〕

（4）〔纠纷 A（－）、纠纷 B（－）、纠纷 C（－）〕——事实 D（＋）

综上所述可以发现纠纷导致权力失序，通过后续机制形成一种权力的再平衡，以确保日常关系与社会生活的正常化。那么可以说，这种通过权力再平衡的修复，实为等待后起事实发生的机会，并通过这种机会进行磨合，再造正常社群生活，以达到双方不可言说——有默契——的关系秩序的原初自然状态。留后路只是日常生活中无意识的行动，而不自觉地想缓和关系、修复秩序的趋势才是集体表达的目的。

六　秩序修复的权力机理

国家作为结构制约是有条件的，多数是悬浮且远离日常生活的，与他们产生密切联络的还是身边的小社会结构。如对村民日常生活有关键性影响的还是生活共同体。他们主要的生产生活都在这个共同体内完成。沙坪子、西梁子、马蹄岩虽然是三个独立地理空间，在政治区分单位上共属于一个村，他们必须在这个村的范围内实现互惠。他们所称的"村"超越了内部社会结构，家族、圈子、邻居、地域等都服从于这个结构。因此，内部秩序分裂并未改变村这个政治性结构，恰恰相反，这个结构对内部单位秩序有很大的压制、整合功能，构成西梁子、沙坪子和马蹄岩的上层。"村"的权力具备共有、政治性和全局性的结构及原则，拥有不可改变的固有力量。这是村民不可消解和违背的结构性权力。这个权力结构作为整体性的组织、体系、互惠、机制是村民日常生活的前提，它的内部也由众多微观权力结构构成。

　　乡村权力不但是多重化和多组织化的，而且也是一个连锁性结构。权力之间相互传递，一个连一个，形成连绵不断的权力链。即使没有任何姻亲关系的村民也都是权力链上的一部分，他们相互间仍能拉上某种亲戚关系——即使不是紧密关系和伦理意义的亲戚，在关键时能说上好话或缓解矛盾，消除仇恨。实际上，任何人都不可能独立于社会而存在，他们都是这个权力链上的网格，不可能脱离这个链条。如 A—B—C—D 权力链结构，四人存在亲戚、婚姻或其他伦理关系。A、B、C、D 四个人在链条上相互嵌入，B 与 A 关联同时又与 C 有关联，其他人也同样在这个链条上形成一个权力之网。其中任何一人既受到前面之人的权力约束，又受到他后面这个人的权力约束，他的行动必然要考虑这两个人的关系。这就是福柯意义上的权力没有中心，也没有边缘。每个人都是中心，每个人又都不是（米切尔·福柯，1998：210）。如以当地人婚姻圈为例，易—彭—刘—袁—曾—易（另一条线是：王—袁—易—彭—刘—贺）[①] 是两个核心婚姻链，这两个婚姻链条是闭合性的，类似于一个圆形结构的婚姻交换。任何家庭都是这个通婚圈上的一个节点，而不是起点和终点。换言之，每个家庭都是这个通婚圈上的连接点。他们必定受到前后两个与之通婚家族/家庭的亲戚关系的制约。从而，这种制约通过一个节点一个节点地传递，使整个链条得以形成一个权力体系。一些老人告诉我，"你能断绝吗？左拉右拽都是亲戚，打断胳膊连着

---

　　① 两条路线表示婚嫁方向，以出嫁为婚姻主线。

筋"，一语中的。这只是以通婚圈为主线的权力链。实际还存在很多以其他
为主线的权力链，如互惠群，这种习俗性权力控制也处于多重权力网络之
中，当甲参与乙的互惠活动时，乙作为受惠方就有返还帮工的义务，而乙与
丙也存在互惠圈，这样一个个地传递成为互惠链。另一个显著例子是杀猪请
客，同样存在这种闭合性链条。① 多重权力链使每一个村民处在从单一权力
链到立体性、多重性的权力链之中，形成权力的差序性结构。每个人在这个
结构中存在的多重权力链的组合关系，就是权力网格化。如图 1 所示，以 A
为例，他与 D、B、H 之间构成通婚网络的权力链，与 C、E 之间构成日常
互惠（如帮工）的权力链，与 F、G 之间构成其他关系网络的权力链。这样
A 与他周围的社会处于一个网格化的社会节点上。这个权力之网，对其他人
来说也是一样的网格节点。

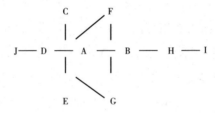

图 1　社会权力的差序性结构

　　图 1 显示社会权力是阶序化的，一个人不断处于权力链之中，还处于以
他为社会中心的那个社会秩序之中，而这个秩序是更大社会秩序的一部分，
这些权力构成纵横交错的权力丛。比如以图 1 为例，A、B、C、D、E 5 人
共同组成的微型社会结构中，以 A 为中心，C 和 E 构成它的差的格局，D 和
B 构成序的格局。A 的行为表达可能受到这个差序权力体系的影响，这个微
型结构又嵌入更大的社会结构之中。这里，A 既可是一个人，也可是一个家

---

① 所谓杀猪请客，指属于同一地缘上的亲邻关系，在每年宰杀"过年猪"时，有请亲邻吃鲜
（即杀猪后的第一顿饭，滇东北地区村民自称为"庖汤"）的传统。宰杀对象应为"过年
猪"，而不是用于市场销售或不以过年为目的的猪。杀猪请吃的范围属于长期关系亲密的近
邻。在地缘上主要是邻居，地理空间越远，则请吃的可能越小，地理空间越近，则请吃的
可能越大。

庭或一个家族。他们在权力网络内构造自身之日常生活。一个内生性权力秩序由众多微型权力秩序组合而成，这些众多微型权力秩序构成乡村权力网格。每一个网格焦点正是一个存在的权力。如此一来，社会权力依赖于家族、个人或家庭所处在这个网格中的社会位置。这个类似于桑托斯界定"按照重复的、日常的和常规的顺序排列的社会关系不断流动的组织形式、形态、程序、结构或方案"（苏萨·桑托斯，2009：463）。权力位置决定它的大小强弱，也决定与其他社会权力间的力量对比关系。处于权力网格核心时，它是中心权力。处于网格边缘时，它是无足轻重的权力。这些权力被约束在一个结构性球面半径上，从而形成一个互动且有所均衡的结构。如果一个网格被破坏，则可能导致权力秩序崩溃。一旦权力网格受损，网格就有自动修复功能，避免内生社会严重失序。或者说，当其中某双方关系发生危机时，其他网格对这种关系有制约作用，不会发展到严重破坏的程度。以图 1 中 AFBG 四角关系为例，当 AB 发生纠纷而致微型秩序发生危机时，另外两个三角关系 ABG、AFB 构成这个秩序的修复机制，即 FA、FB 对 AB 就有权力关系制约。若 AB 发生离婚纠纷，F 是男方舅舅，G 为双方好朋友。那么，F 和 G 会基于亲戚关系，各自对对方产生某种影响力，通过劝和而化解纠纷，或缓和双方对立情绪。同样，地缘内婚使不同家族家户间关系错综复杂，这就导致任何一个家庭或家族不可能只处于一个权力体系中，任何家族、家庭实际上一直处于多重权力结构之中。有家庭分属多个权力体系，这样会顾此失彼，考虑事情时总会进行周到安排，而不是只关注一个方面。

由于这个权力体系具有高度伦理性，网格中人们不仅拥有亲戚关系，而且还很熟悉。这种权力伦理包括他们的人情和面子制约。人情、面子的权力生产机制使他们注重平衡利益与伦理关系。因此，他们的关系逻辑是不撕破脸面，给自己留下活动空间余地，也给别人以台阶下。吴毅的研究指出："乡村社会中无所不在的权力/利益的结构之网，使农民在官民博弈中一般采取忍让而非诉愿的态度，即使诉愿，也尽可能留下回旋的余地，以为诉愿后官民关系的修复留下后路。"（吴毅，2007：21～45）这表明见好就收，不做彻底决裂的处理，正是使纠纷处理的利益与社会保持平衡的最好策略。当他们面对熟人或亲友时，任何矛盾都存在这种不想完全敌对的策略。一方面是双方要合作解决问题；另一方面是不能把人逼到绝路上。第三是双方毕竟存在"亲戚关系"。不想彻底打破熟人伦理，留给对方情面，正是面子的心理学修复机制的主要方式。实际可以说，这种熟人伦理机制和亲戚权力网络正是对非正常秩序和纠纷的一种矫正机制。

总之，他们经过一系列非常态事件后仍会回到既定、传统或习俗控制的轨道上来（詹姆斯·C. 斯科特，2007：29）。社会权力网格化不但建构了乡村的互惠机制、人情礼俗、亲戚关系网络，还会重塑、修正这个损害的网格，维持之前的权力体系，实现象征性平衡，使它回归自治运作状态，多数情况下它是自动修正的。

七　秩序回摆机制：中国基层社会自治的一个解释框架

通过权力网格化及其对非常态性秩序修复机制的描述，我们最终发现，小型社会的运作过程呈现出一种钟摆效应，即基层社会的那些自我调节以适应小规模社会内部秩序稳定之能力。他们乃是自动演绎、塑造、循环或整合的闭合过程，一个无须国家、法律的修正结构，未逾越或溢出社区边界，成为"自动化"的来回摆动的运作机制。

首先，权力摆动来自纠纷产生的秩序损伤所导致的影响。纠纷带来的社会消极影响越大，破坏社会秩序越广，则权力网格波动性越大，甚至作为事件的纠纷可能导致村域秩序的整体震动。权力摆动构成秩序非常态化的表征形式。这种摆动实质是权力关系损坏或裂变。裂变程度——即摆动性——大小取决于纠纷对社会秩序产生震荡的强弱，或者取决于对社会心理带来的某种负向情绪的深浅。其次，伦理和熟人关系就是可变性和回复性运作机制，即基于一种伦理格调形成的无形控制力量，返回到正常伦理秩序和日常生活常态。这种回复性机制也是一种伦理化、习俗性的权力动力学原则，只不过村民很难在主观上有所觉察，推动这种动力学原则的行动多数都源于一种深层次的无意识。最后，纠纷解决多数只为解决当事人的利益分歧，很少处理连带损失的伦理秩序，并未随着纠纷解决而被处理，关系被置于一个解决纠纷而悬置非常态关系的尴尬境地。乡村权力结构的回复性特征，又使得这种非常态关系被拉回到原点，即正常关系状态的位置。这种拉回是缓慢而非即时的，是在点滴日常生活中潜移默化地实现的。

上述三个面向揭示了乡村权力网络/网格在纠纷过程中的摆动原理。从这种规律可看出为何数千年来，我国乡村在无国家社会、无政府社会或国家权力上浮、皇权不下县/乡过程中一直静而不变或者高度自治，并在内部治理过程中保持长久稳固的一种可以解释的理由，秩序无须法律的理由。正是因为这种修复性、回正性摆动规律，乡村即使没有外部力量控制和干预也能实现自我矫正的某些功能，进一步说，能够保持内部稳定，并得以形成长久不变的地方性权力运作。这种机制避免了重大事件导致乡村秩序整体性质变或裂变的可能，把一些影响乡村秩序的因素控制在它可以调控和修复的范围内，从而保证小型社会持久地实现内部循环，法律、皇权或西方文化等外部因素反而不足以完成修复，它成为中国乡村社会——乃至所有地方社会——自治的基本原理。为什么新中国成立以来直至改革开放之前通过乡村政治建构、党政组织控制、国家权力下沉到基层却未见到很大经济、政治或社会层面的收效，究其原因，一个基本问题是忽略了这种内部修复机制的隐形存在，他可以无须法律、国家权力、政治组织或官员就能实现乡村社会的高度自治，尤其是自我调节、自我纠正、自我循环。过渡下沉，直至最基层（如到村民小组一级）的政治建构都未实现乡村现代化，未找到一套有效的契合地方知识的科学治理机制。改革开放以来政治性治理方式不再施行，国家权力上浮实际让位于地方社会原初机制，只有少数国家与之关联。这也是看到乡村社会仍存在权力摆动作用后，国家不得不采取对乡村政治控制减弱、加强福利、社会结构不做实质变更的策略。这恰恰证明乡村日常生活之大多数问题，不会总是找国家解决，因为这样不但违反日常伦理，也背离了权力摆动原理。这才是它极为正常之一面。

参考文献

〔美〕埃里克森，2003，《无需法律的秩序：邻人如何解决纠纷》，苏力译，中国政法大学出版社。

〔英〕安东尼·吉登斯，2009，《现代性的后果》，田禾译，译林出版社。

樊红敏，2007，《日常视角下地方权力运作研究》，博士学位论文，华中师范大学。

费孝通，1998，《乡土中国　生育制度》，北京大学出版社。

〔法〕亨利·列斐伏尔，2003，《空间：社会产物与使用价值》，王志宏译，载包亚明主编《空间与社会生产》，上海教育出版社。

黄应贵，2002，《空间、力与社会》，《广西民族学院学报》（哲社版）第 2 期，第 9 ~ 21页。

〔美〕L. 科塞，1989，《社会冲突的功能》，孙立平译，华夏出版社。

〔法〕勒菲弗，2008，《空间与政治》，李春译，上海人民出版社。

李守经，2000，《农村社会学》，高等教育出版社。

刘晓春，2003，《仪式与象征的秩序》，商务印书馆。

〔美〕罗维，2006，《初民社会》，吕叔湘译，江苏教育出版社。

〔美〕Moore，1980，《法律与人类学》，黄维宪译，载李亦园编《文化人类学选读》，台湾食货出版社。

〔法〕米切尔·福柯，1998，《福柯集》，杜小真译，上海远东出版社。

秦晖，2003，《传统中华帝国的乡村基层社会控制：汉唐间的乡村组织》，载黄宗智主编《中国乡村研究》（第 1 辑），商务印书馆。

苏力，1996，《法治及其本土资源》，中国政法大学出版社。

〔美〕苏萨·桑托斯，2009，《迈向新法律常识：法律、全球化和解放》，刘坤轮、叶传星译，中国人民大学出版社。

孙立平，2005，《现代化与社会转型》，北京大学出版社。

吴毅，2007，《权力/利益的结构之网与农民群体利益的表达困境》，《社会学研究》第 3期，第 21 ~ 45 页。

〔美〕约翰·科马洛夫、〔英〕西蒙·罗伯茨，2016，《规则与程序：非洲语境中的争议的文化逻辑》，沈伟、费梦恬译，上海交通大学出版社。

〔美〕詹姆斯·C. 斯科特，2007，《农民的道义经济学：东南亚的反叛与生存》，郑广怀等译，译林出版社。

赵民涛，2006，《物体位置与空间关系的心理表征》，《心理科学进展》第 3 期，第321 ~ 327 页。

朱晓阳，2006，《水利、"天助"与乡村秩序》，《法律和社会科学》2006 年卷，第 91 ~ 134 页。

朱晓阳，2015，《地势、民族志和"本体论"转向的人类学》，《思想战线》第 5 期，第
    1 ~ 10 页。

Laura，Nader. 1965. "The Anthropological of Law. " *American Anthropologist* 67 （6）：3 – 32.

Laura，Nader. 1997. "Sidney W. Mintz Lecture for 1995：Controlling Processes Tracing the
    Dynamic Components of Power. " *Current Anthropology* 38 （5）：711 – 738.

《清华社会学评论》第十辑
第 180~221 页
© SSAP, 2018

"半工半耕"、差序场与农户的
差别化食品消费

——"一家两制"调查与农户"个体自保"行为分析

徐立成[*]

摘　要：由于农产品价格极低，加之小农户的农业生产规模小，农业经营收益十分有限。由此，许多农村青壮年劳动力不得不进城务工，贴补家用。农业生产的任务落在了留守老人、妇女和儿童身上，由于农业劳动力数量的减少，出于维持农业产量等方面的考虑，农用投入品的使用量进一步上升。农村青壮年劳动力的外流与农业生产中农用投入品使用量的逐年增加交互作用，深刻地影响了农村家庭的食品消费。由于不愿消费自家规模化生产的农产品，许多农户通过小片自留地种植、庭院种植（养殖）等形式，为自家消费提供质量安全更有保障的产品，此即农户的"一家两制"差别化生产。通过差别化生产、邻里的农产品交换，以及其他替代性消费渠道，农户实现了食品消费的差别化。这种差别化的食品消费，与差序场下农户的三种不同角色（职业、家庭和社区成员）相契合，是农户在资源约束条件下的一种"个体自保"。

关键词："半工半耕"　　"一家两制"　　差序场　　"个体自保"　　差别化消费

---

* 徐立成，美国威斯康星大学麦迪逊分校农业与应用经济学系博士生。本研究得到国家社会科学基金专项"乡村振兴战略核心机制研究"（项目编号：18VSJ021）、国家自然科学基金应急管理项目"促进乡村产业兴旺的政策机制研究"（项目编号：71841005）支持。作者在此感谢中国人民大学农业与农村发展学院周立教授在数据收集、论文写作过程中提供的帮助和指导，但文责自负。

一 问题的提出

1994 年，美国学者莱斯特·布朗（Lester Brown）在《世界观察》（*World Watch*）上发表了著名的《谁来养活中国?》（"Who Will Feed China?"）一文。布朗提出，伴随着中国经济的高速增长，粮食需求增加与供给恶化的矛盾将日益尖锐，这决定了 21 世纪的中国必将面临着巨额粮食短缺，中国大量进口粮食将推动粮价大幅度上升，并将由此带来世界性的粮食危机。（Brown，1994；周立、潘素梅、董小瑜，2012）如今，20 多年过去了，布朗预期的中国乃至世界性的粮食危机并未爆发。相反，2004 ~ 2015 年，中国实现了粮食产量"十二连增"，以实际行动对布朗命题进行了有力的回应。

自 20 世纪 60 年代以来，改造传统农业的努力，使得"为市场而生产"成为现代农业的主要目的。逐利动机取代自我消费动机，日渐成为食物体系变革的巨大动力[1]，农机、农药、化肥、农膜等现代生产要素被大量应用于农业生产（见表 1）。

表 1　中国农业生产中的主要资本要素投入量（2010 ~ 2015）

单位：万吨

年份	2010	2011	2012	2013	2014	2015
农机柴油	2023.12	2057.44	2107.65	2154.90	2176.30	2197.70
农药	175.82	178.70	180.61	180.19	180.69	178.30
化肥	5561.68	5704.24	5838.85	5911.86	5995.94	6022.60
农膜	217.30	229.45	238.30	249.32	258.02	260.36

资料来源：国家数据（2010 ~ 2015），国家统计局发布（http：//data.stats.gov.cn/）。

---

[1]　关于这一点，法国社会学家孟德拉斯在其 1967 年出版的著作《农民的终结》中进行了论述，书中以法国农村的现代化为背景，分析了第二次世界大战以后欧洲乡村社会的变迁过程，并提出了这样的观点：随着工业化和城市化的发展，传统意义上自给自足的农民已经不存在，在农村从事家庭经营的农业劳动者是以营利和参与市场交换为生产目的，这种家庭经营体从本质上说已属于一种"企业"。

另一方面，在单一经济理性的驱使下，食品市场中间商在不平衡的食物体系中"上欺下骗"（周立，2010），引发了食品安全问题。在食品安全威胁下，家计经济条件下的食品安全"社会共保"机制被打破，部分农户开始采取"一家两制"模式进行农产品的差别化生产（徐立成等，2013）。农户的差别化生产表现为供应自家消费和供应市场销售的农产品采取了存在显著差异的生产方式：供应市场销售的，遵循资本逻辑的 A模式；供应自家消费的，遵循生命逻辑的 B 模式（周立，2010）。工业化的农业生产（A 模式）追求高产出，在质量上只求达到最低的食品安全标准，破坏了农业的精耕细作传统及产品多样化。与之相反，传统的精耕细作（B 模式），有利于保障食品质量安全和产品种类的多样性（da Cruz and Menasche，2014）。从学界已有的案例研究（例如 Fang et al.，2011），以及笔者课题组的前期调查结果看，蔬菜是差别化生产比例最高的品种①。

从不同的农业生产动机出发，可以为这一现象提供一种解释。农业本质上是一种家计经济。2300 多年前，古希腊哲学家亚里士多德在其名著《政治学》中最早论述了家计经济，区分了家计（householding）和获利（money-making）两种生产行为。基于此，沃勒斯坦（1998［1974］）则进一步提出，农民经济既不是完全定向于自给自足，也不是完全定向于市场。"在许多世纪中，农民经济同时具有这两种定向。"由此来看，中国农户在逐利动机下的农业生产遵循"产量优先"的原则，在生计动机下的农业生产则遵循"质量优先"的原则，这也是可以理解的。

其实，农户的"一家两制"模式也可以从中国农村社会的基本特征出发进行理解。传统的差序格局下，私人联系"像水的波纹一样，愈推愈远，也愈推愈薄"（费孝通，2004［1947］）。"差序格局"这一概念在学界颇有影响力，但费孝通先生本人在晚年对此进行了反思，提出可以用"场"来

---

① 笔者所在的课题组从 2012 年起开始进行关于农户"一家两制"生产行为的调查。其中，在福建福州和莆田回收了 60 份问卷，在河北保定回收了 60 份问卷，在甘肃平凉回收了 409 份问卷，问卷统计结果证实了这一观点。

对"差序格局"这一概念进行补充。"场"就是"由中心向四周扩大，一层层逐渐淡化的波浪，层层之间只有差别而没有界限"；而且"不同中心所扩散的文化场在同一空间相互重叠"（费孝通，1999；萧楼，2010）。在费老先生反思的基础上，萧楼（2010）明确提出了"差序场"的概念。和原始的"差序格局"概念相比，"差序场"这一概念的构成是"家庭生活空间和职业行为空间的复合体"，超越了血缘和地缘关系，形成了更加全面的关系网络，更贴近中国农村的社会现实，因而本研究将主要采用这一概念进行相关的讨论与分析。

就本研究而言，在差序场下，农户的农业生产方式和食品消费决策会受到人际关系的影响，对于自家成员、亲戚、邻里、朋友和陌生人的关注度会表现出显著的差别，对其消费的产品质量的关切度会根据人际关系由亲近到疏远而出现逐渐弱化的趋势。由此，也就有了食品消费的差别化。而且，每个农户家庭就是一个中心，由此出发便会产生数以亿计的"场"，"场"与"场"的交叉点代表了不同农户家庭人际关系的交汇点。最典型的例子便是一个农村社区的左邻右舍，三五户甚至更多数量的农户，彼此都比较熟识，相互之间往往频繁进行食品互换，后文关于农户食品差别化消费的讨论也将涉及这一点。

后文的结构安排如下：第二部分是"半工半耕"、差序场和农户差别化食品消费的相关研究综述；第三部分提出一个农户食品安全"个体自保"行为的研究框架；第四部分是实证数据来源及样本的描述性统计分析；第五部分对田野调查所收集的相关案例进行分析，以对描述性统计分析的结果进行补充说明；第六部分是研究结论与相关讨论。

二 文献综述

本文选取小农户作为研究对象，主要基于对当前中国国情的认识。中国的人均耕地面积只有英国的百分之一；与当今的美国农业相比，则是劳均7个播种亩与劳均900亩耕地的对比（黄宗智，2010）。此外，中国目前仍有约 2.68 亿农户、9.71 亿农村人口（2012 年数据）。① 不论规模化农场、农业龙头企业如何发展，在可预见的未来，这个基本国情都很难发生扭转。因此，客观地说，当前的中国农业仍以家庭经营为主要形式，绕开这一事实，一味强调规模化农业在中国的发展，是不符合中国社会现实的。

基于这一认识，后文将首先对中国农业生产"半工半耕"的产生逻辑、农户"一家两制"模式下农户的差别化农业生产和食品消费行为，以及"差序格局"与"差序场"的相关研究进行综述。

（一）"半工半耕"与中国农户的兼业化经营

中国农户的兼业化经营大致始于 20 世纪 80 年代。20 世纪 80 年代末期，学界开始关注农户的兼业化经营现象，并进行了初步的理论探讨。陆一香认为，农户兼业化经营阻碍了农业专业化的发展，与生产力发展规律相背离。冯海发（1988）则认为，农户兼业化经营与农业专业化并不相悖，是一条既适合国情，又与国际大趋势相吻合的农业发展路径。韩俊（1988）不赞同上述两种观点，认为半自给性的农户就地兼业化经营只是一种过渡形态，而非农户经营的长远模式。杨俊青、吕小康（1998）界定了农户兼业化经营的两种行为表现：一是农户家庭有劳动力转移到非农业部门后，仍然继续承包土地，从事农业生产；二是从事非农产业的农村劳动力同土地有着不可分割的联系，他们并没有完全脱离农业，仍季节性、间断性地从事农业生产。梅建明认为，中国应走资源适度集中型的农户兼业化道路，以小规模兼业农户为主导，一部分适度规模的专业农户并存。向国成、韩绍凤（2005）认为，农户兼业化经营从本质上说是"家庭成员个体层面的专业化经济与家庭整体层面的专业多样化经济的统一"，农户同时获得了个人专业化与专业多样化的经济效果。而且，由于中国人地矛盾比较尖锐，农村社会保障还很不健全，可以预见农户兼业化将是中

---

① 中国国家统计局数据（http://data.stats.gov.cn/），目前这两项数据仅更新至 2012 年。

国农户家庭内分工的长期组织均衡形态，事实上这也有利于中国小农经济效率的提高。

在上述多项农户兼业化早期研究的基础上，黄宗智（2006a，2006b）首先明确提出了"半工半耕"的概念，并指出：这一现象的产生，实际上是长期以来农业生产低利润率的直接后果。青壮年劳动力外出务工、非农就业，提高了家庭收入，但同时必须防范在非农领域失业的风险，因此家中的农业生产也不能荒废，"半工半耕"由此出现。在中国，农村青壮年劳动力大规模进城务工始于 20 世纪 90 年代，到 2016 年末全国农民工总人数已达 2.865 亿。[①] 当前，农民工群体在城市人口中所占的比例已达三分之一，为城市建设和发展做出了巨大贡献（Chen and Zhao，2017）。Zhang 等人（2016）认为，"半工半耕"是由于城乡之间巨大的收入和社会福利差距导致的，这一现象可能导致留守群体生活负担的加重。与此相对的是，学界传统观点认为：虽然有部分进城务工的农民工在城市扎根、不再返乡，但从更多的情况来看，"半工"与"半耕"是不可分割的。用费孝通先生的话来说，即是"城里的劳工，每个人在背后都拖着一根和他相互相连的带子，这带子是具体的，他的父母、妻子、儿女拉着他的感情和责任"（费孝通，1999）。因而，关于"半工半耕"这一制度安排在农户家庭发挥的作用，有待实证检验。

当然，也有最新的研究表明，在部分传统的农民工输出地（例如河南南阳），已经出现青壮年劳动力不愿到传统的农民工输入地（东部沿海大城市）务工的倾向。阻碍这部分劳动力外出的因素，主要包括在地城镇化的发展、就地非农务工机会的增多以及农村本地社会福利的改善（Chen and Zhao，2017）。上述研究发现的这些最新动向，实际上与本研究探讨的农户"半工半耕"并不矛盾，而是一种补充，为促进农民工回流、就地务工，更好地支持农业生产提供了一种有益的政策思路。对此，本文将在第六部分做进一步讨论。

---

① 参见中国国家统计局《2017 年全国农民工监测调查报告》，2018 年 4 月 27 日发布。

对于"半工半耕"的农户而言，必须在农业生产与非农务工之间做出取舍（Wang，Herzfeld，and Glauben，2007；Huang，Wu，and Rozelle，2009）。这种取舍是在家庭内部通过劳动分工实现的，根据分工形式的不同，一般可将"半工半耕"划分为"以代际分工为基础的半工半耕"，以及"以性别分工为基础的半工半耕"两类，这两类"半工半耕"可能在同一个农户家庭中并存。当然，还有学者提出了第三种形式，即以"离土不离乡"为基础的半工半耕（杨华，2015）。这第三种形式的半工半耕，实际上是以非农务工所在地为分类标准的，与"离土离乡"为基础的半工半耕相对。严格来说，第三种形式和前两种类型不是并列关系。

在青壮年劳动力外流的情况下，留守农村的妇女、老人或儿童负责农业生产，很容易出现农业劳动力投入不足的问题。出于成本的考虑，同时也是受传统习惯的影响，中国普通的农村家庭较少雇人进行农业生产（农忙时节的短工除外），农业雇工一直维持在较低水平，大约仅占农业劳动总投入的3%（黄宗智等，2012）。随着农民工数量的逐年攀升，农业劳动力投入不足，加之不合理的农产品低价，面临生计压力的农民只得"牺牲小农业模式，扩张企业农业模式"（van der Ploeg，2008）：降低人力投入，增加资本要素投入（李庆等，2013）。向国成、韩绍凤（2007）指出，"随着（家庭联产承包责任制）改革的不断深入，中青年劳动力向城市转移导致了农户对中间投入品需求的增加"。由此，我们观察到了农户在大田生产和规模养殖中，农用投入品使用量的逐年增加。以1983年统计数据为基准，2001年全国平均每个农户购买的化肥数量为基准值的1.4倍，饼肥为0.44倍，农药为1.53倍，农用薄膜为4.26倍，生产用燃料为11.21倍（向国成、韩绍凤，2007）。除此之外，农村劳动力的转移也推动了农户兼业化的发展，更多老人和妇女参与到农业劳动之中，而且越来越多的农户仅依靠自身的劳动力不足以有效地完成承包土地的生产经营，产生了对中间生产环节代理或外包服务的需求（向国成、韩绍凤，2007）。

由此，农户的兼业化经营缓解了生计压力，同时也带来了农业生产中投入品使用量的增加。

（二）差序场下农户的差别化食品消费

1. 从"差序格局"到"差序场"

中国传统的农村是一个典型的熟人社会。乡土中国的"差序格局"以自我主义为基础，社会关系是每个人以自己为中心影响的社会群体，是私人联系的增加。然而，这种私人联系的增加并不是在一个平面上进行的，而是"像水的波纹一样，一圈圈推出去，愈推愈远，也愈推愈薄"（费孝通，2004［1947］）。即便在同一个村庄共同体内，受差序格局下的"差序性伦理"（侯俊霞、朱亚宗，2013）的影响，人际关系也会表现出一个亲疏远近的关系，即"家人—熟人—陌生人"逐层疏远的过程。阮荣平、王兵（2011）从差序格局理论出发，提出家人信任水平要高于熟人信任水平，即差序格局半径越大，信任水平越低。

随着农村社会的发展变化，"差序格局"概念在解释力上呈现出弱化的趋势，需要对其进行完善和补充。萧楼（2010）提出的"差序场"概念是一个很有益的尝试。

"差序场"这一概念是在著名的"差序格局"概念的基础上提出的。费孝通（2004［1947］）首先提出，中国传统乡土社会的差序格局以自我主义为基础，社会关系是每个人以自己为中心影响的社会群体，是私人联系的增加。"以'己'为中心，像石子一般投入水中，和别人所联系成的社会关系，不像团体中的分子一般大家立在一个平面上的，而是像水的波纹一样，一圈圈推出去，愈推愈远，也愈推愈薄。在这里我们遇到了中国社会结构的基本特征了。"（费孝通，2004［1947］）正如费老先生晚年对"差序格局"概念进行反思时谈到的那样，"场"就是"由中心向四周扩大，一层层逐渐淡化的波浪，层层之间只有差别而没有界限"；而且"不同中心所扩散的文化场在同一空间相互重叠"（费孝通，1999；萧楼，2010）。基于费孝通"差序格局"的概念，及其在晚年对此概念的反思，萧楼（2010）提出了

"差序场"的概念。其中，"差"表示社会差等机制，仍然是社会秩序的重要构成；"序"作为文化等级观的概念已经在社会纵向整合的进程中发生了转变，由传统的"伦"替代为职业、身份、学历、财富、居住条件、消费水平等指标；"场"的主体是村民以及与之不断互动的各类权力主体，它不仅是费孝通先生意识到的文化场，也包括经济场和政治场（萧楼，2010）。当然，政治场并不是本研究所要讨论的重点。

从差序格局到差序场，普通村民事实上也在经历着社会整合的过程。萧楼（2010）提出了农民在社会整合过程中扮演的双重角色：家庭和职业。在农业生产中，分别对应于"为家庭消费而生产"和"为市场而生产"（徐立成等，2013），前者遵循家庭的亲情和礼仪，后者则服从职业的契约精神。对农户而言，前者的责任是硬约束，而后者的责任则是软约束。如二者发生冲突，或"形势上并置"时，职业原则是要退让的（萧楼，2010）。仍以费老先生使用过的"向水面上扔石子"打比方，差序场下，实际上是扔了两颗石子。"从差序场完整的图像来看，其中一颗石子还是像费老一样，扔入了社区这个水池，荡起了波澜；但与此同时，由于家庭已经难以涵盖生产和生活，因此，面向更广阔社会的'职业'也像一颗石子投入了水池。两颗石子荡起的波纹所及之处，是我们称为'场'的领域。"农民对处在其人际关系网络（文化场和经济场）中亲疏有别的不同群体，其责任意识存在强弱之分，也就出现了食品的差别化消费。就当前中国农村的社会现实来看，"差序场"比"差序格局"更有解释力。

事实上，家庭和职业并不是农民日常生活的全部，至少还应包括社区范围内的人际交往，比如农村社区中的婚丧嫁娶与节庆活动、邻里乡亲之间的礼物流动等。在本研究的范畴下，农户将自家生产的农产品赠送给邻里乡亲便是礼物流动的一种表现形式，这些用作礼物的农产品，一般与卖向市场的产品有所区别，后文也会对此做一些讨论。

2. 农户的差别化农业生产与食品消费

根据经典的不可分性理论，农户的生产与消费行为具有不可分性，农户的生产行为和消费行为存在交互影响。恰亚诺夫最早提出了农户是生产与消费的统一体，此即经典的"恰亚诺夫命题"（恰亚诺夫，1996［1925］）。Goodman（2002）对"恰亚诺夫命题"非常认同，并提出应使用统一的框架对农户的生产和消费行为进行研究，而不应将二者割裂开来。对于中国农户的研究，尤其如此。姜百臣利用微观数据进行分析，发现中国农村居民的平均食品消费倾向很低，很大一部分食品消费都通过自家生产得以满足。van der Ploeg、Ye 和 Pan（2014）进一步指出中国农户分散经营的两大优势为较高的自给率和较高的产品质量，中国农户普遍对这两大优势感到满足。

在费孝通"差序格局"研究的基础上，萧楼（2010）提出的"差序场"概念，为农户的这种"一家两制"行为提供了一种解释：在差序场下的农户具有家庭和职业两副不同的面孔，分别对应于"为家庭消费而生产"和"为市场而生产"，前者遵循家庭的亲情和礼仪，后者则服从职业的契约精神。对农户而言，前者的责任是硬约束，而后者的责任则是软约束。农户对家庭成员和市场上陌生消费者的责任意识存在强弱之分。

由此可见，农户的责任意识也存在差别：对于自己和家人的责任意识一般是最强的，对于关系稍远的亲戚和邻里稍弱，对于距离更远（例如城市居民）的责任意识则更弱。责任意识的差别，加之提高农业产量的需要，直接导致了农户"一家两制"的差别化生产行为。"一家两制"模式下，农户供应自家消费的安全农产品生产也成为其食品安全个体自保的重要形式。

3. 邻里间的产品交换：社区范围的自我保障机制

前面提到，家庭和职业并不是农民日常生活的全部，农民至少还具有社区成员这一角色。农村社区中，邻里之间的产品交换就是一个典型的例子。除了农户供应自家消费的安全农产品生产，邻里之间的产品交换为农户提供了另一条相对于规模生产更有保障的产品消费渠道，通过产品"互通有无"，实现互助和自我保障。

在《礼物的流动》一书中，阎云翔（2000［1996］）指出，"采用互惠模式来考察中国的礼物，我们会看到一个模糊不清的结果。一方面，互惠原则在中国礼物交换体系中的确扮演着一个重要的角色，从长远来看，大多数交换关系由完成回赠礼物的责任来支撑；另一方面，中国的情况也对马林诺夫斯基的互惠模式①提出了两个异议，即互惠的变化以及互惠的缺失"。根据阎云翔对黑龙江省下岬村的研究，在中国乡土社会这样一个道义经济体系中，互惠的概念已经超出了经济理性的范畴，而上升到道德层面的考虑。从"场域"的理论脉络出发，这种道德层面的考虑表现为一种基于"人缘关系"而非"主从关系"或简单的"朋友关系"的互惠行为（沈毅，2013）。

从本研究的主题出发，这种互惠行为的一个重要表现便是农户之间交换自家生产的食用农产品，阎云翔（2000［1996］）将其定义为"非仪式性情境中的表达性礼物馈赠"。②在乡土社会，这种人情往来遵循一种"差序性伦理"（侯俊霞、朱亚宗，2013），在这一伦理下，行为人的责任意识表现为逐层淡化的过程。产品互换以生产为基础，当差序场与这种乡土社会的产品互惠机制相结合，便在一个小范围的社区内形成了互助和自我保障，这也正是农村社区中邻里之间产品交换机制的意义所在。当然，因为这种产品互换仅局限于一个小的村级社区，只能视作一种食品安全的"集体共保"，而非理想状态下的"社会共保"。

（三）文献述评

对农户而言，在"半工半耕"与食品安全的双重压力下，"一家两制"模式下的差别化农业生产和食品消费是其经济理性和生存理性综合作用的结果。面临现有食物体系下农业生产的低利润率，产量就成为农户"为市场而生产"的首要目标。与此同时，农村青壮年劳动力外流，进入非农领域务工，以贴补家用。在这一客观现实下，维持农业产量需要通过增加农药、化肥和激素等现代生产要素的投入来实现。而在这种情况下，农民可能会采取更加安全的方式以供自家食用。由此，两种不同的生产目的导致农户的差别化生产行为。加之

---

① 在其1926年出版的著作《原始社会的犯罪与习俗》中，马林诺夫斯基（Malinowski，1926）从一种经济理性的视角出发，采用互惠模式来解说人们之间对等的礼物交换行为和回礼动机。
② 阎云翔将农村社区内的礼物流动分为表达性和工具性两类。表达性的馈赠又分为仪式性的和非仪式性的，前者一般在生育庆典、婚礼、盖房等情境中发生，后者一般在亲戚间互访、日常生活中的食品交换以及爱情信物情境中发生（阎云翔，2000［1996］）。

农村社会这个"差序场"中，人情关系的亲疏冷热对农户的生产生活决策起着关键作用，农户的差别化农业生产和食品消费也就不难理解了。

因此，若要走出这样一种困局，首先需要破除农业生产长期的低利润率，需要政府进行积极的引导和必要的经济激励，使农户突破差序心态（张纯刚、齐顾波，2015），可以探索并推广"农消对接"模式，增强农户和城镇消费者的直接联系，重建食品安全"信任共同体"（徐立成、周立，2016），以此重塑生产者和消费者之间的信任，促进食品安全保护机制由"个体自保"向"社会共保"转型。

三　研究框架

在现有相关文献的基础上，本文提出图 1 所示的概念框架，以探究"半工半耕"、差序场和农户的差别化食品消费之间存在的内在联动关系。

首先，受制于长期过低的农业报酬率以及较小的经营规模，农户从农业生产中获得的收益十分有限。为了获取更多货币收入，农户家庭普遍做出了"半工半耕"的劳动分工决策，即青壮年劳动力外出务工，妇女、老人和儿童留守农村务农，以期改善生计。但在青壮年劳动力外流的背景下，加之其他因素的影响（例如对雇工的不信任、农耕传统的影响等），负责农业生产的留守群体只得在规模化生产中增加农用化学品的投入，以提高产量，保证农业收入。

其次，随着城市化和农村市场化进程的加速，农户的角色正悄然发生着变化。一般而言，差序场下的农户具有职业、家庭和社区成员等多重角色。从不同的生产目的进行考量，农户的这三种典型角色分别对应于市场销售、自家消费和赠送邻里。其中，规模化生产的产品最终主要流向市场，其生产过程服从产量优先的原则。与此相对，供应自家消费和赠送邻里的农产品生产服从质量优先的原则。由此，也就构成了农户的"一家两制"差别化生产。

农户差别化生产供应自家消费的部分、邻里回赠的部分以及少部分农户开发的其他替代性渠道（例如通过亲戚从城镇的有机食品店获取高品质认证食品），共同推动了农户的差别化食品消费。在生计压力和食品安全问题的双重威胁下，这也成为农户进行"个体自保"的一条渠道。

基于图 1 所示的研究框架，本文第四和第五部分利用在河北、湖南两县实地调查所获得的第一手数据和案例资料，进一步探究农户进行差别化食品消费的行为逻辑。

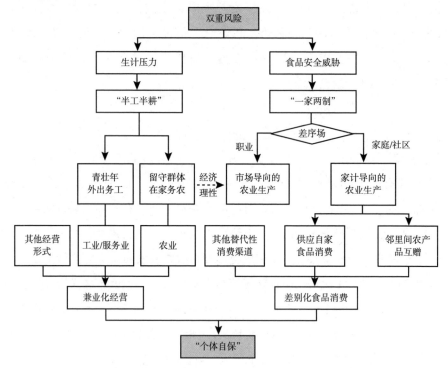

图 1　"半工半耕"、差序场与农户差别化食品消费行为研究框架

资料来源：根据黄宗智的"半工半耕"理论、萧楼的"差序场"理论，结合农户的差别化农业生产与食品消费研究整理并绘制。

四　数据来源及样本描述

（一）数据来源

本文研究数据来源于田野调查。在 2014 年 8 月至 2014 年 11 月期间，课题组在河北 W 县、湖南 X 县、山东 S 县、陕西 D 县四个调查地区共发放问卷 800 份，回收有效问卷 770 份，有效回收率为 96.25%。2015 年 1 月至 2015 年 3 月，课题组成员对部分样本进行了电话回访，以确认实地调查时记录的数据的准确性。除收入相关变量之外，农户的其余样本特征的描述性统计分析结果如表 2 所示。

表 2　样本基本特征描述性统计分析

	频数	百分比	2014 年全国水平	卡方统计量	显著性水平
省份				27.3295	0.000
河北	225	29.22	7384（26.67%）		
湖南	138	17.92	6737（24.33%）		
山东	265	34.42	9789（35.36%）		
陕西	142	18.44	3775（13.64%）		
性别				90.5592	0.000
男	561	73.53	51.23		
女	202	26.47	48.77		
年龄				154.1947	0.000
18～29 岁	35	4.62	19.22		
30～49 岁	300	39.58	32.51		
50～69 岁	377	49.74	22.03		
70～75 岁	46	6.07	2.99		
家庭人口			3.15	—	—
1 人	19	2.49			
2 人	92	12.07			
3 人	124	16.27			
4 人	186	24.41			
5 人	154	20.21			
6 人	131	17.19			
7 人及以上	56	7.35			
教育水平				21.1416	0.000
小学及以下	299	39.92	31.37		
初中	356	47.53	53.03		
高中	88	11.75	12.67		
大学及以上	6	0.80	2.93		

注：1. 考虑到本研究使用的实地调查数据获得时间为 2014 年 8 月至 2015 年 3 月，故在数据分析时，使用 2015 年相关统计年鉴中发布的 2014 年度数据作为参考。由于存在缺失值，部分项目各栏频数之和小于样本总数 770 人。

2. 关于"2014 年全国水平"一列的对应数据的含义及来源，做如下说明。

（1）省份一栏，指四省当年的总人口，单位为万人，括号内为该省人口在四省总人口中所占的比重，数据来源于《中国农村统计年鉴 2015》；

（2）性别、年龄、家庭人口三栏，数据来源于《中国人口和就业统计年鉴 2015》；

（3）教育水平一栏，数据来源于《中国农村统计年鉴 2015》。

从样本的基本特征来看，受访者多为男性，占 73.53%。从年龄看，样本多集中于 30~69 岁的壮年或中老年劳动力，占 89.32%。从家庭人口看，3~6 人的家庭占多数。从样本的受教育水平看，初中及以下的人数最多，占比达到 87.45%。在与 2014 年全国水平的对比中，这些项目卡方检验达到了显著性水平，说明样本的选取在人口和教育特征方面具有代表性。

由于农户家庭年收入和农业年收入情况在四个调查地区存在较大差异，故将其单独列出，统计结果如表 3 所示。

表 3　农户家庭年收入及农业年收入情况

	河北	湖南	山东	陕西	合计	占比（%）
家庭年收入（元）						
<20000	75	50	16	15	156	21.3
20000~40000	78	47	24	21	170	22.1
40001~60000	34	21	29	20	104	13.5
60001~80000	17	7	40	21	85	11
>80000	21	13	156	65	255	33.1
合计	225	138	265	142	770	100
2014 年全国水平（元/人）	10488.9					
农业年收入（元）						
<10000	83	92	65	6	246	35.76
10000~20000	107	12	8	19	146	21.22
20001~30000	7	1	14	17	39	5.67
30001~40000	1	1	19	8	29	4.22
>40000	5	4	131	88	228	33.14
合计	203	110	237	138	688	100
2014 年全国水平（元/人）	2306.8					

资料来源：农户家庭收入数据来源于河北、湖南、山东、陕西四省的实地调查，存在缺失值；2014 年全国水平数据来源于《中国农村统计年鉴 2015》。

从收入水平来看，受访农户家庭年收入在 80000 元以上的户数最多，为 255 户，占比达到 33.1%。另外，受访户的农业年收入呈现出极化分布，小于 10000 元和大于 40000 元的分别达到了 246 户和 228 户，占比分别达到 35.76% 和 33.14%。参考 2014 年全国的这两项统计数据，人均年收入和人均年农业收入统计值分别为 10488.9 元和 2306.8 元。若依据农村家庭人口规模的全国平均水平（每户约 3.15 人）进行估算，农户家庭年收入和年农业收入水平大约分别为 33040.04 元和 6920.4 元。可见，本研究选取的样本家庭年收入高于全国平均水平，家庭农业年收入又呈现出两极分化。

（二）描述性统计

1. 劳动力外流与农户"半工半耕"

前文提到，过低的农产品价格带来的生计压力，可能导致农户家庭进行"半工半耕"的劳动力分配。在实地调查中，课题组调查了农户家庭成员外出务工的情况，在受访的全部 770 个农户样本中，有 722 户对此做出了回答。其中，共有 314 户（占比约 43.49%）报告了"半工半耕"现象，其余 408 户则没有。在不同的省份，农户家庭外出务工的情况也存在差异，具体统计情况如表 4 所示。

表 4　农户家庭"半工半耕"现象普遍性的省际差异

	河北	湖南	山东	陕西	频次
有	118	86	59	51	314
无	82	29	206	91	408
频次	200	115	265	142	722

资料来源：根据河北、湖南、山东、陕西四地农户调查结果统计和整理，存在缺失值。

由表 4 可见，农户家庭"半工半耕"现象的普遍性存在较为明显的省际差异：在收入水平相对较低的河北 W 县和湖南 X 县，在生计压力的驱使下，两地农户"半工半耕"的比例均超过了 50%。而在收入水平相对较高的山东 S 县和陕西 D 县，特别是山东 S 县，绝大部分农户家庭并未选择"半工半耕"的劳动力分配模式。

2. 农户自家的差别化农业生产

在实地调查过程中，关于自家的差别化农产品生产，受访农户需要回答：在五类主要农副产品（谷物、蔬菜、水果、禽蛋和肉类）的生产过程（包括品种选择、农药、化肥或兽药等）中是否存在生产的差别化行为。对于回答"是"的农户，笔者所在的课题组还调查了其进行各类差别化生产的具体环节。相关的描述性统计结果如表 5 所示。

表 5　主要农副产品差别化生产环节

	谷物	蔬菜	水果	禽蛋	肉类	频次
品种选择	42	57	10	35	11	155
化肥	43	120	14	—	—	177
农药	27	111	11	—	—	149
兽药	—	—	—	30	7	37
频次	112	288	35	65	18	—

资料来源：根据河北、湖南两县农户调查结果统计和整理。

从一般农户家庭的经济条件出发，开辟出一片"自留地"或"小菜园"，更加注重品种选择，少用或不用农药、化肥或兽药，以此进行差别化的农业生产，成为农户进行食品安全个体自保的自然选择。从调查结果来看，当地农户自家进行差别化生产的现象较为普遍，蔬菜、谷物、禽蛋、肉类和水果，差别化程度依次递减。根据全部 770 个有效样本农户的描述，通过对信息的分析归纳可得出，有 396 位受访者家庭（占比约 51.43%）存在差别化生产行为。在生产环节上，化肥、农药使用和品种选择都存在一定比例的差别化生产行为。客观上，由于实地调查所选取的四地的种植户比养殖户数量更多，因此兽药使用这一环节的差别化情况并不是特别突出。

3. 农村社区内部的邻里产品交换

在自家差别化农业生产的基础上，邻里之间的安全农产品交换也发展起来了。在调查过程中，直接询问农户是否进行了差别化食品消费，得到的结果是仅有 231 户报告了自家存在这样的消费模式。而当被问及自家是否经常从邻里亲朋那里获得农产品,在受访的 770 个有效样本中有 340 户(占比约44.16%)给出了肯定的答案。

从进一步的访谈中得知,从邻里乡亲那里获得的农产品主要来源于他们的自留地、小菜园或庭院养殖。在所调查的六个农村社区中,这种产品交换非常普遍。由于是送给村里的熟人,和供应自家消费的产品类似,这些用于交换的农产品一般也都遵循质量优先的原则。

(三) 小结

重新审视农户的上述两种差别化食品消费渠道,不难看出,农户与邻里乡亲交换的农产品大都来源于供应自家消费的"附带性生产",而非供应市场销售的规模化生产,这也印证了本文在第三部分提出的研究框架(见图1)。其实这种做法非常合理,毕竟在同一个农村社区,居民彼此之间都非常熟悉,用于互换的产品质量必须得到保证。这种产品交换一般都是相互的,也在小范围的农村社区内部建构了一种食品安全的保障体系。通过农产品的差别化生产和邻里之间的农产品互换,社区范围内的农户都实现了差别化的食品消费。当然,部分家庭条件较好的农户还可能通过拓展替代性食品消费渠道获取被认证的高品质产品,但由于这部分农户的数量和比例非常有限,本研究仅在后文的一个案例中有所提及,而不再对其进行重点分析和讨论。

五　案例分析

(一) 案例描述

本文第四部分通过问卷数据的描述性统计分析,检验了农户差别化食品消费的普遍性。这一部分将展示河北、湖南、山东、陕西四地田野调查中收集的八个农户案例。通过对案例的描述和比较分析,本文将进一步检验农户的差别化食品消费及其与"半工半耕"的关联性。这八个农户案例的基本情况如表 6 所示。

表6　农户案例基本背景资料

编码	受访者	家庭成员数	主要产品	经营规模	家人外出务工情况	附带性生产的产品
HB - 01	刘女士	3	鸡蛋	3000 只	有	蔬菜
HB - 02	张先生	5	小麦	380 亩	有	小麦和蔬菜
HN - 01	李先生	6	生猪	150 头	有	蔬菜
HN - 02	贺女士	6	稻米	3.5 亩	有	水果和蔬菜
SD - 01	孙先生	4	绵羊	120 只	无	蔬菜
SD - 02	梁先生	3	山药	13 亩	无	蔬菜
SX - 01	许先生	3	绵羊	400 只	无	水果和蔬菜
SX - 02	马先生	5	土豆、辣椒	40 亩	无	肉类和鸡蛋

注：表中仅列出了受访农户最主要的产品及其生产规模，部分兼业户的其他生产情况在案例描述中有更为详细的介绍。

资料来源：根据河北、湖南、山东、陕西四地农户调查结果统计并整理。

1. "半工半耕" 农户：不止于生计压力

(1) 案例一：刘女士，养鸡场场主 （HB - 01）

刘女士经营的蛋鸡养殖场为农村能人创业型产业，该养鸡场由她本人独立打理，无雇工，她家的男主人是本地一家纸箱厂的营销人员，工资水平"中等"；刘女士有一个儿子，还在上小学。目前该养鸡场有 3000 多只蛋鸡，在往年没有受禽流感影响的情况下达到过 10000 只。该养鸡场的蛋鸡品种为农科院育种的灰鸡和小白鸡，可从县城购买。该蛋鸡场每 5 ~ 6 天卖一次鸡蛋。其中，很少一部分卖给本地批发商，他们将收购的鸡蛋主要卖向当地的超市、学校和城乡小卖部等。大部分通过本地的农村经纪人介绍卖到外地，这部分数量较大。在销售过程中，女场主对于本地的农村经纪人比较信任，有长期联系。该场蛋鸡均集中养殖，没有另外进行散养。饲料均是来自本地饲料厂的成品饲料，鸡苗、饲料和经销都是通过农村经纪人进行的。养殖的水源均是自来水（当地以地下水作为生活和生产用水）。该养殖户的养殖知识，最初来自查阅养殖技术书（购买鸡苗时赠送），随着养殖时间的增长，也逐渐形成自己的经验，现在以依靠经验知识为主。刘女士认为自己用统一的标准化模式产出鸡蛋的质量是比较高的，并且自家有时也食用，没有实行差别化养殖。

进行调查时，鸡蛋的市场价格是 193 元一箱，一箱装 360 个，约合 0.54 元/个。养殖的副产品鸡粪卖给收购商，价格是 290 元一车（一车容积大约 10 立方米），收购商可以卖到 800 元一车。此外，考虑到养殖的高风险性，我们还询问了刘女士是否购买了农业保险。但是，场主回答她并没有购买农业保险。主要原因是保险公司觉得理赔难而不承保。

除了规模养鸡，刘女士还种植了 10 亩大田，实行小麦和玉米轮种。小麦收成除留 300 ~ 500 斤自家食用以外，其他均卖出，通过与本地面粉厂交换，获得面粉，交换比例为 1:0.80 或者 1:0.84，两者的主要差别在于面粉的粗细。

此外，刘女士还在自家庭院种植时令蔬菜。据她介绍，本地 70% ~ 80% 的农户都有庭院种植蔬菜的传统，并且均采用施用农家肥、不打农药等传统方式种植。这些庭院种植的蔬菜绝大部分是供自家食用，多余部分晾晒成菜干或者赠送给亲戚邻里，是一种农村社会的互惠。也有极少数比较精打细算的家庭，会将多余的蔬菜卖给本村的小卖部。

从本案例来看，刘女士显然对于自家鸡蛋和蔬菜的消费是做了区分的。对于这种区分，一个可能的解释是消费数量的区别。蔬菜消费在刘女士家的日常饮食中占据了很高的比重，而鸡蛋的消费量比较有限。另外，由于丈夫白天在纸箱厂上班，只有刘女士自己管理整个养鸡场，要再进行蛋鸡的差别化养殖，可行性明显比小规模的种菜低得多。当然，就产品质量来说，饲料鸡产出的鸡蛋一般很难具有像散养鸡蛋那样的高品质，可见刘女士的食品安全与营养认知水平还有待提高。

（2）案例二：张先生，小麦家庭农场场主（HB - 02）

张先生经营的家庭农场是典型的种粮大户转化型家庭农场。该家庭农场经营 380 亩小麦地，由张先生夫妇和张先生的弟弟三人经营，他们耕种技术熟练，不雇工。张先生从 2006 年开始大规模种植，调查时已经是农场经营的第 9 年了。被访者张先生现年 60 多岁，是当地有名的种田能手，精神和精力都非常好。其女儿在江苏南通打工，年收入 20 万元，每年春节回家，儿子在县城工作，他和老伴留守家里种地。据张先生介绍，由于他所种植的小麦是种子公司的试验田，2012 年亩产 1000 斤，每亩地种小麦的收益可达 600 元。他的土地实行小麦和玉米轮作，亩产玉米 1400 斤。其经营的地块在 3 年前就开始实行国家的水肥一体化灌溉，由于已注册家庭农场，享受免费灌溉待遇。在成本方面，张先生所经营家庭农场的种子和化肥都由种子公司提供，每亩地的灌溉用水费用大概是 15 元，此外，还需要支付 26 元的收割费。张先生经常与农科院的粮食专家通电话交流，加之其多年的种植经验，有很好的种植技术。据介绍，在麦苗抽穗前再追加一次肥料可以显著提高产量，并且他希望把这一信息传达给更多农户。据估算，张先生每年的种田收入为二三十万元，是本地众所周知的有钱人。

在入村调研之前，笔者从当地农委工作人员那里了解到，该地区主要是抽取地下水灌溉，灌溉费用实际上就是抽水的电费。由于华北平原长期抽取地下水，目前已需要钻井 300 米深才能见水，而此深度的地下水已很难补给。为了实现可持续发展，给子孙后代"留条活路"，该地区一年以后将引黄河水灌溉，届时每亩地灌溉成本可降至 6 元。

张先生告诉我们，他家除了大面积的现代化、标准化种植以外，六七年来他家还开辟了 3 亩地进行传统种植，施农家肥、不施用农药和化肥，其产出用作自家食用和礼品交换。采取这种差别化生产模式，是源于六七年前他一位在北京的亲戚向他提出的要求。于是，张先生就辟出了 3 亩地种植小麦，施用农家肥，基本不用农药，其管理成本也很低。产出除了自家食用外，也送给在北京的亲戚。

张先生家跟本地其他农户一样，也采用传统模式自己种植安全蔬菜，品种有韭菜、茴香、油菜、豆角、茄子和番茄等，都是时令蔬菜。这些蔬菜只供自家消费，不卖向市场。另外，当问及猪肉等是否通过家庭养殖时，张先生说他家的猪肉也都是从市场上购买，原因在于没有那么多的时间和精力养猪。

从本案例来看，张先生开始附带性生产是由于外部力量的推动（一个远方亲戚的请求）。但"既然已经开始了，效果又不错，就没有理由停下来"。由于有妻子和弟弟的帮助，张先生在规模化小麦种植中感到的压力减小了很多。张先生的一对儿女在外务工，也为家庭的财富积累贡献了不小的力量。自然地，张先生也感到了为家人（当然也包括上文提到的远方亲戚）提供安全、高品质农产品的责任。如果附带性生产的产品超出了自家消费所需，张先生也会和本村的邻里分享。从上述产品分配的次序出发，也不难感受到一种差序的责任意识。

(3) 案例三：李先生，养猪场场主 (HN - 01)

李大伯，年龄 50 岁左右，家中有六口人，儿子和儿媳妇在株洲打工，还有两个孙辈。家庭每年的总收入有 80000 元，其中农业的收入占了 20000元，家庭年食品消费支出大约 10000 元。在家中，李大伯和大婶两人进行农业劳动，儿子和儿媳妇则常年外出务工。

在农业生产方面，李大伯主要以饲养生猪为主。经过 5~6 年的发展，目前的规模达到 150 头。但在村里还不属于大户，因为只有超过 300 头的规模，才能得到政府的相关补贴。生猪一般 3~4 个月可以出栏，主要喂养的是自家种的稻米和市场上购买的精饲料，每一栏大约需要 1000 斤稻米和 50吨饲料。在使用饲料之前，都有相关的营销人员进行技术指导。李大伯对于这些饲料也很了解，每次都需要检查合格证书。平时，政府还会有相关人员到猪场做防疫工作，但费用需要养殖户自己承担，所以李大伯自己制定的安全标准是"通过检疫"。

育肥后的生猪通过经销商，主要销往湘潭、株洲和邵阳，调查时的市场价格是每斤 7.6 元，成本是 5 元。生猪价格波动很大，据李大伯本人估计，调查进行时他最新饲养的这一栏生猪就很可能亏本。李大伯家很少食用自己养殖的猪：一方面是觉得宰杀比较麻烦，另一方面也是不舍得吃。所以平时大部分猪肉都是在市集购买。值得注意的是，他家会留有 1~2 头特地为过春节准备的生猪（"年猪"）。这个习惯从自己开始规模养殖的时候就有了，主要是考虑到需要保证猪肉的口感。这些猪同样放在规模养殖的猪圈里饲养，但有两个特点：其一，只喂养自家的稻米、蔬菜，有时也会喂剩菜剩饭，但基本不使用饲料；其二，饲养时间很长，一般会超过 10 个月。因此，这 1~2 头猪的肉质很好。

除了生猪养殖，李大伯家还种植了 9 亩水稻。这些地块分散在 8 个地点。主要以杂交稻为主，不会自留种子。早稻每亩的产量可以达到 800 斤，晚稻则会超过 1200 斤。在生产过程中，会使用 5 次左右的农药进行杀虫，其中，前两次在育秧的时候就使用。村里的农业技术指导站会定期公布虫情预告，让大家准备。这些稻谷有超过 7 成会自家消费，主要用于生猪养殖。剩下的会供应市场，每一季 1 亩稻谷的收益也就 1000 元，所以跟生猪养殖相比，这不是主要的收入来源。余下 3 成以晚稻为主，供自家食用，主要是因为口感好。

在蔬菜方面，李大伯家在山脚下开辟了一个大约 5 分地的小菜园，离家也就 30 米，这个习惯很早以前就存在。而原先的菜园被当年修的路占用了，现在自己开发的荒地也已经有 20 年左右的时间。使用农家肥，没有病虫的时候不用农药，且主要用于种植应季蔬菜，包括空心菜、南瓜、黄瓜、甜瓜等等。有时候，为了自己孙辈的考虑，还会种上他们喜欢吃的西红柿、西瓜等等。还有的时候，由于村里的其他老人没办法耕种，李大伯也会把自己菜园里的蔬菜分给这些老人。

自己在株洲打工的儿子除了在春节、中秋节等传统节日回家团聚，在李大伯和大婶的生日这天也会回来祝寿。平时，李大伯是周围邻里的话语中心，大家都会聚到他家里来讨论时事，聊天喝茶更是天天有。在他看来，为自家人和村里邻居提供安全可口的食物是非常重要的，但由于供应链太长，自己没办法确保给城市人吃的生猪是安全的，久而久之，为他们提供安全食品的意愿也就降低了，转而以成本控制和盈利为主要经营目标。

在本案例中，李大伯家是典型的中等规模养殖户。在生计压力下，李大伯只能保证生猪质量达到门槛标准。据他自己解释，过长的供应链导致终端的城市消费者购买到的猪肉质量成了未知数，这也成了降低他向市场供应更高品质猪肉的动机的重要因素。这样的解释固然有一定的道理，但对照李大伯每年为自家人精心饲养的"年猪"，依然能感受到一种差序的责任意识。

　　李大伯的儿子和儿媳在非农领域就业，为留守群体的生计提供了有益的支持。当然，应该看到的是，这也折射出了养猪场收益水平过低背景下的一种无奈。也正是因为经济收益的有限，有时甚至还要承担亏本的风险，李大伯的中等规模化生猪养殖也就很难以质量为首要目标了。而他在山脚下的菜园所进行的附带性生产，服务家人和邻里，对于产品质量的要求很高。由此，我们也能体会到职业、家庭和社区成员这三种身份下生产者主体责任意识的差别。

　　（4）案例四：贺女士，小规模水稻种植者（HN－02）

　　贺某，女，51 岁，高中文化。其家庭总人口数为 6 人。丈夫冯某，53 岁，常年在县城打工，为技术工种，工资 4000 多元/月。儿子和儿媳妇也常年在县城打工，工资均为 1600 元/月。另外，家里没有老人，有两个孙子，都在上小学。贺某独自在家照看两个孙子，同时管理自家的三亩多地，另外还有一些畜禽养殖，但农业收入总体还是远低于家人的务工收入。

　　贺女士家种植的是双季稻，年产量总计约为 1800 斤/亩，优先满足自家消费，剩余的卖给粮贩。粮贩收购价约为 1.24～1.25 元/斤。刨去农药、化肥的购置费用（农药 400 多元/亩，化肥 300 多元/亩）以及农机的租用费用（200 多元/亩），水稻种植的利润比较有限。家里散养了 30 多只鸡，母鸡下蛋，公鸡有时宰杀了自家吃，不卖。另外，家里还养有一头母猪，每年能产 20 多只猪崽。育肥以后销售，每年大概能获得 5000～6000 元的收入。总的说来，贺某家年总收入约 10 万元，其中农业收入不到 1 万元，大部分来自工资性收入。家庭年食品消费支出 1 万多元。自从 20 世纪 80 年代初本村分田到户以来，贺女士就在屋前开辟出了一片自留地，并一直在自留地上种植一些蔬菜，以满足家庭消费。

　　自从三鹿奶粉事件曝光以来，贺女士就十分关心食品安全问题，其获得食品（食用农产品）的渠道也比较讲究，大致包括以下三种途径。

　　（1）自家差别化生产

　　贺某在大田农业生产中每年坚持只打两次农药，因为即使是低毒农药，对人体健康多少还是会有影响。大田种植的农产品也是首先供自家消费，剩余的才会销往市场。在自留地上，贺某更是坚持不打农药，且使用农家肥，以保证自家消费的蔬菜类产品的安全性。

（2）邻里产品赠送

贺某说，自家平时很注意维持邻里之间的关系。自家每年在人情往来上的花费大约为 8000 元。家里自留地上中的蔬菜也会时不时地送给邻里，因而对方往往也会回赠。"（互赠的产品）一般都是各家自留地里产的，基本不打农药、不上化肥，质量也很放心。"

（3）高价购买认证农产品

由于自家经济条件的许可，加上家里有小孩，出于保证食品消费安全的考虑，贺某经常去县里的有机产品店高价购买一些具有认证的农产品，这一点和其他大多数农户都不太相同。两个小孙子都比较喜欢吃水果，而贺某认为市场上的水果很多都有很高的农药残留，因此贺某购买最多的就是有机水果。"孩子吃得安全了，自己也就放心了。"

从本案例来看，贺女士有着很强的食品安全意识，但她为家人所做的"个体自保"努力受到一些条件的限制。在访谈中，她表露出了规模生产中完全不使用投入品的愿望，但"半工半耕"的困境使她的愿望无奈落空。由于经营规模有限，加之只有她自己在家务农，劳动投入也有限，她只能妥协，使用农机和一些投入品。当然，在三亩多的水稻种植中，她已经尽了最大可能减少农药的用量。对于谷物之外自家消费的其他食品，贺女士更是通过自留地种植、邻里交换以及有机食品店购买等方式，努力为家人提供高品质的食品，尤其要保证两个孩子吃到的食品的质量。对贺女士而言，家庭这一身份的重要性显然是其他两者所不能比拟的。

2. 非"半工半耕"农户：生计压力依然存在

（1）案例五：孙先生，多品类种养结合的风险分散者（SD－01）

孙先生，36 岁，山东 S 县人，初中文化。一家 4 口人，目前以农业为生。妻子贾女士，今年 34 岁，也是初中毕业，帮他一起经营农业，夫妻两人都非常勤劳能干，专心务农。另外有两个女儿，虽然当地属于重男轻女倾向严重的农村地区，但是孙先生对于两个女儿十分疼爱，采访过程中言语之间便能感受到对两个女儿的宠爱，夫妻俩再辛苦，也从不舍得让她们做一点农活家务，这点非常罕见。大女儿今年 10 岁，已经上小学四年级了，而小女儿才 2 岁，还是个小宝宝。

为了一家人的健康，孙先生不仅有专供自己家食用的小菜园，而且还特别养了一些鸡和鸭，来为家人改善伙食、补充营养，这在当地并不常见。

孙先生家种养的品种很多，确实非常辛苦，但也获得了相对优厚的回报。2014 年家庭收入多达 23 万元，全部来自农业生产。当然，因为盖大棚和买鸡、鸭、羊的幼仔，在农业上投入的生产成本也要大约四五万元。他们没有加入任何合作社组织，目前农业生产受到的质量约束基本上来自市场上的收购商。政府有时也会进行一定的监管和指导，帮助他们更好地进行农业生产。

孙先生家有 3 亩水浇地，其中大部分用来建造大棚，大棚的边角旮旯也做了充分利用，大约有 4 分地的面积改造成小菜园，专门种自家吃的蔬菜，以及住处两边的鸡舍、鸭舍和大约两亩大的羊圈。

3 亩水浇地改造的大棚，种植模式是黄瓜套苦瓜，即黄瓜、苦瓜一起下苗，但由于黄瓜长得比较快，长出藤蔓限制了苦瓜的生长，等黄瓜采摘过季，拔掉黄瓜秧苦瓜能接收阳光，自然迅速成长、结果。他们家大棚采用的是滴灌技术，滴灌使用的设备是政府统一安装的，不花钱还节水。自家食用少量，剩下的大部分农产品都卖向市场。面积大约 4 分的棚头棚尾菜地，种有白菜、菠菜、大葱、大蒜、萝卜等蔬菜，全部供自家人吃。

调查时，孙先生在住处附近的圈舍养了 120 只羊，占用了大约两亩地，15 只鸡、4 只鸭则都在家中院子里开辟出的一小块地方喂养。鸡和鸭的饲养，都是为了自家消费，既能产蛋，又能吃肉，给自家两个女儿补充营养，羊则全部卖向市场。

和 2014 年一样，2015 年孙家也是种着 3 亩的大棚蔬菜。大棚有两个，一个 2 亩，一个 1 亩，都是保温棚。黄瓜收成一般，种了 3 亩，亩产 17000 斤，总产量约 5 万斤，基本都卖向市场，平均出售价格是每斤 2 元，得到了大约 10 万元的收入。黄瓜的出路主要是销售，但是自己家也吃。黄瓜收获期结束后，拔了黄瓜秧，套种的苦瓜就能迅速长出来了。苦瓜收获了 4 万斤，平均 1.8 元一斤，差不多又增加了七八万元的收入。两个大棚都严格使用低度农药，残留少，打药后第二天或第三天就可以摘了。另外，我们所了解的一些激素，一直被孙先生当成营养素在用，以为是促进蔬菜生长的肥料。

除了上述作物外，值得一提的是，孙先生在棚头、棚尾开辟了一块面积大约 4 分的小菜园，种植供自家消费的蔬菜。品种十分丰富，有白菜、菠菜、大葱、大蒜、萝卜等，主要供自家消费，若有多余也会送给一些亲戚朋友。基本不用农药和化肥，蔬菜生虫了，才会使用一点杀虫剂，更多是用手抓虫。肥料则主要施用农家肥。孙先生家确实存有差别化生产的现象，但原因并不局限于食品安全一种，还有便利性的考虑，两口子比较忙，自己随便种点自家吃的蔬菜不用另外去市场上买，还节省了买菜的钱和时间。

本村的居民宅院面积普遍不大，宅院内通常不做任何种养。即使有几户农民从事养殖，也多在宅院附近建有圈舍。孙先生家是为数不多的常年同时养殖绵羊和鸡鸭的人家，确实非常辛苦，夫妻两人可谓辛勤劳作的典范。鸡和鸭，都是面向自家消费，既能产蛋，又能供应肉类，而养殖的羊全部卖向市场。

孙先生家 2014 年有绵羊 120 只，其中 40 只为大羊（母羊），80 只为小羊。母羊大多不卖，就只卖出了 60 多只 130 多斤的小羊长成的大羊，2014 年仅卖羊收入就有 7 万多元，基本卖给当地的羊肉馆和屠宰场。主要喂食玉米、豆饼和麸皮的混合饲料，以及自己打的草。根据政府要求，每年春秋两季各打一次防疫针，基本上政府会免费提供，主要预防口蹄疫和小反刍疾病，有时也会根据羊的实际发病打些消炎退热药，都是自己操作。养殖周期一般一年一次，都是把母羊产的小羊尤其是公羊养大后就卖掉，母羊一般只有在 7 岁后才会基本淘汰。自己家并不吃，因为家里总共就 4 口人，还包括一个宝宝，杀一只羊，一家人也吃不完。

孙先生家另外养了 15 只鸡，主要是母鸡，可以孵蛋供应家庭消费。也有部分公鸡，养着在逢年过节时杀了自家吃。孙先生家的鸡从不卖向市场，鸡肉和鸡蛋都只供给自己家消费。熟人来了，也会杀一两只招待；或偶尔作为礼物，送上一两只。品种上没有特别要求，养上半年，每只鸡基本都有三四斤重。主要喂粮食和自己调配的饲料，以及让鸡自由觅食。买来的小鸡，都打过疫苗，自己不用再打药，也不加激素，在自家鸡圈周围散养。鸭也养了 4 只，也是仅供自家吃，喂养半年有四五斤重，基本享受和鸡一样的待遇。

和当地绝大多数农户一样，孙先生家不种植主粮，故米面都从市场上购买。家里的蔬菜，在应季的时候，完全自给，其他多数人家，也都做到自给自足。自家没有的品种，邻居之间可以调剂供给，没人太在意蔬菜的价值，在他们看来自家种的这点东西不值钱。水果需从市场购买，多是些北方常见的苹果、橘子、梨等等。禽蛋多数情况下自给，肉类部分自给，但常吃的猪肉还是要在市场上购买。牛奶和油的花销在所难免，都要在市场上购买。林林总总算下来，一年仅在食品上的开支也不少于 3 万元。

对于来自不同消费渠道的农产品的安全程度，孙先生认为自家种养的很安全，邻里亲友赠送的比较安全；而市场上购买的，安全性无法完全得到保证。孙先生对肉蛋类食品存在的安全问题比较关注，尽可能地自己喂养鸡鸭，吃安全放心的鸡蛋。

总的来看，孙先生一家已有较为清楚的食品安全意识。提及政府的作用时，孙先生还是比较感谢政府的引导与支持。提起对外人为何不能提供自家的安全农产品，孙先生觉得一是确实自家种养的农产品以更安全、更仔细的方式生产，不是为了追求经济效益的"商品"。二是虽然生产量少，却投入了不少精力，难以扩大规模形成供给，仅够自己家消费食用，顶多送给一些亲戚朋友以加强联系。

（2）案例六：梁先生，中等规模山药种植者（SD－02）

梁先生，29岁，山东S县人，初中毕业，为家中户主。一家3口人，目前以农业为生。妻子马女士，今年30岁，高中毕业。女儿今年刚2岁半。农业生产主要由梁先生负责，妻子主要是带孩子，几乎不下地。梁先生家的庭院不大，水泥地，没有在庭院里搭小菜园，也没有养殖家禽。

梁先生一家收入全部来自农业，收入受市场影响较大。2014年利润比较高，家庭年农业毛收入24.75万元，扣除每亩成本6500元，净收入达15万元。但2015年市场价格下降幅度较大，利润缩水严重。据梁先生介绍，他们生产的农产品会面临比较严格的抽检，一旦被发现存在质量问题，就会被退货，并会给未来的生产带来恶劣影响。

梁先生家有15亩土地，全部种植山药。棚头地大约有2里地，主要是在种植大棚的前面或右面。除去大棚占地，山药种了13亩左右，亩产5000~7000斤，2014年总产量约8万斤，出售价格的年节变化较大，2014年价格较高，达到每斤2元多，但2015年价格下滑较为严重，有的甚至不到1元。山药的产量绝大部分卖向市场，比重达99%，仅存留一小部分自用或赠送亲戚朋友。

山药有细毛长山药、二毛山药和大和芋山药等品种，梁先生选用的是大和芋山药品种。大和芋山药品种适应性强、品质好、抗病性强、产量高。山药生长周期长达7个月，一般情况下，春节左右下苗，播种前要把山药苗晾晒一下，这样可以活化种薯，又能杀菌、提高出芽率，同时，播种前用的底肥，主要是猪粪，不用化学肥。10月份收获，每年一季，收获结束后，到第二年播种之前，土地都空着，使土地恢复肥力。在农药上，使用喷雾器，15天打一次农药，打药的主要作用是除菌，山药的主要病害为炭疽病，是真菌性病害，俗称"落叶病"。在肥料上，一般一季追肥2~3次，大多是去农资超市购买，冲施肥在灌溉时使用。山药在种植的过程中，主要是水渠灌溉，10~15天一次，但也随土壤湿度进行调整。在提到化肥时，梁先生介绍，在种植过程中他基本不用化肥："现在老百姓都知道了，化学肥会板结土壤，对土地不好。"

　　除为自家种植的蔬菜大棚外还有大约 0.2 亩的土地，主要种植白菜、菠菜、大葱、土豆、韭菜、茄子、青椒、黄瓜、油菜。由于种植种类不单一，生长时间各不相同，且主要用以自家食用和赠送邻里，所以对具体产量没有定量认识。

　　因此，可以看出，梁先生家在种植方面是存在"一家两制"现象的，主要原因有两点：一是蔬菜仅自供，且外观上没有品相要求，没必要打药施肥，不需要多高产、多好看；二是虽然认为自家山药也很安全，自家也吃，但潜意识里还是知道少打药、不打药是更安全的，能少打药就尽量少打药。

　　本村养殖业较少，梁先生家也没有养殖，原因主要出于安全性和精力方面的考虑："不卫生啊，味道太大；现在买啥都比较方便，没必要。"

　　梁先生家虽然近两年没有种植小麦等粮食，但是几年前种过粮食，所以有囤货。种一年吃好几年，主粮的自给率达 80%。蔬菜则主要吃西红柿、菠菜和藕，在应季的时候，大多完全自给，但也会去市场购买，邻里亲友也会根据种植的品种进行交换，主要是自家没有的品种，邻居之间会调剂供给，全年蔬菜自给率约 80%。水果、肉、蛋、奶、油均从市场购买。水果中，多吃苹果、梨、香蕉、葡萄，多去市集购买。肉类，多吃猪肉、驴肉、牛肉，其中，购买猪肉是去熟人处。奶类主要是去正规超市买，去大超市，不去小超市。选购的食用油主要是大豆油。梁先生家每年从各类市场上购买食物的总支出大约是 1 万元。

　　就安全程度的评价看，梁先生认为自家种养的安全；邻里亲友赠送的棚头菜也很安全："都是自己家种的，能有啥问题？"

　　因为本地食品安全监管比较严格，所以市场上购买的菜的质量安全也基本可以保障。从市场上购买，一般有两种比较让梁先生放心的渠道：一是多去本地的 Q 超市①，比较放心；二是去熟人那里买，这也是典型的熟人农村社会的表现。

---

　　① 据梁先生介绍，本地的 Q 超市有定期抽查制度，非常严格，抽查时一旦发现农药等使用违规，会对供应商进行严格处理，名誉会严重受损，所以一般供货商的质量可以得到保障。

　　总的来看，梁先生一家已有较为明确的健康和食品安全意识。购买食品时，主要买本地熟人的，可以让人放心；外地食品买的少，让人觉得不太放心。

　　种植的山药由供应商拉走后，会进行严格的抽检，一旦发现问题，后果比较严重。因此他们平时打农药、施肥都会比较严格地控制。同样本地的其他产品也面临这样的监管，所以梁先生一家对超市里售卖的农产品也都比较放心。

　　梁先生与 S 县的其他农民一样，自家产的山药自家也吃，种的棚头菜和棚里的菜都会吃，只不过棚头菜的种植面积小，每种只有几棵，数量少，没办法向市场售卖；品相外观也不好看，没办法适应市场对品相的高要求。

　　(3) 案例七：许先生，绵羊养殖场场主（SX－01）

　　许先生，男，36 岁，陕西 D 县人，小学只读到四年级。平日里就在家种地、养羊，不外出打工。妻子张女士，35 岁，初中毕业，和丈夫一同在家务农。许先生夫妇育有一子，刚刚 2 岁。许先生夫妇已和父母、弟弟分家，不一起生活，也不同灶吃饭。但许先生在自家的羊场内开辟了一片两三分的自留地，地里产的瓜果蔬菜，经常和父母、弟弟分享。

　　许先生家是一幢砖瓦平房，有庭院。其住处交通很便利，离主路也就200 米，离集镇也不过 500 米。屋后就是其经营的养羊场，养殖规模大约400 只（200 只母羊，200 只羊羔，均为绵羊）。访谈过程中，许先生向我们抱怨，现在羊肉价格下跌得厉害，成本又一直居高不下[①]，2014 年养羊虽然毛收入有 10 万元左右，但扣除养殖成本，实际还亏了 5 万元（这还是未计算雇工成本的约数）。前年的情况类似，也亏了大概 5 万元。之所以现在一直支撑着，主要是因为羊场的前期投入较大，如果现在放弃，损失会更大。

　　许先生家共有土地 60 亩，分家后，父母和弟弟各留下 20 亩地，他也分

---

① 据许先生介绍，每个养殖周期开始的时候，羊场里所有羊羔都卖出，只留下 200 只母羊。但就是这 200 只母羊，不到 40 天就能吃完 5000 斤玉米。每只母羊每天大约需要吃掉 1 斤玉米和草料（苜蓿），200 只母羊，就是 200 斤玉米和草料，算下来羊场运营期间，每天的养殖成本大约为 260 元（按玉米和草料平均 1.3 元/斤估算）。

到 20 亩地。另外，他又从其他人家流转来 30 亩土地，现在羊场外的种植规模一共是 50 亩，种植的都是玉米，用作羊的饲料。羊场内，许先生还种植了 10 亩苜蓿，作为羊的饲草，不对外销售。另外，许先生还在羊场内专门辟出了一块两三分的自留地，种植白菜、豆角、黄瓜、土豆、西瓜等蔬菜或水果，供自家成员（包括父母）消费。羊场内外的大田、羊场内的自留地都是用井水灌溉。

许先生家的羊场一共养殖了约 400 只绵羊，母羊和羊羔大约各占一半。因为养殖规模较大，所以许先生只做专业化养殖，不养鸡鸭等禽类。当然，鸭在当地本就不多见，他不养鸡，一方面是出于对精力的考虑，更重要的则是因为怕鸡毛混到饲草（苜蓿）里，羊羔吃了以后产生不良影响。

据许先生介绍，他养的 200 只母羊每年实际能产大约 300 只羊羔，但在羊羔出生几天到一个月的时间里，陆续会有约 100 只羊羔因为疫病等各种原因死去，最后实际存活的羊羔也就仅有 200 只。这部分羊羔 180 天育肥后重量约为 30 斤，售价在 400 ~ 500 元/只不等。羊羔绝大部分（98% ~ 99%）卖向市场，但也会在过年时宰杀几只自家吃。

许先生的羊场内有六到七个羊圈，从实地观察的情况来看，所有羊都是圈养。饲料方面，除了玉米和苜蓿之外，许先生还会给羊喂一种名为"普瑞纳"的精料（主要成分为豆粕和豆粉，针对母羊和羊羔有不同的品种，补充生长所需能量）。兽药施用方面，每季度需要给羊打一次防疫针。

许先生家除了蔬菜能部分自给、水果能完全自给以外，其余产品，包括粮食、禽蛋、肉类和奶制品，完全需要从市场上购买。因为儿子还处在哺乳期，所以奶制品消费量很大。他会通过看电视了解一些食品安全问题的报道，但在本地，他觉得这一问题并不那么严重："村头和镇子上的集市，大家都认识了，信任了，以后我就都在你家买菜、买肉，也没啥不放心的。"

在三鹿奶粉事件后，许先生反倒觉得当前的奶制品安全问题不像以前那么严重了。当然，他对于自己家的自留地里产的蔬菜和水果还是最放心的。

关于农用化学品的投入，许先生认为它们能使农作物增产约 30%。一般来说，他会根据作物品种和虫害的严重程度，参考使用说明，确定用量。

当然，本地每个农户每年都使用了相当数量的农药、化肥，政府在化肥、农药合理使用的宣传引导方面实际上并未发挥太大作用，这些农药、化肥渗入地下水，造成的污染已经非常严重。因此，他希望本地政府能重视这一问题，推进当地的自来水工程建设，保证当地居民能用上安全的水。

社会关系方面，许先生认为邻里乡亲之间关系还都挺好的，邻里间会时常互赠自留地里出产的农产品。维持人际关系的压力也不大，主要表现在随礼金额上，一般200元就可以了，在他看来，这并不是一笔称得上负担的开支。

最后，差序责任意识在许先生这里也有一定的体现，自留地产品优先满足自家成员，之后吃不完才会送一点给邻里乡亲。至于城里人，"没有亲戚关系的不送，也不卖，不图那几个钱"，还是得优先保证自家的消费。

（4）案例八：马先生，动因复杂的差别化生产者（SX－02）

马先生，男，30岁，陕西 D 县人，小学文化，在家务农，即使农闲时也不外出打工。马家一家人都是农村户口，无人将户口迁出。妻子石女士，30岁，同为小学文化，在家务农。儿子10岁，在距离本村最近的镇上（3公里）的寄宿小学读二年级。马先生和父母未分家，一同居住，同灶吃饭，共同开支。父亲57岁，母亲53岁，都没有念过书。父母身体都很好，经常下地干农活。调研期间，儿子放暑假回家，也会帮忙干些轻体力活，比如摘辣椒。2013年家庭年农业收入12万~13万元，据马先生介绍，他家的收入全部来自农业，刨去种植成本，基本没有盈余，净收入几乎为零。

在讨论自家的种植和养殖情况之前，马先生首先谈到了本村的道路建设。他对村里的道路质量非常不满，路面颠簸，车很容易陷到泥沙中。每次去镇上出售农产品，3公里的路，骑三轮车要花40分钟才能到，路上还免不了要损失产品。以辣椒为例，一车能装50袋，到达镇上的市场时，也就剩下45~46袋了。这与课题组成员调研过程中的体验是相符的。当地一直在等上级政府拨款修路，但已经等了好多年，似乎越等越没有希望。"没东西往上送，就没人管路了。"

除了路，电也是当地村民的一块心病。当地停电基本成了习惯，经常是

"用 24 小时、停 24 小时",据说是因为电压不够。因为每户都打了机井用于灌溉,停电给农民的生产活动带来了极大的不便。

马家有 40 亩地,主要种植土豆、辣椒、胡萝卜和大葱,他家的种植几乎没有任何外部监管(没有加入合作社,也没有和公司签订单),其中土豆种植存在"一品两制"现象。据马先生介绍,他家 2013 年的家庭农业收入也就能满足生产成本。2014 年肥料价格更高,一袋钾肥(45 公斤)售价 145 元,一袋二铵(50 公斤)的售价则达到了 175 元。将从市场上购买的农家肥(底肥)、种子、农药和叶面肥的成本都算起来,投入的成本大约为 12 万~13 万元。

供应自家的农业生产方面,马家在大田边有一小片地(约 0.3 亩),种植了玉米、土豆和豆角。不论大田还是这块自留地,灌溉主要依靠自家打的机井。据马先生介绍,本地各家居住较为分散,不具备集中联户打井的条件。

马家种植了 20 亩土豆、11 亩辣椒、6 亩胡萝卜、3 亩大葱。唯一进行"一品两制"生产与消费的品种是土豆,品种为紫花白,生长周期约为 130~140 天,产量约为每亩 3 吨,除了在地窖里为自家留 200~300 斤以外,其他全部出售,2014 年的出售价格约为 0.5 元/斤。除了大田种植以外,自留地里也种了一部分土豆,不打农药,不用化肥。自留地里的土豆长势明显不如大田好,但马某觉得,"吃着更放心"。

事实上,马家进行"一品两制"的动因非常复杂,一方面马先生觉得自留地的土豆吃起来更放心,另一方面又从大田里留出了 200~300 斤土豆放入地窖,以备不时之需。这也正是农户最小化风险的努力和实践。必须承认,与大田生产相比,自留地产品因为使用的农药、化肥明显较少(或者完全不用),抗灾能力较差。一旦遇到灾害,自留地产品甚至可能绝收。这样一来,农户就必须向市场采购这些产品(价格可能还要高于往常)。出于防范灾害风险的考虑,农户必须给自己留一些农产品存货,保证自家的产品供给,也避免可能的灾害到来时,增加不必要的开支。

除了上述四个品种的种植之外,马家还在自家门口的圈舍分别养了 8 只羊和 23 只鸡，仅供自家消费，不向市场销售。

马家养了 8 只羊，其中 2 只母羊，6 只羊崽。每年，马家将母羊崽卖出，每只大概能换得约 500 ~ 600 元的收入，公羊崽育肥后自家吃。羊崽一年大概能从 1 斤长到 30 斤，自家食用和市场销售的羊崽在养殖方式上基本没有区别，都是吃玉米，一年需要打一次防疫针，稀松圈养。唯一的差别在养殖周期，一般自家食用的羊是等过年时宰杀，养殖周期大约为 1 年，向市场销售的则大约为 7 个月。但相应地，向市场销售的羊崽重量可能只有15 ~ 16 斤。

当被问到是否愿意将自家吃的公羊向外销售时，马先生回答得很实在：

> 只要有人愿意多出钱，我咋不愿意卖呢？这不是还没城里老板找我买羊呢吗？现在这市场价，才 500 块，太便宜了点，也就刚刚能把个饲料钱收回来。要有人出 1000 块，我指定愿意卖啊！

可见，对接渠道、生产成本和销售价格是决定"农消对接"模式能否有效发展的关键因素。

除了 8 只羊，马家还养了 23 只鸡，有几只母鸡（具体数目马先生本人也记不清了），下蛋自家吃，不卖。另外的都是小公鸡，每只大约 3 ~ 4 斤重，只喂玉米，不喂饲料，也不打兽药。为了便于管理，养殖方式也是稀松圈养，不是最理想的散养。一般养殖周期为 1 年，过年时会宰杀几只公鸡来吃。

食品消费方面，每年马先生家自产的禽蛋足够自家消费，蔬菜也只是冬天买一些作为补充（花费约 800 元），粮食（花费约 2000 ~ 3000 元）、水果（花费约 300 ~ 400 元）和肉类（花费约 10000 元）均需要从市场上买，乳制品家里没人吃，也就不买。算下来，每年的食品支出大概是 13500 元。

马先生有较强的食品安全意识，他一直关注各类食品安全事件的报道。

所以，相比市面上那些认证的高价产品，他还是更相信自家种植和养殖的产品，吃着相对更放心。他唯一的遗憾是自家没有条件种粮食了："稻子吧，这儿的天太干，种不了；小麦吧，你算算这播种机、收割机、拖拉机、加工机，这一套全买下来，咱哪儿受得了啊？还不是也种不了？"

虽然对当前的食品安全问题深感忧虑，但马先生认为，当地的食品安全问题并不严重。当然，从自己多年务农的经验出发，他还是认为农药、化肥等投入品对食品安全肯定是有负面影响的。他自己也一再表示，农家肥种出来的东西吃着更放心。

最后，马先生认为他在自家农产品的分配方面的确存在差别化，对于自家成员和邻里乡亲，供应的产品都是一样的；而对于销往市场的产品，用的农药、化肥也就多一些。可见，对马先生而言，"家人—邻里/朋友—陌生人"的三层结构并不显著，前两个圈层之间的藩篱比较模糊，都可以认为是"自己人"。但"自己人"和"陌生人"之间，的确是存在差别的。总体而言，在本案例中，差序责任意识与"一家两制"的差别化生产都有所体现。另一方面，未进行"半工半耕"的马先生家，依然面临不小的生计压力。

（二）多案例比较分析

从上述案例描述和关键特征概述来看，不同受访者的个人特征（年龄、性别、食品安全意识、风险偏好等）、家庭特征（家庭收入、农业生产规模）存在许多差异。而且，根据各自家庭的客观情况，不同农户在是否采用当前非常普遍的"半工半耕"的劳动力分配模式上也做出了不同的选择。当然，我们同样能找出上述八个案例的许多共性特征。最显著的相似点便是他们都进行了差别化的食品消费，不论是"一家两制"模式下的差别化生产行为，还是基于人情关系的邻里间农产品的互换机制，或是两者兼而有之。

考虑到规模化生产中产品质量会受到投入品使用的影响，留守群体通过"一家两制"差别化生产以及邻里的产品互换机制，进行差别化食品消费，以此作为食品安全"个体自保"的努力。在农村社区内部，邻里间的产品交换是以人情关系维系的，用于交换的农产品与自家消费的产品品质相近，明显好于向市场销售的产品，这也是一种差序责任意识的反映。这种小范围的"集体共保"，也为农户进行食品安全"个体自保"提供了有效的支持。

当然，上述分析只是中国农户决策过程所遵循的一般性原则，不同的农户自然有一些自身的特点。例如，梁先生（SD-02，案例六）就是年轻一代农民的典型代表，并未外出务工，在家种植山药，同样为家庭缓解生计压力提供了有力的支持。再如，当我们关注附带性生产的缘起时，在四个农户案例中就存在一些差别。刘女士（HB-01，案例一）和李先生（HN-01，案例三）都是遵循一种自给自足的传统，张先生（HB-02，案例二）是由于受到外部力量的驱动，贺女士（HN-02，案例四）和许先生（SX-01，案例七）则是出于对食品安全的关注，孙先生（SD-01，案例五）、梁先生（SD-02，案例六）和马先生（SX-02，案例八）则是依据多年农业生产经验基础上的食品安全意识。

另一个重要区别，前文也有所提及，便是农业经营规模与农业收入。总的来看，河北两位生产者的经营规模最大，陕西的两位受访者次之，山东和湖南的四位生产者相对较小。较大的经营规模，带来的是更大的农业经营收益以及相关的政策扶持（参考张先生的案例，获得"家庭农场"注册证书后可享受免费灌溉服务）。更高的农业净收益，也能缓解规模化生产中的产量压力。而将山东和湖南的四个案例做比较，不难发现，在经营规模都不是很大的情况下，农产品的销售价格和农业技术的应用就显得至关重要。对于湖南的李先生（案例三）与贺女士（案例四）而言，尽管在农业生产多样化方面付出了不少努力，较低的产品单价依旧阻碍了他们农业经营收入的提高。因此，他们依然需要依赖家人在非农领域的工资收入来支持日常生活的开支。山东的孙先生（案例五）就是大棚蔬菜种植技术的受益者，在有限的经营面积上获得了较高的农业产出，而且他和妻子还兼顾养羊，羊羔的销售收入明显高于生猪；综合看来，孙先生家的收入明显高于湖南的李大伯家，也就不难理解了。而梁先生（案例六）种植的山药是典型的高收益品种，13亩的种植面积远远比不上其他生产大户（例如河北的张先生，案例二），但其农业经营收入依然相当可观。此外，大棚种植也最大限度地减少了自然风险，梁先生最需要关注的可能就是市场价格波动这一风险。但总体说来，其家庭收入情况依然好于湖南的两位农户。

最后，不同农户家庭的劳动力分配决策有所不同。是否选择"半工半耕"，受到家庭规模、非农就业机会与家庭的距离、家庭农业经营收入等多方面的影响。在本文选取的八个典型案例中，前四个农户家庭（河北、湖南）选择了"半工半耕"，后四个农户家庭（山东、陕西）则没有。即便家庭青壮年劳动力选择了外出务工，背后的原因也可能存在差别。首先来看选择了"半工半耕"的四个案例。在湖南的两个案例中，选择"半工半耕"的主要原因确实是提高家庭收入的需要，因为农业经营收入实在有限。而在河北的两个案例中，刘女士（案例一）在家经营蛋鸡养殖，丈夫就在本地纸箱厂工作，多挣一份收入，而且每天都会回家，给养殖场提供劳动力支持很方便。张先生（案例二）家的情况则有些不同，他和妻子、弟弟经营一个 380 亩的家庭农场，农业收入已经相当可观，儿子、儿媳和女儿外出务工更多的是其自身发展的需要，张先生也不需要他们提供经济上的支持，逢年过节回家团聚就已经很开心了。再来看没有进行"半工半耕"的四个案例。山东的两个案例中，首先两家都是核心家庭，已经和父母分家，而且家庭农业收入还算可观，加上两家都有年幼的女儿需要抚养，因而孙先生（案例五）和梁先生（案例六）都没有选择外出务工。尤其是，许先生和妻子从事多样化农业经营，客观上也没有多余的体力和精力外出务工。在陕西的两个案例中，许先生（案例七）家的情况与山东的两位受访农户类似，马先生（案例八）家的情况则相对复杂。除了没和父母分家以外，更重要的是，在马先生所住的村子，生产生活的基础设施建设情况并不理想。其中，频繁的停电对于灌溉影响极大，道路质量糟糕则给农产品运输和销售带来了极其不利的影响。在这样的客观情况下，马先生感觉没办法放心地外出打工；加之自家经营规模也不算小（40 亩），马先生也就没有选择外出务工。和山东的两个农户相比，马先生家的农业净收入实际上非常有限，没有选择外出打工，也实在是上述各种客观因素制约下的无奈之举。

六　结论与讨论

2004～2015 年，中国实现了粮食产量"十二连增"，对布朗"谁来养活中国"（Brown，1994）的疑问给出了强有力的回应。但也应看到，在这一成就背后，中国的食物体系中仍然存在许多潜在风险。基于田野调查，本文首先揭示了上述两类典型风险的产生逻辑和相互关系：过低的农产品价格和有限的经营规模，导致普通农户的农业经营收益长期处于很低的水平。在生计压力下，农户家庭做出了"半工半耕"的制度安排：农村青壮年劳动力外流，留守的妇女、老人和儿童在家务农（黄宗智，2006a，2006b，2010）。留守群体出于经济理性的考虑，为保证农业产量，使用农用投入品，为农业生态蒙上了一层阴影。由此可见，农户的"半工半耕"与差别化食品消费之间也是相互关联的。

在"半工半耕"和食品安全威胁的双重压力下，中国农户寻求个体自保，"一家两制"模式下的差别化食品消费即为他们寻找到的自保渠道。在差序场下，农户扮演着职业、家庭和社区成员等多重角色，这也直接导致两种生产模式的分野：供应市场销售的规模化生产，以及供应自家消费和邻里交换的小规模附带性生产。这种分野也是农村社会差序场中，人际关系亲疏远近影响农户日常决策的真实写照。

最后，应认识到农户的差别化食品消费行为本质上只是一种"个体自保"。如何通过对农户家庭经济特征和就业结构的调整，引导农户改变差序心态（张纯刚、齐顾波，2015），由"个体自保"转向"社会共保"，对于保障食品安全、建立完善合理的食品体系至关重要。可供参考的思路包括：第一，适当提高农产品价格，或调整补贴对应的群体，由规模化经营大户逐渐转向更需要资金支持的小农户，缓解其在农业生产中面临的产量压力，以此引导农业生产中投入品的合理使用；第二，摒弃欧美式的大城市化思路，重点发展"就地城镇化"，引导农村青壮年劳动力向本县、本乡镇回流，缓解"半工半耕"带来的农业劳动力的不足以及农村空心化现象；第三，积极发展替代性食品市场，为食品生产者（农户）和城市消费者的直接沟通提供机会，通过"农消对接"增进两者之间的了解，构建食品市场"信任共同体"（徐立成、周立，2016），促进中国食物体系的完善。

参考文献

〔俄〕A. 恰亚诺夫，1996〔1925〕，《农民经济组织》，萧正洪译，中央编译出版社。

陈传波，2007，《农户多样化选择行为实证分析》，《农业技术经济》第 1 期，第 48～54 页。

陈传波、丁世军，2004，《中国小农户的风险及风险管理研究》，中国财政经济出版社。

陈卫平，2013，《社区支持农业情境下生产者建立消费者食品信任的策略——以四川安龙村高家农户为例》，《中国农村经济》第 2 期，第 48～60 页。

费孝通，1999，《费孝通文集（第 1～14 卷）》，群言出版社。

费孝通，2004〔1947〕，《乡土中国》，北京出版社。

冯海发，1988，《亦论农户兼业化的历史命运——与陆一香同志商榷》，《农村金融研究》第 2 期，第 24～28 页。

侯俊霞、朱亚宗，2013，《中国伦理思想特征新论——兼评梁漱溟、费孝通、张岱年、李泽厚之论》，《伦理学研究》第 3 期，第 99～105 页。

黄宗智，1986，《华北的小农经济与社会变迁》，中华书局。

黄宗智，1992，《长江三角洲小农家庭与乡村发展》，中华书局。

黄宗智，2006a，《制度化了的"半工半耕"过密型农业（上）》，《读书》第 2 期，第 31～35 页。

黄宗智，2006b，《制度化了的"半工半耕"过密型农业（下）》，《读书》第 3 期，第 72～80 页。

黄宗智，2010，《中国的隐性农业革命》，法律出版社。

黄宗智、高原、彭玉生，2012，《"没有无产化的资本化"：中国的农业发展》，《开放时代》第 3 期，第 10～30 页。

李庆、林光华、何军，2013，《农民兼业化与农业生产要素投入的相关性研究——基于农村固定观察点农户数据的分析》，《南京农业大学学报》（社会科学版）第 5 期，第 27～32 页。

阮荣平、王兵，2011，《差序格局下的宗教信仰和信任——基于中国十城市的经验数据》，《社会》第 4 期，第 195～217 页。

〔德〕乌尔里希·贝克，2004a，《风险社会》，何博闻译，译林出版社。

〔德〕乌尔里希·贝克，2004b，《世界风险社会》，吴英姿、孙淑敏译，南京大学出版社。

〔美〕西奥多·W. 舒尔茨，1999〔1964〕，《改造传统农业》，梁小民译，商务印书馆。

向国成、韩绍凤，2005，《农户兼业化：基于分工视角的分析》，《中国农村经济》第8期，第4~9页。

向国成、韩绍凤，2007，《分工与农业组织化演进：基于间接定价理论模型的分析》，《经济学》（季刊）第2期，第513~538页。

萧楼，2010，《夏村社会：中国"江南"农村的日常生活和社会结构（1976~2006）》，生活·读书·新知三联书店。

徐立成、周立，2014，《食品安全威胁下"有组织的不负责任"——消费者行为分析与"一家两制"调查》，《中国农业大学学报》（社会科学版）第2期，第124~135页。

徐立成、周立，2016，《"农消对接"模式的兴起与食品安全信任共同体的重建》，《南京农业大学学报》（社会科学版）第1期，第59~70页。

徐立成、周立、潘素梅，2013，《"一家两制"：食品安全威胁下的社会自我保护》，《中国农村经济》第5期，第32~44页。

〔美〕阎云翔，2000〔1996〕，《礼物的流动：一个中国村庄中的互惠原则与社会网络》，李放春、刘瑜译，上海人民出版社。

杨华，2015，《中国农村的"半工半耕"结构》，《农业经济问题》第9期，第19~32页。

杨俊青、吕小康，1998，《论我国农户兼业化经营与农村经济产业化》，《生产力研究》第1期。

〔美〕伊曼纽尔·沃勒斯坦，1998〔1974〕，《现代世界体系（第一卷）》，尤来寅等译，高等教育出版社。

张纯刚、齐顾波，2015，《突破差序心态重建食物信任——食品安全背景下的食物策略与食物心态》，《北京社会科学》第1期，第36~43页。

周立，2010，《极化的发展》，海南出版社。

周立、潘素梅、董小瑜，2012，《从"谁来养活中国"到"怎样养活中国"？——粮食属性、AB模式与发展主义时代的食物主权》，《中国农业大学学报》（社会科学版）第2期，第20~33页。

Brown, Lester R. 1994. "Who Will Feed China?" *World Watch* (Sep – Oct)：10 – 19.

Chen, Chen, and Min Zhao. 2017. "The Undermining of Rural Labor Out-migration by Household Strategies in China's Migrant-sending Areas：The Case of Nanyang, Henan Province." *Cities* 60（2）：446 – 453.

da Cruz, Fabiana Thomé, and Renata Menasche. 2014. "Tradition and Diversity Jeopardised by Food Safety Regulations? The Serrano Cheese Case, Campos de Cima da Serra Region, Brazil." *Food Policy* 45（4）：116 – 124.

Fang, Jing, Xinan Wu, and et al. 2011. "Water Management Challenges in the Context of Agricultural Intensification and Endemic Fluorosis: The Case of Yuanmou County." *EcoHealth* 8 (4), 444 – 455.

Goodman, David. 2002. "Rethinking Food Production-consumption: Integrative Perspective." *Sociologia Ruralis* 42 (4): 271 – 277.

Huang, Jikun, Yunhua Wu, and Scott Rozelle. 2009. "Moving off the Farm and Intensifying Agricultural Production in Shandong: A Case Study of Rural Labor Market Linkages in China." *Agricultural Economics* 40: 203 – 218.

Malinowski, Bronislaw. 1926. *Crime and Custom in Savage Society.* Piscataway, NJ: Transaction Publishers.

van der Ploeg, Jan Douwe, Jingzhong Ye, and Lu Pan. 2014. "Peasants, time and the Land: The Social Organization of Farming in China." *Journal of Rural Studies* 36: 172 – 181.

van der Ploeg, Jan Douwe. 2008. *The New Peasantry.* New York: Earthscan.

Wang, Xiaobing, Thomas Herzfeld, and Thomas Glauben. 2007. "Labor Allocation in Transition: Evidence from Rural households." *China Economic Review* 18: 287 – 308.

Zhang, Qian, Zhongxiao Sun, Feng Wu, and Xiangzheng Deng. 2016. "Understanding Rural Restructuring in China: The Impact of Changes in Labor and Capital Productivity on Domestic Agricultural Production and Trade." *Journal of Rural Studies* 5: 552 – 562.

《清华社会学评论》第十辑
第 222~231 页
© SSAP, 2018

社会发展的共同体论点

——评普鲁纳·辛格《团结如何促进福利？
印度的地方主义与社会发展》

陈宇茜[*]

　　在同一片国土、同一套制度之内，为什么社会发展的程度在各个地方参差不齐甚至天差地别？为什么有些地方的社会福利政策更加包容进步，而有些地方却优先特定的群体？如何解释一个国家内部为何会产生不同类型的社会福利政体，而这些福利政体又如何变迁？

　　印度各邦在社会福利政策和社会发展成果上的巨大差异为政治经济学研究提供了丰富的经验证据：作为一个占世界人口近五分之一的发展中国家，印度广袤的领土、族群、文化和宗教的多样性以及活跃的地方政治为研究者提供了众多潜在的解释变量，也向福利国家研究的经典理论框架提出了诸多挑战。普鲁纳·辛格（Prerna Singh）的《团结如何促进福利？印度的地方主义与社会发展》（*How Solidarity Works for Welfare: Subnationalism and Social Development in India*）一书运用混合研究方法（比较历史分析和统计分析），追踪了过去一个多世纪以来印度各邦的社会发展情况，提出了地方共同体的团结能够推进包容性社会福利政策、助力社会发展的论点。福利国家和分配政治的跨国比较研究往往聚焦阶级、宗教、市场这些要素（Esping-Anderson, 1990），或是强调政治体制、政经制度、殖民遗产、官僚机构等

---

　　* 陈宇茜，哈佛大学东亚研究。

结构性或制度性解释（Besley and Kudamatsu，2006；Iverson and Soskice，2006；Lange et al.，2006；Gerring and Thacker，2008）。普鲁纳·辛格指出：这些经典论点或是以国家为单位，而在印度的地方层次没有太大差异，或是不能提供完整的解释；而地方主义促进社会福利的论点也挑战了身份政治阻碍公共服务供给的主导观点（Singh and vom Hau，2016）。本书揭示了在政治经济学研究中，长久以来被低估的共同体团结的力量，也提供了一个次国家研究（subnational research design）和嵌套式研究（nested research design；Lieberman，2005）的优秀范例。

一　社会发展与共同体团结

（一）何谓地方主义？

辛格将"地方主义"定义为"在主权国家的边界之内对自治家乡的认同或渴望"（Singh，2015：27）。类似于对民族主义最为通行的理解，地方主义同时具有文化和政治两种维度：其认同基于历史、文化、语言，同时希望在祖祖辈辈共同生活的土地上建立或者控制主权国家范围内的政治—治理单元。一方面，地方主义和民族主义都可看作文化—政治的"想象共同体"（Anderson，1991）。它们和其他集体认同——例如种族、宗教、种姓、性别或阶级——最大的区别，在于这两者有着政治自决的核心诉求。另一方面，地方主义和民族主义的区别，在于前者满足在一个主权国家的范围和法律之内对其所属政治—治理单元的控制。

关于地方主义如何出现，辛格同样借鉴了民族主义经典研究中对精英选择的强调：地方主义是政治竞争进程中精英权衡的产物。从19世纪下半叶开始，一些外生性的社会经济变迁孕育了一个挑战者精英群体（challenger elite），他们抓住治理或选举改革的机会争夺更多的政治权力。与在位者精英（dominant elite）的博弈中，挑战者精英需要建立能够将前者"他者化"为"外群体"，同时能将己方成员纳入一个"内群体"的最小致胜联盟（minimum winning coalition），而寻求身份政治的符号无疑是一种有效策略。只有当挑战者精英认为支持地方共享的历史、记忆、神话、文化和语言等符号能够满足其策略需求时，现代意义的地方主义才有可能诞生。在辛格的理论中，地方主义在普罗大众中的传播并不是自发或必然的，而常常依赖于民众运动及组织（政党）。同时，地方主义在有制度支撑的情况下更为稳固，例如邦政府确立地方节日和艺术形式、设立文学艺术研究机构等举措。

（二）地方主义促进社会发展的因果机制

在印度，社会发展的政策制定和实施主要由邦政府负责。那么，地方团结的程度如何影响社会发展？辛格在书中识别了两个因果机制：以国家行为为从上至下的主要机制，社会行为为从下至上的辅助机制。

辛格将进步的社会政策视为国家（及其次级行政区）行为的制度基础。鉴于社会政策只是众多议题中的一小部分，为什么有些地方优先考虑了社会政策，而有些地方却没有？辛格认为，在发展中国家的情境下，政治精英对特点议题的支持对其进入政策议程起到了主要作用。所以问题的关键是，集体认同何以成为政治精英支持进步社会政策的强大动力？辛格构建的理论引用了大量社会心理学中关于社会身份和自我归类论的研究，以及政治学理论中自由主义的民族主义学派的论述。在心理上，对一个高阶身份的分类认同，会帮助人们超越低阶身份边界的局限，从而重新定义社会福利的群体属性——从排他性的本群体或私人利益转化为包容性的集体利益。换言之，个人利益和集体利益之间的模糊使得人们开始把社会福利视为公共利益。在伦理上，基于共享民族/地方认同的命运相连感则带来一种成员间相互的伦理义务。

与此同时，社会福利的供给转换成真正的发展成果，还有赖于民众的参与与监督，因此社会行为对国家行为起到重要的补充作用。辛格认为集体认同是政治参与和公民参与的重要基础：地方认同有助于促进人们对公共生活、公共物品提供的关注和参与，乃至监督或抗议。尤其是地方认同在民众中的生根发芽在很大程度上需要地方主义运动和政党的动员，例如通过竞选活动、集会、宣言等方式。

（三）比较历史分析

辛格先用小样本的比较历史分析以归纳演绎的思路搭建其理论，再用中样本（邦－年）的统计分析检测理论的外部效度。本书的案例选取方法值得一提，辛格选择了远离经济发展—社会发展回归拟合线上的四个异常值作为主要案例：其中喀拉拉邦、泰米尔纳德邦的社会发展水平远高于其经济发展水平，而北方邦和拉贾斯坦邦则相反，此外还将社会福利情况异常糟糕的比哈尔邦作为次要案例。选取极端值为理念型（ideal type）的建构很便利，能够更清晰地展现地方主义如何解释因变量之间的差异。而在一个重要的解释变量无法被绕开的前提下，未被解释的残差则为新理论提供了发展的空间。

辛格的案例分析体现了社会发展在各邦之间的横向差异和各邦之内不同阶段的纵向差异。从19世纪末到20世纪中叶，各邦在不同时点分别受到一系列外生的现代化冲击，继而产生了激烈的社会政治权力竞争。英国统治对不同种姓/群体的平衡策略、农业和土地所有权的变化、贸易扩张、种姓制度的削弱、农村向城市的移民、交通和通信手段的进步等，使得各个群体的社会经济地位发生转变。挑战者精英于这一过程中兴起，他们在与在位者精英的竞争中根据当地情况选择最有利的身份认同：喀拉拉邦和泰米尔纳德邦的挑战者精英选择地方主义以区别于旧精英、创造新的政治联盟，而北方邦、拉贾斯坦邦和比哈尔邦却长期围绕宗教、族群或种姓进行政治动员。

泰米尔纳德邦的地方主义在20世纪初于城市的非婆罗门精英中发轫，在和婆罗门旧精英的竞争中，挑战者视雅利安霸权为外来的他者，主张恢复非婆罗门/泰米尔/达罗毗荼人过往的光辉，并在地方主义运动中突出社会公正和尊严的主题。泰米尔地方主义政党正义党（Justice Party）在1921年赢得（英属印度）马德拉斯省的选举后，开始将面向所有居民的社会服务

（特别是教育和健康）纳入政府议程，社会领域的政府支出也相对较高。然而，普通民众尚未被地方主义政党或运动动员，在政治上无感，对社会服务的利用和监督都非常有限，因而限制了社会领域支出的成果转换。到了20世纪40年代，一个更加激进的泰米尔地方政党德拉维达进步联盟（DMK）脱胎于反对印地语强制教学的运动（1938年）。从20世纪五六十年代起，地方主义通过德拉维达进步联盟（DMK）的动员和大众文化开始在民众中广泛传播，并在20世纪70年代后继续增强，使得该邦的教育、健康事业持续发展。喀拉拉邦的情况大体与泰米尔纳德邦类似，但不同的是，喀拉拉邦地方主义在大众中的动员更早。并且，喀拉拉邦共产党从20世纪30年代开始成为地方主义的主要推动力量。共产党的严明纪律和组织优势使得地方主义文化的推广被迅速制度化。因此，在两个正面案例中，喀拉拉邦在社会发展上领先于泰米尔纳德。

　　北方邦的案例说明了地方主义的持续匮乏以及与行政单位不匹配的认同如何阻碍社会发展。北方邦在历史上长期是印度的心脏地区，也是印度第一人口大省，作为莫卧儿王朝的核心地区长期被乌尔都语/穆斯林精英主导。从20世纪初至20世纪40年代，印地语/印度教挑战者精英在政治竞争中通过宗教身份动员以抗衡旧精英。在印度独立后的20世纪50年代到80年代，因北方邦在印度政治版图中的独特地位，该邦的精英和民众认同归属于整个国家而不是地区，使得邦政府在政策制定及相应支出上也跟全国政治议程（例如优先发展经济设施）保持一致。从20世纪90年代起，政治认同开始聚焦于族群或种姓身份：印度人民党（BJP）在北方邦的是印度教身份动员，而此后崛起的低种姓运动则倾向于强调和高种姓甚至其他低种姓的对立。因此在整个20世纪，北方邦分裂的地方认同导致社会福利的供给被视为零和游戏，社会福利被狭隘地框定为特定社群的利益（例如利用平权法案的形式）；相应的，普通民众也对地方政治、公共生活没有太多兴趣，很少参与、监督或抗议社会福利的不足。

　　拉贾斯坦邦在印度独立前也缺乏地方主义认同，但在独立后的20世纪50年代到80年代，精英阶层出现了地方主义认同，从而促进了包容性社会政策的出台，邦政府也随之增加了社会福利支出。这一时期，拉贾斯坦邦和

北方邦政坛虽然同是以国大党一党独大，但拉贾斯坦邦的国大党相对而言更
为自主，地方政治精英也更愿意追求地方利益；相反，北方邦的国大党从属
于中央，地方政治精英也仅仅将其地方经历视为通往全国政坛的跳板。20
世纪80年代起，随着代际变化和人民党对地方主义的利用，地方主义开始
在拉贾斯坦邦的普通民众中传播，使得社会福利的利用情况得以改善。类似
地，比哈尔邦也长期缺乏地方主义认同。但过去十年里，比哈尔邦地方主义
在挑战者精英的推动下开始兴起，使社会发展情况有所改善。

（四）理论贡献

本书的一大理论贡献是为发展的政治经济学提供了"地方主义"这样
一个新颖的共同体变量，有别于以往研究中常常关注的经济变量（经济发
展程度）、政治变量（社会民主主义政党，政党制度，政治竞争激烈程度）、
人口变量（族群多样性）、历史变量（殖民统治类型）和社会文化变量（公
民社会、政治文化）。在定量分析中，地方主义的测量无疑是一大难题。对
身份认同最常用的测量是问卷调查，而辛格别出心裁地构建了一个地方主义
指数（以邦－年为分析单位），分别由语言维度（有单一官方语言、使用官
方/主导语言的人口比例、第一和第二常用语言的人口比例之差、官方/主
导语言不是其他邦的官方/主导语言）和行为维度（19世纪以来有建邦
运动、不存在分离运动、地方主义政党在最近一次选举中至少获得5%的
选票）组成。这种做法的优点，首先是便于应用于调查数据不是很完善
的地区，其次也能避免调查数据的偏误。但主要的缺点是混淆了地方主
义建构的过程和结果：如果地方主义建构和政治精英/邦政府选择优先特
定议题的根本原因是相同的，就很难说明地方主义和社会发展之间的因
果关系。

二　论点探讨

简化本书主要的因果逻辑，大致可以总结为政治竞争产生地方主义，地

方主义推动社会福利政策/制度，从而推动社会发展。其中，社会发展由教育和健康作为代理。这个论点的重要前提，是地方主义的兴起外生于社会政策。辛格在书中花了大量笔墨反驳了反向因果的可能：首先在时间顺序上，进步的社会政策的出台和社会福利的提高晚于挑战者精英的兴起和地方主义的出现；其次，地方主义的出现是政治竞争的结果，而政治竞争的窗口是外生冲击导致的。但是如前所述，辛格很大程度上忽略的一点是，地方主义和包容性社会政策可能是同因的，她用教育和健康作为因变量的做法也值得商榷。

（一）地方主义与其权力基础

一个基本的问题是，地方主义的背后是什么？既然地方主义源于权力的角逐，那么权力的重新布局，是否本身就是一个比地方主义更重要的解释？挑战者精英支持地方主义和包容性社会政策，可能都是该邦各群体地位差距缩小、权力结构变得更加多极化的结果。

如前面所述，辛格提供的大部分证据——例如政治人物、政党和运动的主张、动员，报纸电影等大众媒体的宣传，等等，可被视为构建地方主义的努力和表现，而不是地方主义的成果。所以尽管意识形态的主张在时间上（t0）先于政策出现（t1），也不能排除两者的起源是相同的。并且，地方主义的建构必然是一个持续的过程，辛格承认 t1 之后可能会有社会发展促进地方主义的反馈，但在 t0 到 t1 的这段时间里，也无法排除地方主义内生于地方群体权力角逐的可能。

（二）社会发展的多样化维度

辛格用教育和健康两项成果来概念化社会发展的成果，在量化分析中则操作化为相关政府支出、识字率和婴儿死亡率。教育和健康作为衡量社会发展和居民生活最基本的两项指标不但被学界和政界广泛采用，也被认为能够较好地预测其他维度的社会发展（例如净水、女性地位等；Singh，2015：13 - 14）。然而这种对社会发展的理解假定了与社会发展相关的公共物品/服务是同质的、同步提高的，认为社会福利政体类型是单一维度的（进步、包容对比保守、排他，值得追求的对比需要改善的），且仅仅依据健康和教育成果就可以划分。此外，因为辛格关注的是不能被经济发展水平解释的社会发展情况，那么另一个可以推敲的问题是：超出当地经济发展水平及与之相应的就业机会、发展机会的受教育程度，是否真的非常值得称赞，能否切实提高居民的生活质量？

（三）其他解释

罗切斯特大学政治学者 Lee（2019）即将出版的新书对印度各邦的发展差异做了类似的研究，在一定程度上回应了本书的以上两点缺陷。在因果机制上，Lee（2019）提出了地方政治经济体的差异取决于三种重要的社会权力资源——土地、教育和群体大小——在群体间如何分布，而占据多种资源优势的群体有更多机会去推进利于他们的政策。

在概念化上，Lee（2019）提出应该拓展对"发展"的概念理解。他将公共物品分为经济物品（例如电力、公路）和社会物品（例如健康、教育），提出对这两种政策目标的追求可以互相公开。以辛格主要的正面案例喀拉拉邦为例，该邦的公路建设情况远远逊色于识字率情况。根据各邦对经济或社会物品的优先情况，他将印度的地方政治经济体划分为四类（优先经济物品、优先社会物品、两者并重和两者都供给不足）。这种分析思路的贡献，在于不仅解释了社会服务供给的情况，也解释了公共服务供给的总体构成，同时避免了对政治经济体单一维度的归类，比如分为"好"的或者"坏"的。

根据 Lee（2019）的研究，占据土地优势和规模较大的群体，倾向于优先发展经济物品，支持利于农业发展和分配更广的政策（如拉贾斯坦邦）；占据教育优势和规模较大的群体，倾向于优先发展社会物品，支持城市、官僚的利益和分配更广的政策（如喀拉拉邦）；而占据土地和教育的群体，则倾向于支持有限的再分配（如北方邦、比哈尔邦）。

（四）印度之外

地方主义是推动发展的建设性力量隐含的前提是，地方主义能够改变权力的分布。辛格在论述中也提醒了该理论有一定适用范围——地方主义既要强大到能推动地方团结，又不会过于激烈地产生分离运动。除了研究现象（如社会福利供给）在权责上需和分析单位一致，一个强大的中央能有效减少各地之间和对内部少数族群的群体暴力，并且使公民对国家、地方的双重认同成为可能；同时，中央需建立有效的问责机制，能够保护地方内的少数族群。然而事实上，同时满足高度多样性、地方认同和国家认同这些条件非常难得，相当程度上依赖于特定的人口和地理分布情况。同样是多民族国家，中国的省级地方主义中存在自治追求、并且有可能影响权力分布的主要体现在少数边疆地区，或是部分经济发达的沿海省份。前者的地方主义无法脱离于族群认同甚至是分离主义，后者的诉求则主要局限在财政、经济维度，甚至很难称得上"主义"。所以理想的情况是，一个国家的很多地方（一级行政区）都有相当程度的地方主义，也就是在印度这样大面积多元化的国家中，地方主义才可能不会导致个别地区突出的分离主义。

在书中，辛格选取了魁北克和苏格兰来补充说明印度的案例。然而问题是，这不仅是两个发达国家的案例，并且都以分离主义著称，其中苏格兰更是在 2014 年举行了独立公投。地方主义对印度之外的发展中国家是否利大于弊就更加存疑了。如果有案例说明地方主义对其他发展中国家也能推动社会福利发展，本书的论点将更有说服力。

当然，若我们不拘泥于地方主义这一表现形式，那么其他分析层次和来源的共同体团结仍然可能成为推动社会福利和公共物品提供的重要力量。与本书颇有异曲同工之处的是蔡晓莉对中国村一级公共物品供给的研究。蔡晓莉（Tsai，2007）提出，包容性（向所有人开放）和嵌入性（包括了村干部）的农村团体，例如寺庙和全村范围的宗族，为村干部提供公共物品（书中主要关注道路、学校和自来水）进行了额外的激励，因为包容性团体意味着村内次群体和作为行政单位的全村之间的界限被模糊，而嵌入型团体意味着村干部更有可能受到团体共同认定的伦理标准和道德义务的约束。因此，村干部会因为遵守这些标准和义务而获得道德上的肯定，而道德地位可以用来追求自己的利益或者促使村民配合，对村干部而言是一种有用的政治资源。两本书都强调，共同体认同在和行政单位的边界相吻合时，政治精英受制于共享的道德准则，且公私物品的界限被模糊，从而使共同体认同得以促进社会福利和公共物品的供给。

参考文献

Anderson, Benjamin. 1991. *Imagined Communities: Reflections on the Origin and Spread of Nationalism.* London; New York: Verso.

Besley, Timothy, and Masayuki Kudamatsu. 2006. "Health and Democracy." *American Economic Review* (96) 2: 313 – 318.

Esping-Andersen, Gosta. 1990. *The Three Worlds of Welfare Capitalism.* Princeton, NJ: Princeton University Press.

Gerring, John, and Strom C. Thacker. 2008 *A Centripetal Theory of Democratic Governance.* New York: Cambridge University Press.

Iversen, Torben, and David Soskice. 2006. "Electoral Institutions and the Politics of Coalitions: Why Some Democracies Redistribute More Than Others." *American Political Science Review* 100 (2): 165 – 181.

Lange, Matthew, JamesMahoney, and Matthias Vom Hau. 2006. "Colonialism and Development: A Comparative Analysis of Spanish and British Colonies." *American Journal of Sociology* (111) 5: 1412 – 1462.

Lee, Alexander M. 2019. *Development in Multiple Dimensions: Social Power and Regional Policy in India.* Ann Arbor, MI: University of Michigan Press.

Lieberman, Evan S. 2005. "Nested Analysis as a Mixed-method Strategy for Comparative Research." *American Political Science Review* (99) 3: 435 – 452.

Singh, Prerna, and Matthias vom Hau. 2016. "Ethnicity in Time: Politics, History, and the Relationship Between Ethnic Diversity and Public Goods Provision." *Comparative Political Studies* (49) 10: 1303 – 1340.

Singh, Prerna. 2015. *How Solidarity Works for Welfare: Subnationalism and Social Development in India.* New York: Cambridge University Press.

Tsai, Lily L. 2007. *Accountability without Democracy: Solidary Groups and Public Goods Provision in Rural China.* New York: Cambridge University Press.

《清华社会学评论》 第十辑

第 232～246 页

© SSAP，2018

文凭主义下教育的异化与批判

——读兰德尔·柯林斯的《文凭社会：教育与分层的历史社会学》

王阳阳[*]

摘　要：教育问题历来是社会热点，而教育与社会分层也一直是教育社会学领域经典的研究主题。《文凭社会：教育与分层的历史社会学》作为一部教育社会学冲突论的代表作，采用历史分析的方法，通过对不同历史时期及不同社会结构下案例的对比，对现代社会有关教育的种种乌托邦信仰进行了批判，分析了现代教育系统扩张的本质及文凭异化的过程，并提出"文化市场论"揭示了教育与社会分层的内在关系。本文旨在述评柯林斯所揭示的文凭社会的运作机制，并尝试指出柯林斯在该书中所做的研究对当下中国社会的借鉴和警示意义。

关键词：教育　文凭通货　职业分层　文化市场　职位财产

　　教育与社会分层及社会流动的关系，是教育社会学领域经久不衰的命题。人们长期以来关注的一个核心问题是：教育是否能够促进社会流动，是否有利于社会公平？关于这个问题，社会学、经济学、教育学等诸多学科都提出了一系列理论及模型，其中，柯林斯的《文凭社会：教育与分层的历史社会学》一书则是教育社会学冲突论的代表作。该书英文版发行于1979年，直至2018年才由其学生翻译并出版了第一版简体中文版，以往我国对

---

　　* 王阳阳，清华大学社会学系博士生。

该书的介绍性文章也只不过是寥寥数篇。虽然与布迪厄的文化再生产理论同样都是再生产理论的分支，但柯林斯的教育社会学理论在国内学界没有得到足够的重视。在该书简体中文版出版之际，同时也是中国高考扩招 20 年、中国高考恢复与该书英文版出版 40 年左右之际，对该书重新做一次梳理与回顾，仍具有重要的学术与现实意义。

兰德尔·柯林斯（Randall Collins）是美国当代著名社会学家、现代西方社会学社会冲突理论的代表人物、新韦伯主义理论家。1941 年出生于美国田纳西州，1963 年从哈佛大学本科毕业后前往斯坦福大学学习心理学，随后前往加州大学伯克利分校攻读社会学博士并于 1969 年毕业。毕业后作为助理教授、副教授在加州大学圣迭戈分校工作至 1977 年。随着《文凭社会》的出版，柯林斯从高校辞职并成为一名全职作家（Private scholar and author），但几年后又重返高校任教，1997 年开始担任宾夕法尼亚大学社会学系托马斯（Dorothy Swaine Thomas）讲座教授至今。其主要论著包括《冲突社会学》（1975）、《社会学四大传统》（1994）、《哲学社会学》（1998）、《互动仪式链》（2004）、《暴力：一种微观社会学理论》（2008）。因其杰出的学术贡献，2000 年柯林斯当选为美国人文与科学研究院院士。

20 世纪 60 年代之前，西方社会由于二战后的恢复重建渐趋繁荣稳定，此时帕森斯的结构功能主义理论在社会学领域中长期处于统治地位。因其影响，美国的教育社会学家也普遍热衷于探讨学校教育的功能。然而到了 20 世纪中期，美国多元族裔移民带来的严重的文化冲突开始集中爆发，黑人和拉丁裔等少数族裔为争取权益的民权运动兴起，大型学生反抗运动在大学内频繁爆发。教育社会学领域兴起了多个理论流派，其中一大主力即为冲突论学派（吴康宁，1998；周勇，2005）。

教育社会学的冲突论学派诞生于对功能主义学派的批判，该学派共同的理论特征是：以社会冲突为基本线索来考察教育现象。冲突论学派并不是一个单一的学术阵营，进入 20 世纪 70 年代，其内部已经分裂为新韦伯主义和新马克思主义两个学派。新马克思主义教育社会学理论，包括再生产理论（theory of reproduction）和抵制理论（theory of resistance），其中再生产理论又分为文化再生产理论（theory of cultural reproduction）和社会再生产理论（theory of social reproduction）。柯林斯则是新韦伯主义学派的代表人物（吴康宁，1998），其《文凭社会》一书，正是以韦伯的方式揭示和分析了学校教育与社会分层之间的关系，以及文凭主义下的文凭贬值和过度教育现象。

一　关于教育的乌托邦信仰与批判

现代化理论将科学技术放在压倒一切的关键位置，认为科学技术的发展主导工业社会的进步。在这一背景下，技术功能理论关于教育的种种乌托邦信仰被生产出来：首先，随着生产技术的提高，高技术的工作需求提升了对教育水平的要求；其次，学校教育提供了工作所需的技能，经济发展得益于教育水平的提升；再次，教育水平更高的雇员生产力也更高；最后，与旧社会相比，现代社会从重视出身转向重视成就，从特权系统转向技术精英管理。

对此，柯林斯一一进行了验证和批判。第一，技术变革并非文凭要求提高的推动力。技术升级带来的高技能工作比例上升，只能解释很小一部分教育升级，因为绝大部分教育升级都发生在同一工种内部。而在同一职位内部，劳动力的教育水平大多高于工作技能的需求，教育是过剩的。同时，随着教育的大规模扩张，增长最快的职位反而是低技能的服务业工作。第二，技术功能论将经济增长中很大一部分无法解释的地方归功于教育。但是从宏观上来看，教育在提高大众识字率之后，对经济发展的贡献并不显著。而总体入学率与经济发展水平之间虽有相关性，但不能确定哪个是因哪个是果。第三，教育与职业生产力无关，有时甚至是负相关。从微观上来看，教育对个体生产率的影响并非简单的线性关系，受教育程度更高的雇员，其生产力有时可能更低。第四，职业训练主要来自工作，而不是学校。大部分技能都是在工作中或者通过非正式网络学到的，学校在这一过程中的作用只是试图将其他地方学到的技能进行标准化。第五，学习成绩与之后的职业成功关联性很小，甚至无关。

柯林斯认为教育对代际流动没有任何影响，自19世纪中期以来，教育系统的扩张"丝毫没能提高社会流动性的机会"（柯林斯，2018：312）。更多的教育并未使同一阶级和种族的子女们获得比父辈更多的回报，从"出身"到"成就"的转变不过是一个谎言。同样，教育也没能促进收入平等。虽然教育系统扩张与基尼系数的下降同时发生，但这不能证明教育的发展带来了收入和财产的平等。通过对20世纪收入革命的检视，柯林斯发现，虽然收入最高的10%群体的收入下降了，但收入最低的10%人口的收入状况并未改善，只是第二个、第三个十分位群体的收入上升了。因此，虽然打着自由和平等主义的旗号，但是收入革命的受益者并非底层，而是官僚机构中的中产阶级，特别是上层工人阶级占优势的行业工会领域。

柯林斯的批判，揭穿了技术功能论下关于教育的种种神话，指出学校教育既不能提供有效的技能培训，也不能促进经济增长。于是，教育的不断扩张以及对教育水平要求的不断提高，其背后真正的原因和机制越发引人思考，这也是本文余下部分将重点介绍的内容。

对于另一作为功能论替代性解释的新马克思主义理论，柯林斯认为，新马克思主义学者们对功能论的技术管治模型虽然同样持批判态度，然而对于教育分层的机制，他们却提出了两种相反的解释。一方面，阿尔都塞、布迪厄等法国思想家认为教育被用来再生产资本主义下的阶级关系，阶级通过教育实现再生产的关键是文化资本（cultural capital），文化资本还决定了学生在学校中的成就，他们认为通过对文化资本的直接继承和投资，实现了对物质资本的间接继承。柯林斯指出，布迪厄的文化再生产理论存在一些缺陷：首先，它并未直接反驳技术管治模型对基于教育的工作技能的阐释，也未反驳阶级优势传递的生物遗传学解释；其次，该模型对于用来解释教育分层的宏观模式及其历史发展的普遍机制缺乏研究；最后，文化资本模型未能排除教育是文化帝国主义的一种形式，是一种代表少数族裔的理论解释。因此，布迪厄等人提供的数据反而常常被美国社会学家用来论证技术管治模型。另一方面，关于教育分层机制，同为马克思主义学者的鲍尔斯和金迪斯却认为教育产生了顺从、守规矩的工人，教育是自上而下强加在工人身上的。这一解释与布迪厄等人的文化资本理论相抵触。在柯林斯看来，更好的替代性解释应该提供直接的证据来逐一反驳技术管治理论的论点，并对比不同历史时期及不同社会结构下的案例，正如他在《文凭社会》中所做的。

二　基于文凭主义的教育与社会分层：文化市场理论

柯林斯勾勒出一个普遍的理论，解释了物质生产与文化支配两个领域的关联，而教育分层正是在这里找到了自己的位置。这一用来解释教育与社会分层的理论又称为"文化市场论"。文化市场论认为，社会分层取决于物质生产与文化经济之间的互动，尤其是当文化由专业的组织生产，并独立于生活中的日常互动时。首先，文化产品投资的增长可能会增加生活中的支配（不平等）程度，文化资源会被用来加强经济支配和不平等。其次，文化市场会带来物质产品的再分配。通过将文化资源（教育文凭）投入到职位财产中，社会制造了不直接从事生产的闲职（白领）部门。文化生产的扩张，使得更多的人依靠政治劳动（闲职部门）生活，他们通过统治结构而非生产结构来获得物质产品。通过教育文凭，高收入的专业封闭了自己的领域并提高了工资，文凭成为建立闲职部门的工具。

柯林斯认为存在两个市场领域：一个是经济商品和服务市场，另一个是文化市场。两者的区别在于前者是目的，后者是手段。恰恰是手段决定了人们的阶层地位。一方面，文化资源决定了人们如何塑造组织中的职位财产，塑造了构成职位的行为模式和障碍。另一方面，文化资源是关系社群的基础，柯林斯称这种关系社群为意识社群，这一概念类似韦伯的"地位群体"。文化资源不仅建立了争夺社会组织控制权的意识群体，而且决定了这些群体间的层级关系（柯林斯，2018：103）。正是文化资源的介入导致了职业分层。柯林斯和韦伯都关注资源的不平等分配和这些不平等产生的紧张与潜在冲突，都考察了分层模式和复杂的组织形式。柯林斯继承并发展了韦伯的思想，尤其是韦伯提出的"身份群体"的概念和关于学校教育受制于社会优势群体利益的观点。围绕"身份团体"的概念，他分析了不同身份团体对教育的不同影响。

柯林斯首先区分了生产劳动（productive labor）和政治劳动（political labor）。他用政治劳动的概念来指代那些"在组织政治中灵活调度的努力"（柯林斯，2018：85）。正是政治劳动塑造了组织结构和劳动市场，决定了职业收入的分布。这两个概念的区分隔离了两个主要社会阶级：工人阶级从事生产劳动，统治阶级从事政治劳动；前者生产了财富，后者却决定了财富的分配方式（柯林斯，2018：89）。然而，这两个概念的区分是抽象的，现实中生产劳动和政治劳动可能出现在同一工作中，差别在于配比的不同。因此，个体不一定会明确落入某一阶级分类之中，而是可能属于更加细分的利益群体（柯林斯，2018：90）。

基于生产劳动和政治劳动的区分，柯林斯指出划分社会阶级最重要的财产形式并不限于物质和金钱，劳动市场中的职位塑造并构成了最直接的财产形式——职位财产（property in positions）。职位财产决定了大部分阶级组织和阶级斗争（柯林斯，2018：92）。他认为这一概念更具有普适性，因为物质和金钱财产只集中在小部分群体手中，而职位财产却在整个人群中塑造着阶级关系，经济斗争的细节即在这一层面展开。正是在这一层面上，在生产工作之外，闲职被创造了出来，并成为市场上各方势力争夺和保护的对象。

柯林斯指出，财富再分配主要通过重塑职位财产的形式进行。一方面，增加进入政治劳动领域上层的人，特别是政府和文化生产部门；另一方面，则是增加职位结构中闲职的比例。闲职作为一种职业结构的安排，被柯林斯在工业社会中赋予了重要的意义。他认为，现代社会组织的分层在于对劳动市场中闲职的争夺，而获得闲职的关键则在于教育文凭。在现代社会，闲职主要通过文化通货——教育文凭——来购买。

学校教育在社会分层中扮演了重要的角色：生产文化。柯林斯指出，文化的生产方式有两种：一种是通过日常互动本身的本土化生产；另一种是通过专业的文化生产组织，比如学校。正式文化一直都是群体性官僚组织的基础。借鉴韦伯《新教伦理与资本主义精神》的论述，柯林斯认为正是通过正式的文化生产组织，宗教文化的发展对形成新的政治与经济组织影响重大，并最终带来了"理性化的"资本主义经济（柯林斯，2018：104）。从作为专业的文化生产组织层面来看，学校的作用与历史上的教会相似，正是学校教育产生的正式文化，帮助建立了美国社会的职业分层。他认为，本土生产的文化只是支撑了本土交换市场，而正式生产的文化更像一种通货。但正式生产的文化要想真正成为一种通货，必须先转化为可以衡量的价值单位。在现代社会里，学校生产的文化被总结为成绩和文凭。教育正是通过文凭作用于社会分层的。文凭具有文化通货的特征，是不同身份群体争夺的对象。

柯林斯指出，教育是社会分层系统的一部分。当今社会职业分层的关键就在于文凭分层问题。文凭制造的障碍强化了现有社会分层的结构，上层阶级通过教育系统实现了对闲职工作的垄断。教育扩张并不会改变群体之间的分层排序，之前居于统治地位的群体将依然在文化资源的竞争中抢占先机，最后在基于文化的分层系统中占据优势，如同他们在基于经济或政治分层系统中一样。

对教育水平的要求成为将工作划分为不同职位的基础，这些教育实际上并不要求必须学习不同领域的工作技能，其作用只在于防止一个群体的成员有机会在工作中学习到另一个群体的技能。因此，如同族裔和性别隔离一样，对教育水平要求同样制造了"双重劳动力市场"。随着族裔和性别歧视变得越来越不正当且面临越来越强烈的攻击，对教育水平要求（教育歧视）的隐蔽性，使得它越来越多地被当成族群统治的替代手段。教育文凭不仅为劳动市场的障碍系统打造了基础，而且他们自身也是这一障碍系统的关键组成部分。这种职位歧视十分隐蔽。事实上，教育扩张只是让更多的人进入到了文凭系统，进一步加强了专业化，强化了这种专业性障碍。组织对教育水平的要求一旦确定，就很少会去降低，只会越提越高，柯林斯称为"棘轮效应"（ratchet effect）。教育文凭只是为了提高这些职业的地位，并在专业人士与门外汉之间制造流动的障碍。柯林斯考察了组织内部的职业流动，发现主要的职业类别之间有着类似种姓制度的严格隔离（柯林斯，2018：75）。

美国现代专业的发展是通过垄断机会来实现社会分层。专业群体通过获取资源，将外行人士挡在了门外。在此，柯林斯再一次借用了韦伯"地位群体"（status groups）的概念，认为专业不过是一个封闭的具有排他性的地位群体。地位群体是建立在共同且独特的经验、利益和资源之上的，既可源于地域（族裔），又可源于职业。而专业正是一种职业社群，它们是基于阶级的地位群体，只不过是完全围绕工作本身建立起来的。职业群体作为一种身份团体，拥有和地位群体不相上下的凝聚力和权力范围。

柯林斯的分析不仅展示了教育带来的分层结果，同时针对分层系统如何在特定条件下产生不同的组织结构和分配结果提供了因果性解释。他认为，应用这一理论思路来解释美国教育分层的宏观结构模式和微观过程都十分成功（柯林斯，2018：20）。同时，柯林斯早期关于社会分层的冲突理论一直贯穿全书。他认为，伴随着多元族裔的社会背景和政治上的去中心化，激烈的冲突和竞争促进了文化市场的活跃和文化生产系统的扩张。文凭主义和基于文凭的职业领域随着多元族裔的冲突和文化市场的膨胀而发展起来。多元族裔社会的冲突和竞争带来了一个最关键的结果，即创造了一个"竞争式流动"①的文凭系统，这一制度结构在美国的社会分层系统中占据了关键位置。多元族裔的竞争，从此转向了文凭系统。美族裔文化问题在内战后不久便渗透到社会分层斗争。柯林斯的文化市场理论，部分借鉴了马克思对阶级冲突和革命的分析，不过却是以"更加愤世嫉俗的形式"（柯林斯，2018：123）。

---

① "竞争式流动"（contested mobility）模式，这种教育系统的特点在于，其中没有关键的分流点，专业划分被推迟到整个教育阶段的最后，也没有一个固定的终点，而且终点一直在改变，精英职业地位的获取意味着需要在教育系统中不断上升来获得更高的学位，漫长而昂贵。与此相对的是"保荐式流动"（sponsored mobility）模式，这种教育系统的特点则是，一旦到达分流点，学生的职业前景就已经被决定了，之后学生只要在保荐之下逐步前进即可，精英职业在早期就已经通过学校的横向分支划分完毕。美国的教育系统对应前者，欧洲的教育系统对应后者。

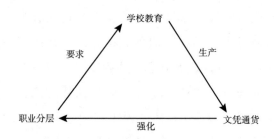

图 1　基于文凭通货的教育与分层闭环示意图

三　教育扩张的实质与文凭通胀危机

柯林斯认为，美国教育扩张的真正动力，一方面来自于 19 世纪中期以后大量移民带来的严重的多元族裔冲突；另一方面，当教育文凭发生通货膨胀时，面对学位贬值，对于置身其中的个体而言，最好的解决办法似乎就是获得更高更多的学位，这才是教育扩张的真正动力和机制。

教育系统的扩张，并未带来阶级结构的改变，流动机会和收入分配也没变得更加平等。冲突不是发生在两个大型的阶级之间，而是发生在许多竞争者之间，阶级斗争的界限碎片化了。基于这一碎片化，科林斯认为马克思主义关于两大阶级阵营之间的冲突理论有着严重不足，因为多元的阶级结构和文凭系统，让冲突涌入了其他渠道，但是波及整个社会的总体性危机仍然可能发生，危机的核心正是文凭系统。

柯林斯将教育文凭比作可以用来交换获得工作机会、体现社会地位的一种通货，因此它具有所有通货共同面对的潜在危机，即随着供给的不断增加而货物有限时，货物价格就会提升，而通货的购买力下降，最终产生通货膨胀。柯林斯认为，文凭的通货膨胀是指随着越来越多的人获得某一教育文凭，该文凭的价值也会随之下降。在柯林斯看来，教育文凭作为一种通货，其购买的货物是不断减少的中产阶级工作职位。教育文凭通货膨胀的危机根植于教育系统，无法避免，如同根植于资本主义经济的生产过剩导致的周期性经济危机一样，会不断出现。

柯林斯认为文凭系统在两个方向上存在爆发危机的可能性：一方面，文凭市场发展过快导致文凭膨胀，回报降低，人们不愿进一步投入物质资源；另一方面，过少的教育投资会引起大量失业，最终将导致商品无人购买而发生经济衰退。另外，文凭通胀还会带来一个严重后果：人的异化。随着文凭贬值和劳动力市场对教育水平要求的不断提高，虽然明知道学校教育不能提供什么技能，但是人们不得不花费更多时间和金钱投入教育系统，来获得更高更多的教育，直到体力劳动也要求本科甚至研究生学历的那一天，人们将发现自己已经被教育文凭严重异化了，并且这一过程似乎没有明确的尽头。

如何应对这一危机？学者们基于不同的政治立场提出了各种解决方案，柯林斯认为他们大多忽略了教育系统的本质：一种强行规定价值的通货。在他看来，只有文凭凯恩斯主义（credential Keynesianism）和文凭废除主义（credential abolitionism）承认教育文凭的本质是一种人为制造的通货，虽然这两种方案在某些方面是相反的。文凭凯恩斯主义认为教育文凭作为通货的性质，有助于保持经济正常运转，虽然存在通货膨胀的危险，但被认为是能接受并可控的，方式是承认并加强闲职系统，为创造就业而增加更多工作。作为一名激进派，柯林斯更偏好与此相反的文凭废除主义，即彻底废除教育文凭这种通货。柯林斯认为教育系统既不会促进社会流动，也不能改变族裔群体之间的分层次序，"它只是在更高的教育等级上复制这些次序罢了"（柯林斯，2018：339），因此，只有彻底废除文凭系统（并非废除学校），才可以避免文凭通胀的危机，并使学校去除异化回归到正常状态：依靠自身内部的产品，而不是学位的通货价值来维持运转。

同时柯林斯指出，要想从根本上改变不平等的结构，取消职业之间的流动障碍，最终克服收入不平等，就要废除文凭系统，这"将会带来巨大甚至革命化的结果"（柯林斯，2018：347），其革命性甚至类似于社会主义革命。他认为马克思的社会主义解决方案只攻击了不平等结构的一半，即物质和金融资本的分配，因此在资本被社会主义化之后，仍然需要第二次革命来消除余下的一半不平等，即职业不平等的结构，要消除这一半不平等，就要废除文凭系统，不仅要取消工作对教育水平的要求，还要废除目前的职位财产形式。

柯林斯也认识到，"尽管短期内期待一场去文凭化的革命是不现实的，但长期内将这种可能性彻底排除也是同样不现实的"（柯林斯，2018：349）。一旦文凭通货膨胀到荒唐的地步，当学生群体规模与物质经济分配过程出现严重不平衡时，文凭废除主义就会浮出水面。

四　结语

《文凭社会：教育与分层的历史社会学》是一部教育社会学冲突论的代表著作，全书从大规模移民带来的多元文化冲突出发，分析了美国社会现代教育系统扩张的本质和文凭异化的过程，并提出文化市场理论来揭示教育与社会分层的内在关系。可以发现，柯林斯关于教育的冲突论，深受韦伯思想的影响，他不仅继承了韦伯在《科学作为天职》中对于学校官僚体制的强烈批判，同时也借鉴了韦伯身份群体的概念，并强调了文化资源对于物质财富再分配的重要性，虽然在激进程度上又像个马克里主义者。他提出的文凭通货膨胀并不是一个难以理解的概念，审视一下当今社会的教育系统就一目了然。虽然该书英文版的发行距今已经快40年，但是正如柯林斯在中文版序言中所说，"在后来对文凭通胀和技术变革的研究中，我也并未看到任何证据能够推翻我1979年发表的结论"。现代教育系统的发展似乎越来越朝着"文凭凯恩斯主义"的方向发展。虽然立足于对功能论的批判，但是柯林斯教育社会学的冲突论与功能主义又有着相似之处。一方面，二者都是进行宏观分析；另一方面，作为"新韦伯主义"的冲突论，与功能主义一样，都承认学校教育是社会的一部分，不能独立于社会之外去了解（钱民辉，2010）。与功能论不同的是，冲突理论对于教育制度的分析倾向于以冲突和斗争为线索，强调批判的精神。

诚然，该书也存在一些不足之处。首先，教育社会学中冲突论的每一个分支都在以某种形式批判帕森斯，冲突理论正是以功能主义的对立面出现，然而在批判功能论的同时，将自己又推向了另一个极端（钱民辉，2010）。柯林斯夸大了族裔冲突的重要性，他认为，19 世纪大规模移民带来的多元族裔冲突和竞争，不但推动了教育系统的扩张，而且对于文化资源的竞争、对于闲职的争夺以及职业的分层甚至阶级斗争等诸多方面，都有一定影响。然而事实上，同样建立起现代教育系统的中国社会，却并不存在像美国那样政治上去中心化和多元族裔的冲突。因此多年后，他也开始重新审视帕森斯的结构功能理论，认为它还是有可取之处的。其次，柯林斯的冲突理论虽然将矛头指向了功能主义学派，但在只研究宏观结构、不关注微观结构这一点上，却与之殊途同归，因此，为了弥补微观研究上的不足，围绕人的行动展开的解释论（interpretative approach）学派在冲突论之后兴起（吴康宁，1998）。柯林斯在早期比较关注政治和经济变迁的宏观史社会，关注地缘政治、国家扩张，也许是认识到了这一早期研究的不足，其后期的著作比较注重微观研究，尤其是最近的两本著作《互动仪式链》和《暴力》。最后，柯林斯虽然采用历史的研究方法，论证的证据几乎都来自对已有研究的梳理，大部分证据是二手的，致使部分论证的可信度存疑。

但不可否认的是，柯林斯的研究立足冲突论，用历史研究的方法为我们提供了新的视角，其研究成果对于我国当今的教育问题研究仍有重大的启发意义，然而在我国一直未受到足够的重视，本书英文版已经于 40 年前发表，但直至今年其简体中文版才在我国面世。

在当下的中国社会，教育面临着诸多问题与挑战。自 1977 年恢复高考及 1999 年高考扩招以来，围绕高等教育是否能够促进社会平等、提升阶层流动、受教育机会是否平等一系列问题，学术界展开了诸多论述。同时，社会各阶层对于高等教育的态度也在发生转变。一方面，大学学费在上涨，而高校毕业生就业难度却在增大，对于那些经济并不宽裕的农村家庭来说，大学似乎失去了吸引力，农村社会中"读书无用论"一再被提起，20 世纪 90 年代"再穷不能穷教育""教育决定未来、知识改变命运"的口号已经不再具有号召力。同时，虽然高考扩招多年，但城乡教育机会的差异却在不断扩大，"寒门难再出贵子"的论调经常见诸媒体。另一方面，城市社会中中产阶层子女教育的竞争日趋白热化，抱着"不能输在起跑线上"的信念，下一代的教育甚至从胎教阶段就开始了竞争，这一背景不仅促进了各地天价学区房的诞生，也支持了一大批课外辅导机构的成功上市。显然，这是一个读书无用论与教育乌托邦信仰并存的时代。

对此，中国教育社会学领域近 20 年来比较关心的研究主题大概可以分为三部分：一是关于教育自身的主题，包括教育分层、教育不平等，尤其是高等教育扩张与教育机会不平等的研究（刘精明，2000，2006；李煜，2006；郝大海，2007；吴晓刚，2009；李春玲，2010，2014；吴愈晓，2013；唐俊超，2015；吴晓刚，2016）；二是教育对社会平等的影响研究，主要是高等教育回报率的研究（许多多，2017）；三是对学生在校获得成就（如成绩）的研究（李锋亮、侯龙龙等，2006；朱斌，2018）。可以发现，我国教育社会学界的研究主要集中在教育机会、教育回报率以及在校成就等方面。然而如果按照柯林斯及大多数国内学者的研究结果所示，教育嵌入更大的社会结构中，它既不能增加社会流动的机会（无论是城乡流动还是代际流动），也不能带来社会平等，同时教育扩张也没有带来更多的受教育机会，那么对受教育机会的研究是否是一个"真问题"？其次，柯林斯认为在校成绩与后续事业成功的关系微弱，成绩之所以与日后的职业成功相关，主要是因为教育学位的文凭价值，而不是它们本身可能展示的技能。在这个意义上，对在校成绩的研究被赋予了更多的意义。随着中国高等教育从精英阶段走向了大众化阶段，教育的分流点已经提前到了中学教育阶段。我国部分学者的研究（吴愈晓，2013；李春玲，2014；吴晓刚，2016）也指出，能否进入大学，很大程度上在中学阶段就已经决定了，因此无论对于在校成绩还是教育机会的研究，也许应随着教育分流而提前，而不仅是立足于高等教育本身做研究。正如《清华社会学评论》创刊词中表明的宗旨，研究应该"面对中国社会真问题"。我们应当研究和警惕的是教育文凭作为一种人为的通货，其正在造成的影响和危机。尤其应当警惕文凭膨胀，其已经发展到了严重的地步。

20 世纪 90 年代，中国社会刚恢复高考制度时，大学本科文凭还是个香饽饽，而在经历了近20年的高等教育扩招之后，本科文凭在市场中的竞争力已经大为降低。统计数据显示，我国高等教育毛入学率，由1978年的2.7%上升到了2017年的45.7%[①]，四十年增长了十几倍。虽然这一数字相比于发达国家还相距甚远，但大学生就业难的问题每年在毕业季都会被提出。随着越来越多的人获得更高的学位，工作职位对学位水平的要求也会随之水涨船高。当下的中国社会，在中小学教师、政府公务员、房地产公司职员等诸多非研究性职位的招聘中，对博士文凭的要求越来越常见。

柯林斯认为如果放任文凭系统的扩张和劳动力市场对文凭要求的膨胀，将会导致学生们被严重的异化：体力劳动也将要求四年大学学历，技术专业要求20年的博士后学习等。显然，在当下的中国社会已经逐渐对此习以为常的时候，很少有人站出来问一句为什么，而柯林斯在40年前的研究就已经预言，毫无节制的教育扩张将会带来严重的异化问题。在教育社会学被定量研究及各种模型统治的今天，柯林斯的这一研究仍有较大的启发意义和分析价值。也许我们应该回归对教育本质的探讨，警惕文凭作为一种人为制造的通货的本质。

参考文献

郝大海，2007，《中国城市教育分层研究（1949～2003）》，《中国社会科学》第6期，94～107页。

兰德尔·柯林斯，2018［1979］，《文凭社会：教育与分层的历史社会学》，北京大学出版社。

李春玲，2010，《高等教育扩张与教育机会不平等——高校扩招的平等化效应考查》，《社会学研究》第3期，第82～113页。

李春玲，2014，《教育不平等的年代变化趋势（1940～2010）——对城乡教育机会不平等的再考察》，《社会学研究》第2期，第65～89页。

李锋亮、侯龙龙、文东茅，2006，《父母教育背景对子女在高校中学习与社会活动的影

① 《2017年全国教育事业发展统计公报》，教育部，http：//www.moe.gov.cn/jyb_ sjzl/sjzl_ fztjgb/201807/t20180719_ 343508.html。

响》，《社会》第 1 期，第 118 ~ 135、214 页。

李煜，2006，《制度变迁与教育不平等的产生机制——中国城市子女的教育获得（1966 ~
　　2003)》，《中国社会科学》第 4 期，第 97 ~ 109 页。

刘精明，2000，《教育不平等与教育扩张、现代化之关系初探》，《浙江学刊》第 4 期，
　　第 66 ~ 71 页。

刘精明，2006，《高等教育扩展与入学机会差异：1978 ~ 2003》，《社会》第 3 期，第 164 ~
　　185、215 页。

钱民辉，1997，《教育社会学百年进程》，《社会学研究》第 5 期，第 111 ~ 120 页。

钱民辉，2010，《教育社会学概论》，北京大学出版社。

唐俊超，2015，《输在起跑线——再议中国社会的教育不平等（1978 ~ 2008)》，《社会学
　　研究》第 3 期，第 123 ~ 145 页。

吴康宁，1998，《教育社会学》，人民教育出版社。

吴晓刚，2009，《1990 ~ 2000 年中国的经济转型、学校扩招和教育不平等》，《社会》第
　　5 期，第 88 ~ 113 页。

吴晓刚，2016，《中国当代的高等教育、精英形成与社会分层》，《文化纵横》第 3 期，
　　第 17 页。

吴愈晓，2013，《教育分流体制与中国的教育分层（1978 ~ 2008)》，《社会学研究》第 4
　　期，第 179 ~ 202 页。

许多多，2017，《大学如何改变寒门学子命运：家庭贫困、非认知能力和初职收入》，
　　《社会》第 4 期，第 90 ~ 118 页。

周勇，2005，《西方新教育社会学的理论使命与政治困境》，《全球教育展望》第 8 期，
　　第 24 ~ 27 页。

朱斌，2018，《文化再生产还是文化流动？——中国大学生的教育成就获得不平等研
　　究》，《社会学研究》第 1 期，第 142 ~ 168 页。

稿　约

　　《清华社会学评论》是由清华大学社会学系主办的学术集刊。自 2000 年创刊以来，始终以"面对中国社会真问题，关注转型期实践逻辑，推动本土化理论研究"为宗旨，刊发了许多在学术界产生过较大影响的学术成果。近年来，《清华社会学评论》开始以热门主题形式组稿出版，通过热门主题的选取、独到的视角、精辟的论述，掀起了学术界对"面向社会转型的民族志""新生代农民工"等问题的讨论热潮，为社会学学界搭建了一个交流共进的学术平台。

　　本集刊从 2017 年起改版为每年 2 期，每年上半年和下半年各出一期。现热诚面向国内外专家、学者征稿，欢迎惠赠研究论文、译文和学术书评。《清华社会学评论》编辑部将严格按照学术规范流程进行稿件审核，择优录用。

　　建议投稿之前仔细阅读下面的格式要求。

　　1. 每篇文稿以 20000 字以内为宜，除海外学者外，稿件一般使用中文。

　　2. 稿件应包括以下信息：（1）文章标题；（2）作者姓名、单位、职称、联系电话、通讯地址、E - mail 等；（3）250 字以内的中文摘要；（4）3 ~ 5 个中文关键词。

　　3. 基金项目。获得基金资助的文章，应依次注明基金项目来源、名称、项目编号等基本要素。

　　4. 引文必须明确出处。注释（解释、说明）用脚注。文中引文需加括号注明作者、出版年份，例如"×××××××××××（孙立平，2003）"。详细文献出处作为参考文献列于文后；参考文献的排列顺序按照中文在前，英文在后，按照首写字母排序，具体的格式大致为：作者姓名、文章题目或书名、报刊或出版社名称、年号期号或出版时间，并标明页码。例如：

（1）专著

孙立平，2003，《断裂——20世纪90年代以来的中国社会》，社会科学文献出版社。（如有具体专著内容的引用，请加页码）

（2）期刊文章

郭于华，2008，《作为历史见证的"受苦人"的讲述》，《社会学研究》第1期，第53～67页。

李强、张莹，2015，《社会运行视角与社会学的本土化》，《社会学研究》第5期，第24～35页。

（3）报纸文章

李强，2016，《新型城镇化与市民化面临的问题》，《北京日报》11月14日。

（4）未刊文献

［1］学位论文

方明东，2000，《罗隆基政治思想研究（1913～1949）》，北京师范大学博士学位论文。

［2］会议论文

〔日〕中岛乐章，1998，《明前期徽州的民事诉讼个案研究》，"国际徽学研讨会"论文。

［3］工作论文

方慧容，1997，《"无事件境"与生活世界中的"真实"：西村农民土地改革时期社会生活的记忆》，北京：北京大学社会生活口述史资料研究中心。

（5）外文文献（请用 Times New Roman 字体，12号）

［1］专著

Fei, Hsiao‑tung. 1939. *Peasant Life in China：A Field Study of Country Life in the Yangtze Valley.* London：George Routledge and Sons.

［2］期刊

Freedman, Maurice. 1962. "Sociology in and of China." *The British Journal of Sociology* 13（2）：106 – 116.

Olick, Jeffrey K. and Joyce Robbins. 1998. "Social Memory Studies：From 'Collective Memory' to the Historical Sociology of Mnemonic Practices." *Annual Review of Sociology* 24：105 – 140.

［3］章节

Calhoun, Craig. 1996. "The Rise and Domestication of Historical Sociology." pp. 305 – 337 in Terrence J. McDonald（ed.）. *The Historic Turn in the Human Sciences.* Ann Arbor, MI：University of Michigan Press.

［4］报纸

Strout, Richard L. 1978. "Another bicentennial." *Christian Science Monitor*, November 10, 1978.

5. 图表格式应尽可能采用三线表，必要时可加辅助线；表格应有表序和表题，序号和表题居中排于表格上方，两者之间空一格；图注放在图下方，示例格式为"数据来源：2003 年统计年鉴、2008 年统计年报"。

6. 本刊加入网络系统，如有不加入网络版者，请在来稿时注明，否则视为默许。

7. 对未录用的稿件本刊将会于 2 个月内邮件告知作者，请收到退稿邮件之后再另行投稿。

8. 投稿办法：请将邮件主题命名为"《清华社会学评论》投稿"，并将论文 Word 版加至附件，电子邮件发送至严飞老师：feiyan@ tsinghua. edu. cn。

清华大学社会学系

《清华社会学评论》编辑部

图书在版编目（CIP）数据

清华社会学评论. 第十辑 / 王天夫主编. -- 北京：
社会科学文献出版社，2018.12
ISBN 978 - 7 - 5201 - 3976 - 2

Ⅰ. ①清… Ⅱ. ①王… Ⅲ. ①社会学 - 文集 Ⅳ.
①C91 - 53

中国版本图书馆 CIP 数据核字（2018）第 274103 号

清华社会学评论 第十辑

主　　编／王天夫
执行主编／严　飞

出 版 人／谢寿光
项目统筹／佟英磊
责任编辑／佟英磊　韩宜儒

出　　版／社会科学文献出版社·社会学出版中心（010）59367159
　　　　　地址：北京市北三环中路甲 29 号院华龙大厦　邮编：100029
　　　　　网址：www. ssap. com. cn
发　　行／市场营销中心（010）59367081　59367083
印　　装／三河市东方印刷有限公司

规　　格／开 本：787mm × 1092mm　1/16
　　　　　印 张：16　字 数：244 千字
版　　次／2018 年 12 月第 1 版　2018 年 12 月第 1 次印刷
书　　号／ISBN 978 - 7 - 5201 - 3976 - 2
定　　价／79.00 元

本书如有印装质量问题，请与读者服务中心（010 - 59367028）联系